天津市教委科研计划项目（2022SK172）资助
天津财经大学珠江学院旅游经济研究所资助

"艺术临场感"
视域下高校应急在线教学模式研究

李泽昀
— 著 —

SHIYU XIA GAOXIAO YINGJI
ZAIXIAN JIAOXUE MOSHI YANJIU
"YISHU LINCHANGGAN"

北京·旅游教育出版社

图书在版编目（CIP）数据

"艺术临场感"视域下高校应急在线教学模式研究 / 李泽昀著. -- 北京：旅游教育出版社，2024.7.
ISBN 978-7-5637-4731-3

Ⅰ. G642

中国国家版本馆CIP数据核字第2024YJ7735号

"艺术临场感"视域下高校应急在线教学模式研究

李泽昀　著

策　　划	李荣强
责任编辑	李荣强
出版单位	旅游教育出版社
地　　址	北京市朝阳区定福庄南里1号
邮　　编	100024
发行电话	（010）65778403　65728372　65767462（传真）
本社网址	www.tepcb.com
E - mail	tepfx@163.com
排版单位	北京旅教文化传播有限公司
印刷单位	唐山玺诚印务有限公司
经销单位	新华书店
开　　本	787毫米×1092毫米　1/16
印　　张	15.5
字　　数	237千字
版　　次	2024年7月第1版
印　　次	2024年7月第1次印刷
定　　价	68.00元

（图书如有装订差错请与发行部联系）

前　言

长期以来，中国教育一直专注于传授学科知识，然而随着中国的迅速发展，社会对学生综合素养的需求日益凸显。因此，在中国教育背景下，教学方法面临着新的挑战和机遇，我们需要思考如何更好地融入创造性的艺术教育方法，为学生提供更全面的发展空间。随着互联网技术的迅猛发展，在线教学已成为中国教育体系不可忽视的一部分。为深入贯彻党的十九届四中、五中全会和全国教育大会精神，认真落实《中国教育现代化2035》和全国基础教育会议部署要求，充分发挥信息技术对教育现代化的重要推动作用，在深入总结新冠疫情防控期间大规模在线教育宝贵经验的基础上，我们还应重点关注学生线上教育教学资源建设与应用工作。在线艺术教学法为学生带来了全新的学习模式，打破了地域限制，让更多学生能够接触到更广泛和多样化的教育资源。通过实时互动和多媒体教学手段，学生能够在虚拟平台上体验到更具创造性和灵活性的教育课程。这种新型的在线教学模式不仅满足了学生对学科知识上的需求，也为其提供了更为丰富的文化体验和跨文化的交流机会。

美育在中国教育体系中被视为培养学生全面素养的不可或缺的一环。美是纯洁道德、丰富精神的重要源泉。美育是审美教育、情操教育、心灵教育，也是丰富想象力和培养创新意识的教育，其能提升审美素养、陶冶情操、温润心灵、激发创新创造活力。为贯彻落实习近平总书记关于教育的重要论述和全国教育大会精神，进一步强化学校美育育人功能，构建德智体美劳全面培养的教育体系，全面推动新时代学校美育工作，中共中央办公厅、国务院办公厅印发了《关于全面加强和改进新时代学校美育工作的意见》。审美情感和文化素养的培养不仅有助于学生形成独立的审美观点，还能促使其更深刻地理解和参与社会活动。

在中国教育背景下，艺术教学法、在线教学及美育的交汇将为学生提供更全面的发展机会。艺术教学法的创新、在线教学的应用及美育与时代的融合，将有助于培养具有创造性思维、国际视野和社会责任感的综合型人才，为中国教育的进步和文化的繁荣做出积极贡献。

　　本书以"将美育融入教育教学活动各环节"为指导思想，主要研究如何将艺术教学法融入高等教育在线教学课堂，提出高校"应急在线教学模式"构建的策略及具体的艺术教学手段，以帮助教师与学生应对今后可能发生的影响线下学习的危机，快速适应发生变化的学习环境，从而保证教学活动平稳、有序和持续地进行。本书归纳和总结了在线教学、在线学习体验和实时在线学习准备度的内涵，阐述了通用学习设计理论、探究社区理论、建构主义学习理论、联通主义理论、行动者网络理论和技术接受模型的研究现状，回顾了中国高等教育、世界在线教育及中国远程教育发展的历史。本书从教学目标、教学材料、教学方法和教学评估四个方面，提出了基于通用学习设计理论进行高校课程设计的措施，分析了在通用学习设计的课程中，学生准入、参与和进步的三个学习阶段。本书还批判性地分析了在线学习模型中引用率最高的探究社区模型，对该模型中有关"临场感"的概念进行了深入理解，结合现有的学术解释，依次探讨了探究社区模型中的三大构成要素：社交临场感、认知临场感和教学临场感。在此基础上本书创新性地提出"艺术临场感"，并将其融入探究社区理论模型框架，以独特的视角寻求促进教与学之间审美距离缩短的方法，使教与学在表征领域内尽可能地接近，激发学习者的情感与认知反思，重新构建的探究社区理论框架拓宽了在线教学研究的理论空间。

　　本书还通过问卷调查收集数据，借助 SPSS 22.0 和 Amos 21.0 软件，对收集到的数据进行分析和处理，使用结构方程模型实证检验了社交媒体互动对高校学生持续在线学习平台使用意愿的影响机制，并在数据结果分析的基础上，提出相应的对策和建议。本书还采用了案例研究法，以天津财经大学珠江学院的教师、在线学习平台技术人员和学生为访谈对象，调查高等教育学院中哪些策略和因素有助于学生在实时在线学习中取得成功，再分别从教育工作者与学生的角度，对访谈和问卷调查进行了审查和比较。最后，本书综合上述研究结果，提出了高校"应急在线教学模式"，这是一个有实践价值的教学法框架，不仅适用于之前发生的新冠疫情危机，也适用于未来的应急在线教学环境。该模式并非一种万能、具体、固定的"教学套路"，而是为实际应用而设计的，旨在供应急在线教学的教师使用。其新颖之处和优点在于，强调变量和常量的转换，而不是计划教学法，特别适用于非计划或响应式在线教学情境。

　　本书是天津市教委科研计划项目成果（项目号：2022SK172）《"艺术临场感"视域下高校应急在线教学模式研究》，同时也是2023年至2024年天津财经大学珠江学院旅游经济研究所的主要成果之一。为此，感谢参与课题研究讨论的各位专家和学者，感谢配合本书各项研究的教师、工作人员和学生。本书参考和引用了一些学者的研究成果，以脚注的形式进行标注，在此对相关文献的作者表示衷心的感谢！本书得以正式出版还要感谢天津市教委科研计划项目（2022SK172）的资助！本书在编著过程中得到了北京旅游教育出版社的大力支持和帮助，在此致以诚挚的谢意！

  由于受资料收集和研究水平所限，本书难免存在疏漏和值得商榷之处，恳请各位专家和学者指正，以便笔者对其做进一步的修订和提高。

作者

2024 年 3 月

目 录

第一章 绪论 ··· 1
  第一节 研究背景 ··· 1
  第二节 研究目的与研究意义 ·· 4
  第三节 研究的主要内容 ·· 7
  第四节 主要研究方法 ··· 9
  第五节 研究思路与研究创新 ··· 10

第二章 理论基础 ·· 16
  第一节 核心概念的界定 ··· 16
  第二节 相关理论的回顾 ··· 21
  第三节 中国高等教育的发展史 ··· 40
  第四节 世界在线教育的发展史 ··· 43
  第五节 中国远程教育的发展史 ··· 45
  第六节 国内外研究现状与发展动态评述 ··· 49

第三章 基于通用学习设计理论的高校课程设计研究 ······························ 66
  第一节 通用学习设计理论概述 ··· 66
  第二节 通用学习设计理论应用在高校课程设计中的基本问题 ··············· 71
  第三节 基于通用学习设计理论进行高校课程设计的措施 ····················· 75
  第四节 通用学习设计课程的三个阶段 ·· 82

第四章 对探究社区模型的批判性分析 ·· 88
  第一节 关于社交临场感的批判性分析 ·· 89

1

第二节　关于认知临场感中反思的讨论 …………………………… 102
　　第三节　以学生为中心的协作学习视角下的教学临场感 ………… 109

第五章　艺术临场感视域下的探究社区模型研究 ………………………… 126
　　第一节　教育中的艺术与美学 …………………………………………… 126
　　第二节　创意艺术治疗师培训中的艺术教学法 ……………………… 130
　　第三节　艺术临场感视域下探究社区模型的改进 …………………… 135
　　第四节　在线课程设计中融入艺术临场感的实践建议 ……………… 142

第六章　社交媒体互动对高校学生持续在线学习平台使用意愿的影响研究 … 161
　　第一节　研究问题的提出 ………………………………………………… 162
　　第二节　教育中的技术接受度 …………………………………………… 163
　　第三节　研究假设与模型构建 …………………………………………… 166
　　第四节　研究设计与数据收集 …………………………………………… 170
　　第五节　数据结果分析 …………………………………………………… 174
　　第六节　研究结论 ………………………………………………………… 177
　　第七节　未来研究展望 …………………………………………………… 179

第七章　高校学生实时在线学习准备度影响因素研究 ………………… 184
　　第一节　探讨高校学生实时在线学习准备度的必要性 ……………… 184
　　第二节　远程学习的优点与缺点分析 …………………………………… 187
　　第三节　案例研究的设计与实施 ………………………………………… 192
　　第四节　案例研究的结果分析 …………………………………………… 195
　　第五节　讨论与结论 ……………………………………………………… 215

第八章　高校应急在线教学模式构建研究 ……………………………… 222
　　第一节　应急在线教学模式的提出背景 ………………………………… 222
　　第二节　研究设计与调研过程 …………………………………………… 223
　　第三节　高校应急在线教学模式构建的策略 …………………………… 227
　　第四节　结论与建议 ……………………………………………………… 234
　　第五节　研究的局限性和未来研究方向 ………………………………… 236

第一章 绪论

> ☞ **本章导读**
>
> 本章首先介绍了本书研究的背景,结合国内外研究现状指出为什么要研究"高校应急在线教学模式"。其次,阐述了本书的研究目的与研究意义,研究意义包括学术价值、理论意义、应用价值和实际意义。再次,说明了本书的主要研究对象及各章节的主要研究内容。复次,介绍了本书的主要研究方法。又次,概述了本书的研究和撰写思路,并以思路图的方式进行展示。最后,介绍了本书对教学研究和教学实践有哪些贡献,包括学术观点和教学模式的创新之处。

第一节 研究背景

新冠疫情期间,许多国家经济、社会和教育等方面的活动都面临着严峻的挑战。学校的暂时封闭影响了世界各地的教师和学生,面对面的线下授课被迫暂停。许多国家在新冠疫情暴发的早期阶段就实施了停课措施,而亚洲是最早实行实时在线学习的地区之一。尽管此前已经有关于在线教学的研究,但目前仍存在两个方面的问题没有解决。一方面是教师过去掌握的传统教学技能已无法满足当今在线教学的需求,另一方面是学生参与实时在线学习的准备情况尚未得到很好的了解。这个两方面的问题如果无法妥善解决,那么今后再发生导致必须线上教学的突发情况,教育工作仍会面临巨大挑战。

从操作层面上看，教师容易疏忽对自身教育资源处理能力的培养，倘若遇到技术问题很容易影响正常教学（付卫东和周洪宇，2020）[①]。幸运的是，许多研究已经关注了如何为教师和学生提供有效的在线教学和学习方法。各种在线学习活动，包括视频课程、自我评估活动、拓展练习等，都可以帮助教师提高学生的在线学习临场感，从而提升线上教学的效果（Rensburg，2018）[②]。而从技术层面上看，应用5G技术的在线教育（方佳明等，2019）[③]和以智能手机为代表的移动端（李奇涛和管佳，2015）[④]对于在线教学也给予了更多的支持。

在此背景下，本书首先要澄清在新冠疫情期间采取的教育手段与非疫情情况下的在线教育之间的重要区别。在新冠疫情期间开展得最广泛的跨国研究的结果表明，这个时期采用的教学实践属于应急远程教育的范畴，这与远程教育、在线学习或其他衍生形式的计划教学模式有很大的不同（Bozkurt et al.，2020）[⑤]。应急远程教育与远程教育的根本区别在于，后者是一种选择，而前者是一种必须尽到的义务。理解这一点至关重要，因为定义上的误解会导致实践的变形。一方面，远程教育是一种有计划的活动，其实施是基于特定领域及其性质的理论和实践知识；另一方面，应急远程教育是为了在危机管理中维持教育存在而采取的一种形式，无论是线下还是在线，都利用了所有可用的资源。

此外，远程教育不仅是学习者和教师之间的地理分隔，更是一种教育理念（Moore，2018）[⑥]。相比之下，应急远程教育的速成性质不可避免地导致其在理论基础上的薄弱，远非自成一体的教育理念。更重要的是，就学习成果而言，远程教育作为一种实践已经证明了其有效性和价值性（Xiao，2018）[⑦]。远程教育的实用主义性质允许教育从业者为学习者提供有效的解决方案，并捍卫了该领域应为那些"容易

[①] 付卫东，周洪宇. 新冠肺炎疫情给我国在线教育带来的挑战及应对策略[J]. 河北师范大学学报：教育科学版，2020，22（2）：14-18.

[②] Rensburg, E. S. J. Effective online teaching and learning practices for undergraduate health sciences students: An integrative review[J]. International Journal of Africa Nursing Sciences, 2018, 9: 73-80.

[③] 方佳明，史志慧，刘璐. 基于5G技术的在线教育平台学习者迁移行为影响机制[J]. 现代远程教育研究，2019，31（6）：22-31.

[④] 李奇涛，管佳. 高校教育创新如何应用大数据[J]. 中国教育网络，2015（10）：65-67.

[⑤] Bozkurt A, Jung I, Xiao J, et al. A global outlook to the interruption of education due to COVID-19 pandemic: Navigating in a time of uncertainty and crisis[J]. Asian Journal of Distance Education, 2020, 15(1): 1-126.

[⑥] Moore M G. The theory of transactional distance. In Handbook of distance education[M]. London: Routledge, 2018.

[⑦] Xiao J. On the margins or at the center? Distance education in higher education[J]. Distance Education, 2018, 39(2): 259-274.

受到不平等发展影响"的个体提供教育机会的观点（Bozkurt，2019）①。

其次，新冠疫情流行除了对我们的社会、经济和政治生活产生深远的全球性影响外，还对个人的情感和心理产生了影响（Miller，2020）②。在新冠疫情期间，维持教育存在需要建立支持性社群，分享工具和知识，并倾听不同的声音。虽然卫生管理部门建议我们要保持社交距离，但这也意味着同时也不得不保持空间距离（Moore，2018）③。

Waddingham（2020）认为，"我们被正在发生的事情的规模所压倒"，我们必须照顾彼此，并让彼此感到在那些痛苦的时刻没有人是孤独的④。社交媒体在促进教育工作者会面、分享和交流知识方面起到了至关重要的作用。虽然这些支持性的社群对我们合作和相互支持至关重要，但学生同样需要关心、关爱和支持。尽管一直鼓励学生自发组织建立社群和支持系统，但从教育的角度来看，为学生提供支持社群是一项重要的义务。因为当许多学生面对"孤独的学习"的时候，在心理上可能感到"不堪重负"，需要那些准备更充分、能够应对疫情流行等问题的人的帮助去解决教育问题（Bozkurt et al.，2019）⑤。

可以说，高等教育机构一直努力将教学策略转向更灵活的、学生导向的方式，如主动式学习（Law，2019）⑥、翻转课堂（Nouri and Jalal，2016）⑦、混合学习（Dziuban，2018）⑧和虚拟技术（Tang et al.，2020）⑨。然而，这些方法的成功实施在很大程度上仍然依赖于学生面对面地听课。尽管学者们提出了各种各样的教学方法来提高学生的学习效果，目前存在的主要问题仍然是学生的参与主动性较低。

鉴于此，许多学者提出将探究社区理论模型和临场感应用在在线教学中。因为在线教学模式和混合教学模式在高等教育中的迅速发展，为学生提供了更大的灵活

---

① Bozkurt A. Intellectual roots of distance education: A progressive knowledge domain analysis[J]. Distance Education, 2019, 40(4): 497–514.

② Miller E D. The COVID-19 pandemic crisis: The loss and trauma event of our time[J]. Journal of Loss and Trauma, 2020, 25(6–7): 560–572.

③ Moore M G. The theory of transactional distance[M]. Handbook of distance education. Routledge, 2018: 32–46.

④ Waddingham R. COVID-19: How can we support each other (and ourselves)?[J]. Psychosis, 2020, 12(2): 101–105.

⑤ 同①.

⑥ Law K, Geng S, Li T. Student enrollment, motivation and learning performance in a blended learning environment: The mediating effects of social, teaching, and cognitive presence[J]. Computers & education, 2019, 136(1): 1–12.

⑦ Nouri, Jalal. The flipped classroom: For active, effective and increased learning-especially for low achievers[J]. International Journal of Educational Technology in Higher Education, 2016, 13(1): 33.

⑧ Dziuban C, Graham C R, Moskal P D, et al. Blended learning: The new normal and emerging technologies[J]. International Journal of Educational Technology in Higher Education, 2018, 15(1): 3.

⑨ Tang Y, Au K M, Lau H, et al. Evaluating the effectiveness of learning design with mixed reality (MR) in higher education[J]. Virtual Reality, 2020, 24(4): 797–807.

性。从社会建构主义的角度来看，指导研究和实践的最知名和最有前途的框架之一是 COI（Community of Inquiry，探究社区）理论模型。COI 的核心是为深刻而有意义的教育体验设置三个主要且相互关联的临场感，即教学临场感、社交临场感和认知临场感。然而，探究社区理论模型仍有其局限性，它只是为教育工作者指明了教学环境中需要关注的三个基本影响因素。至于如何实施教学活动、设计教学内容，以及如何应对动态变化的课堂，并没有一套万能的指导方案。

最重要的是，新冠疫情期间由于空间和地域隔离而产生的"强制性"线上学习，让我们普遍认识到了线上教学环境存在更多的不确定因素。硬件设备的知识、网络设备的知识、上网的技术、搜寻信息的能力、学生的情感需求、听课率的监督、线上考核的方式等，无一不给只习惯于面对面线下教学的教师带来了挑战。鉴于此，我们有必要探讨如何教好线上课，如何提高学生听课兴趣，再出现"强制性"线上教学时如何快速地进入线上教学状态，如何利用和发展经典的心理学、行为学理论并将其更好地服务于我们的线上教学工作。本书将在后续章节具体探讨这些问题。

第二节　研究目的与研究意义

本书提出的"艺术临场感"这一概念并不是在探究社区理论框架内作为第四个独立的领域。其提出背景是在新冠疫情期间的线上教学实践中，通过解构在线（大二和大三本科生）和混合式（大一本科生）学习体验，笔者发现在探究社区框架时明显缺失了一些东西，那就是在线教学方法实施的成功与否取决于学生是否有使用在线学习方式的动机和兴趣。教学经验表明，在线学习的"艺术临场感"提高了探究社区理论框架中三个领域的效果。例如，教师熟练地使用图像、声音/音乐、视频/音频日志和即兴发挥，为教师和学生提供了多种方式来沟通和表达自己（教学临场感）；教师为学生提供线上开放式的探讨，如在线评论，让学生参与对知识概念的理解（认知临场感）；教师丰富线上教学活动中的互动方式，如发"弹幕"（社交临场感）。通过教学艺术的运用，学习往往产生丰富的讨论和对话，特别是当学生遇到感兴趣的话题。

艺术临场感涉及符号、象征和多感官技术的动态相互作用，以促进复杂的学习体验，具体表现为想象力、认知和情感。教师在教学中注意使用主动的、标志性的、象征性的、具体化的和其他能够影响感官的策略，可以培养学生的开放性和联系性思维，鼓励灵活性和批判性思维，从而促进教学对话。艺术临场感可以体现在教师的方法中，嵌入在面对面、混合和在线课程设计中，包括在课程活动和作业中，甚至在学生之间的互动中培养。

一、研究目的

本书的首要研究目的是讨论和分析社区理论应用在线上教学中的不足，首先，提出艺术临场感的概念以改进探究社区理论框架，讨论其在在线教学环境中的重要性。其次，本书通过量化的研究方式，调研并收集数据，使用结构方程模型验证社交媒体互动、学生线上学习平台感知易用性、在线教学情境等变量之间的关系，为本书提出的观点提供实证解释依据。最后，本书提出高校"应急在线教学模式"构建的策略及具体的艺术教学手段，以帮助教师与学生应对今后可能发生的影响线下学习的危机和快速适应发生变化的学习环境，并保证教学能够平稳、有序和持续地进行。

二、研究意义

1. 学术价值和理论意义

（1）解答了将通用设计理论应用在高校课程设计中的几个基本问题。

在高校课程设计中，应用通用学习设计理论的目的是给学生提供多样化的教学内容和表达与参与的方式，增强课程的适应性，最大限度地扩展学生在课堂学习中的机会。本书解答了应用通用设计理论前的几个基本问题，如接受教育的对象是哪些群体，从"主流化"和"包容"的思想中能够学到什么。此外，本书还阐述了如何将通用设计理论的七项原则结合到教育领域中，使之成为通用学习的设计理论。

（2）批判性地分析了探究社区理论的三个临场感。

探究社区理论在提出之后，受到了学术界的广泛认可，但是该理论的提出者和其他学者也在不断地对该理论进行讨论和改进。本书通过对该研究领域相关重要文献的阅读和整理，以批判性的思维进一步理解和探究了社区理论中的临场感。

（3）创新性地提出"艺术临场感"并将其融入探究社区理论框架。

在线教学环境缺乏面对面的接触，这就需要学习者具备多感官参与的能力。本书以独特的视角寻求促进教与学之间审美距离缩短的方法，使二者在表征领域内尽可能地接近，从而激发学习者的情感与认知反思。重新构建的探究社区理论框架拓宽了在线教学研究的理论空间。

（4）实证检验社交媒体互动对高校学生持续在线学习平台使用意愿的影响机制。

本书分析并实证检验了高校学生对于在线学习平台的感知易用性、感知有用性、在线学习满意度、持续在线学习平台使用意愿、在线教学情境及社交媒体互动的关系。研究结果对于拓展现有在线教育、远程教育和移动学习的研究及后续开展类似研究都具有一定的参考价值。

2. 应用价值和实际意义

（1）加强在线学习中艺术因素的参与，重构高校课堂生态。

"教学不仅是一门科学，更是一门艺术"。课堂教学和网络教学的整合应鼓励学生在实践中保持其独特的审美敏感性。多种符号交流方式的融合为不同类型的学习者增加了学习的机会，继续以创新的方式创造和维持整体的、多感官的学习环境至关重要。本书所提出的由"艺术临场感"所新构建的探究社区理论框架可以使各教学要素协同、融合与发展，不仅能实现有效教学，更能促进学生个体发展。

（2）让艺术临场感在在线教学中能够减轻教学脱节，并增强其他临场感。

艺术临场感有助于发挥信息技术对于高校教学的作用，变革教学传统，优化教学，提升学习绩效，推进高校教育教学的信息化。

此外，本书阐述了使用艺术教学法的一些成功的教学案例和教学研究，因此，新构建的探究社区理论框架不仅在学术价值上有所贡献，还能够给在其他课程中要求应用艺术教学法的教师带来具体的教学实践建议。

（3）在新探究社区理论框架下，提出应急在线教学模式。

在此前严峻的疫情防控形势下，高校学生进行在线学习存在诸多问题。经过文献研究和实地调研，笔者发现至少存在以下一些问题：在线学习平台技术不完备、在线学习中沟通困难、家长不支持在线学习、学生与家长对在线学习效果的期望值不统一、学生的在线学习出勤率低等。

新型冠状病毒短期内不会完全消失，将来仍可能发生大范围的其他影响线下教学的紧急情况，本书所提出的"应急在线教学模式"可以解决在没有预先计划的情况下，利用基础的资源或设施为教师和学生提供快速的教学支持。这一模式对于社会稳定和人才培养具有不容忽视的价值和贡献。最重要的是，"应急在线教学模式"并非一种万能的、具体的、固定的"教学套路"，而是为实际应用而设计的，旨在供从事应急在线教学的教师进行使用。其新颖之处和优点在于，强调变量和常量的转换，而不是采用计划教学法，所以特别适用于非计划或响应式在线教学情境。

第三节　研究的主要内容

一、研究对象

本书的主要研究对象为应急在线教学模式。

通过梳理在线教学、建构主义学习理论、通用学习设计理论和探究社区理论等相关国内外研究文献，使用参与式设计框架，结合笔者在线上和线下教学中遇到的实际问题，构建"艺术临场感视域下的探究社区理论模型"，再以该模型为理论指导，最终提出应急在线教学模式的概念框架。

二、主要研究内容

1. 相关文献回顾并阐述理论基础

本书在第二章界定了研究中所出现的核心概念，包括在线教学、在线学习体验和实时在线学习准备度；阐述了与研究相关的主要理论，包括通用学习设计理论、探究社区理论、建构主义学习理论、联通主义理论、行动者网络理论和技术接受模型；回顾了中国高等教育、世界在线教育及中国远程教育发展的历史；梳理了国内外的相关研究现状并对其发展动态进行了简要述评。

2. 提出结合通用学习设计理论进行高校课程设计的措施

本书在第三章首先介绍了通用学习设计理论的起源与发展，阐述了如何将通用设计的七项指导原则应用到教育领域中。其次，探讨了将通用学习设计理论应用在高校课程设计中的几个基本问题。再次，从教学目标、教学材料、教学方法和教学评估四个方面，提出了基于通用学习设计理论进行高校课程设计的措施。最后，分析了在通用学习设计的课程中，学生准入、参与和进步的三个学习阶段。

3. 批判性地分析了探究社区理论框架

探究社区模型最重要的贡献之一是，它创造性地提出了三个"临场感"维度。本书在第四章详细分析并讨论探究了社区理论的主要思想，并进一步对该模型中有关"临场感"的概念进行了深入理解；结合现有的学术解释，分别详细探讨了探究社区模型的构成要素：社交临场感、认知临场感和教学临场感；研究借鉴了各种来源的教育文献，包括各类出版物和特定主题期刊。

4. 构建艺术临场感视域下的探究社区理论模型

本书在第五章首先回顾了国内外文献中有关在教学中使用艺术的研究、理念，以及艺术教学法与通用学习设计理论所倡导价值之间的联系；其次，介绍了创意艺术治疗师培训中如何使用艺术教学法，阐述了其中成功的教学案例和教学研究能够给其他课程应用艺术带来哪些借鉴；再次，简要分析了探究社区框架三维度模型的不足和改进之处，界定了"艺术临场感"，强调了它在线上学习环境中的重要性；最后，通过一些真实的教学案例对"艺术临场感"进行了情境化描述，展示了在线学习环境中艺术方法的运用策略。

5. 实证研究高校学生持续在线学习平台使用意愿的影响因素

本书在第六章研究了社交媒体互动对高校学生持续在线学习平台使用意愿的影响，并进一步探讨了在线教学情境在该关系中的调节作用。基于建构主义学习理论和技术接受模型进行了研究设计，并对某财经类高校发放了调查问卷。借助SPSS 22.0 和 Amos 21.0 软件，对调查问卷收集到的数据进行分析和处理，并在数据结果分析的基础上，提出相应的对策和建议。

6. 案例研究高校学生实时在线学习准备度的影响因素

本书在第七章使用案例研究方法，调查了一所高等教育学院中哪些策略和因素有助于学生在实时在线学习中取得成功，调查对象包括已经学习过在线课程的学生、上过在线课程的教师及在线学习平台技术人员。具体的调查问题包括以下三个方面：有助于学生实时在线学习成功的因素、阻碍学生实时在线学习成功的因素、学校为学生的实时在线学习做了哪些准备。本书分别从教育工作者（在线学习技术人员和在线课程的教师）与学生的角度，对访谈和问卷调查进行了审查和比较。

7. 提出高校"应急在线教学模式"

本书在第八章提出了高校"应急在线教学模式"，这是一个有实践价值的教学法框架，不仅适用于之前发生的新冠疫情危机，也适用于未来的应急在线教学环境。本书采用参与式设计方法，邀请高校教师和学生参与设计重点的讨论。这项研究的参与者涉及多个学科领域和院校，具备不同的社会经济情况等因素。基于这些因素及该研究参与者建议的教学设计方案，本书提出了"应急在线教学模式"的框架。虽然所提出的框架是基于有限数量教师的经验，但在应对新兴领域的教学时仍提供了一个理论基础的方法。

第四节 主要研究方法

本书的研究方法包括质化研究方法和量化研究方法。质化研究是与量化研究相对的概念，也称定性研究。质化研究是深入探索研究客体的特征和行为，分析现象发生的缘由。量化研究也称定量研究，该方法大致可以分为相关研究和实验研究两类。本书的量化研究主要使用了相关研究的方法，即对所关注的概念进行数量测量，然后用统计学的方法探讨这些概念（变量）之间的关系。

研究中所用到的研究方法具体包括以下几种。

1.文献研究法

文献研究法是在写作所使用的研究方法中最常用的一种是文献研究法，也叫文献分析法。文献分析的目的是，通过对前人文献展开收集、识别、整理和分析，使其成为对事实的一种科学的认知方法。它有助于研究者对所涉及的学科或研究领域进行系统全面的认识，进而对所涉及的学科进行阐释，并得出相应的结论。

本书所探讨的在线教学问题属于富有研究价值且研究成果与时俱进的研究领域。研究者对有关在线教学、心理学、行为学等领域的研究成果进行了广泛的查阅与分析，及时把握最新的研究动态。同时以相关理论为支撑，对在线教学和艺术教学法等问题提出了新的见解。

2.深度访谈法

深度访谈法（In-depth Interview）又称深层访谈法，是一种无结构的、直接的和个人的访问。本书旨在通过教师和学生对在线学习经历的回顾及情感体验这个议题，采用半结构式访谈法收集访谈资料。该方法需要提前设计好访谈提纲，以便研究人员对于自己所要采访的内容有一个总体上的了解，并可以提前预备好访谈时可能遇到的问题。本书采取的深度访谈法的特殊之处在于，由于访谈发生在新冠疫情期间，与访谈对象采用的是线上"面对面"访谈，即通过线上视频或线上音频进行沟通。

3. 问卷调查法

除了访谈法，本书还采用问卷调查的方式收集研究资料，并进一步统计与分析各变量间的关系。在文献分析和访谈工作的基础上，对研究所用相关构念进行整理分析，确定构念的维度和测量方式，形成初步问卷并进行小规模的发放。在对小样本的调查结果进行检验后形成正式问卷，并收集研究所需要的数据。

4. 扎根理论研究法

新冠疫情给中国教育带来的影响是前所未有的。考虑到使用主动在线学习相关的理论来解释疫情期间被动式在线学习并不一定适合，所以本书通过扎根理论的质化研究方式来探索高校学生实时在线学习取得成功的促进因素和阻碍因素、学校使用哪些方法帮助学生为在线学习的成功做好准备等问题。也就是说，本书通过深度访谈和问卷调查的方法收集资料，采用扎根理论的逐级编码方式来发现有意义的研究结论。

5. 结构方程模型法

很多社会、心理研究所涉及的变量，经常不能准确、直接地被测量，这种变量称为潜变量，如本书中的在线平台持续使用意愿。使用结构方程模型法（Structural Equation Modeling）可以替代多重回归、通径分析、因子分析、协方差分析等方法，清晰地分析单项指标对总体的作用和单项指标间的相互关系，很好地处理课题想要探讨的变量间的关系。

第五节　研究思路与研究创新

一、研究思路

1. 发现在线教学实践中的研究问题

2020年新冠疫情暴发，高等院校的线下课程经常出现暂停并转为线上教学的情况。即便是疫情期间偶尔出现疫情好转能进行线下教学，但有些学生仍然被隔离在家，不能到校上课，于是很多院校仍然采取线上、线下同时进行的混合教学方式。

尽管当时提出了各种各样的教学方法来提高学生的学习效果，但在线教学的主要问题仍然是学生的不适应，且参与线上学习的主动性较低。

考虑到尽管新冠疫情短期内局势好转，但将来小范围突然暴发的疫情或出现其他问题的情况仍然可能发生，所以在线教学如果未能及时充分准备，还会影响学生的学习效果。因此，我们需要构建应急在线教学模式以满足教师和学生的线上授课和学习需求。

2. 梳理国内外文献并梳理研究现状

在实践中发现需要解决和研究的教学问题后，笔者开始查阅相关文献，寻找理论启示，包括在线教学的内涵、在线教学现存的问题和解决方案，以及建构主义学习理论、通用学习设计框架、探究社区理论等在线教学研究相关的核心理论。同时，笔者也整理并回顾了中国高等教育、世界在线教育及中国远程教育发展的历史，梳理了国内外的相关研究现状。此外，也了解国家相关的教育政策、法规、制度和思想，完成了基础理论方面的研究。

笔者了解到的相关政策：2020年教育部印发了《关于在疫情防控期间做好普通高等学校在线教学组织与管理工作的指导意见》，要求采取政府主导、高校主体、社会参与的方式，共同实施并保障高校在疫情防控期间的在线教学；习近平总书记也指出"教育是国之大计、党之大计"，虽然目前疫情得到了很大缓解，但研究如何应对突发紧急情况时的教学模式，响应国家教育"面向三个现代化"的战略，仍是现今更是未来发展的需求。

3. 收集实践教学资料再进行理论分析

每位学习者对知识的理解方式、最偏好的学习方法、最适合的学习工具都会有所不同。但是传统的教学方式和教学内容总是单一的，比如，教师是用一套教学内容面对课堂中的所有学习者，但是线上教学提供了更多的可能。因此，本书结合一些实践教学案例对于通用学习设计理论如何应用到线上教学进行了分析探讨。

此外，探究社区理论已经被广泛地应用到实践教学和教育研究中，但其框架仍然在不断地丰富和改进。因此，本书也结合实践中的教学案例，以及该研究领域的一些重要文献与学者的观点，对该理论进行了批判性分析。

4. 构建理论框架

文献研究发现，很多学者都赞同艺术在促进学习方面的作用（Clapp and

Edwards,2013;Webster and Wolfe,2013）[1][2]。艺术包括声音/音乐、运动/舞蹈、戏剧/戏剧、视觉、文学和媒体艺术，可以为教师和学生提供多种表达形式，并促进感知、观察、倾听、思考、解决问题和协作的技能。

因此，本书在对探究社区理论进行批判性分析后，提出"艺术临场感"的概念，构建新的探究社区理论模型。后续又将其与通用学习设计理论支持的价值观相联系，并结合当前疫情期间对于应急在线教学的需求，探索应急在线教学模式。本书的理论框架构建思路如图1-1所示。

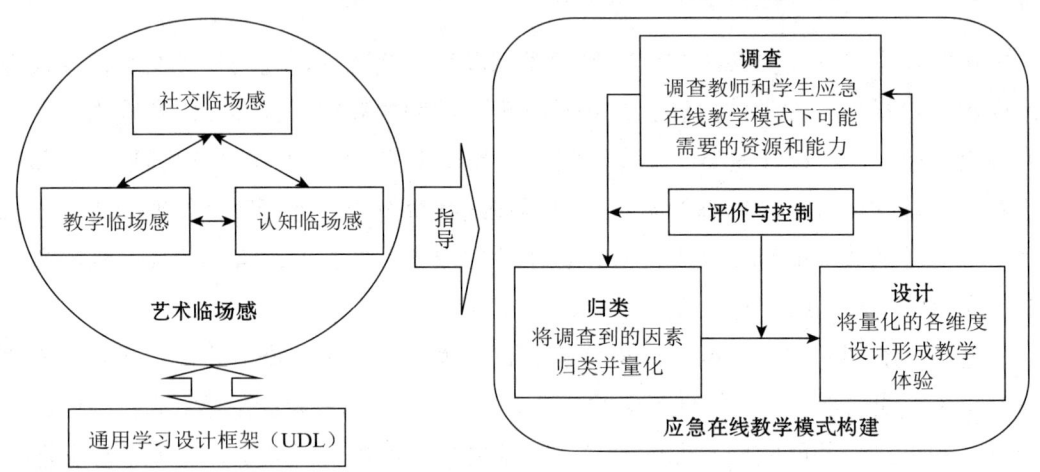

图1-1 理论框架构建思路

5.研究设计与实施

本书通过文献分析、深度访谈、问卷调查、结构方程模型等方法，开展定量研究与定性研究，以了解在线教学的实际现状，构建应急在线教学模式，提出具体的策略建议。

深度访谈和相关资料处理过程：选择进行调研的高校并确定访谈对象，撰写访谈提纲，购买访谈录音设备，通过半结构式深度访谈法收集经验材料。调研内容包括学生对在线学习经历的回顾、情感体验的表达、在线学习准备的理解、自主学习意识的探讨、社交媒体互动的意见等。此外，还包括与高校教师的深度访谈，探讨在线教学和远程教育解决方案方面的见解和实践经验。接下来对前期得到的样本、数据进行统计分析，仔细观察结果，描写数据反映的总体特征和趋势，借助NVIO、

---

[1] Clapp E, Edwards L. Editors' Introduction: Expanding Our Vision for the Arts in Education[J]. Harvard Educational Review, 2013, 83(1): 5-14.

[2] Webster R S, Wolfe M. Incorporating the aesthetic dimension into pedagogy[J]. Australian Journal of Teacher Education (Online), 2013, 38(10): 21-33.

ATLAS 等分析软件进行处理,最后形成访谈调研报告。

实证数据收集与处理过程:构建实证研究的理论模型,提出研究假设,设计调查问卷,收集量化研究所需要的数据资料。利用 SPSS 22.0、Amos 21.0 等软件对获得的调研数据进行统计分析,得出数据分析结果,根据分析结果提出相关的对策和建议。

综上所述,本书的研究思路如图 1-2 所示。

图 1-2 本书研究思路

二、研究创新

1. 学术观点的创新

本书首次结合通用学习设计理论和探究社区理论，提出了包含艺术临场感的新的探究社区模型。

其中，通用学习设计理论呼吁关注情感和学习之间的关系，以及文本在教学材料中的主导地位，强调需要多种参与、表达和表达方式，以便学生有不同的途径"获取和理解信息，展示他们所知道的，并增加动机和持久性"。而探究社区理论模型是最著名和引用率最高的在线学习模型之一，本书结合现有的学术解释，依次批判性地分析和说明每个"临场感"，并在此基础上提出"艺术临场感"的概念，形成新的探究社区模型。该模型不同于以往对于探究社区模型的任何改进，是一种能够满足不同类型学习者需求的包容性的教学模型。

2. 教学模式的创新

本书在"艺术临场感"视域下，提出"应急在线教学模式"。

使用"应急"这个词是为了强调当诸如新冠疫情这类影响线下教学的危机发生时，面对学习环境发生的变化，教师与学生应该如何应对。建议将教师定位为教育危机的第一个回应者，因为教师拥有可以进行转换的教学资源，也扮演着学生主要学习接触点的角色。应急在线教学模式作为在紧急危机中协助和支持学习的模式，可以通过调查教师与学生可用资源、归类调查到的因素并进行量化，以及设计教育体验三个步骤来进行构建。

这三个步骤是非线性和迭代的，因为危机需要不断地重新评价，不会存在一种"万金油"的教学模式。因此，这种重复的设计是应急在线教学模式得以助力应急在线教学实现的一个关键理念，能够适应危机所特有的资源和目标的不可预测的变化。

参考文献

［1］付卫东，周洪宇. 新冠肺炎疫情给我国在线教育带来的挑战及应对策略［J］. 河北师范大学学报：教育科学版，2020，22（2）：14-18.

［2］Rensburg E S J. Effective online teaching and learning practices for undergraduate health sciences students: An integrative review[J]. International Journal of Africa Nursing Sciences, 2018, 9: 73-80.

[3] 方佳明，史志慧，刘璐. 基于 5G 技术的在线教育平台学习者迁移行为影响机制 [J]. 现代远程教育研究，2019，31（6）：22-31.

[4] 李奇涛，管佳. 高校教育创新如何应用大数据 [J]. 中国教育网络，2015，（10）：65-67.

[5] Bozkurt A, Jung I, Xiao J, et al. A global outlook to the interruption of education due to COVID-19 pandemic: Navigating in a time of uncertainty and crisis[J]. Asian Journal of Distance Education, 2020, 15(1): 1-126.

[6] Moore M G. The theory of transactional distance. In Handbook of distance education[M]. London: Routledge, 2018.

[7] Xiao J. On the margins or at the center? Distance education in higher education[J]. Distance Education, 2018, 39(2): 259-274.

[8] Bozkurt A. Intellectual roots of distance education: A progressive knowledge domain analysis[J]. Distance Education, 2019, 40(4): 497-514.

[9] Miller E D. The COVID-19 pandemic crisis: The loss and trauma event of our time[J]. Journal of Loss and Trauma, 2020, 25(6-7): 560-572.

[10] Waddingham R. COVID-19: How can we support each other (and ourselves)?[J]. Psychosis, 2020, 12(2): 101-105.

[11] Law K, Geng S, Li T. Student enrollment, motivation and learning performance in a blended learning environment: The mediating effects of social, teaching, and cognitive presence[J]. Computers & education, 2019, 136(1): 1-12.

[12] Nouri, Jalal. The flipped classroom: For active, effective and increased learning – especially for low achievers[J]. International Journal of Educational Technology in Higher Education, 2016, 13(1): 33.

[13] Dziuban C, Graham C R, Moskal P D, et al. Blended learning: The new normal and emerging technologies[J]. International Journal of Educational Technology in Higher Education, 2018, 15(1): 3.

[14] Tang Y, Au K M, Lau H, et al. Evaluating the effectiveness of learning design with mixed reality (MR) in higher education[J]. Virtual Reality, 2020, 24(4): 797-807.

[15] Clapp E, Edwards L. Editors' Introduction: Expanding Our Vision for the Arts in Education[J]. Harvard Educational Review, 2013, 83(1): 5-14.

[16] Webster R, Wolfe M. Incorporating the aesthetic dimension into dagogy[J]. Australian Journal of Teacher Education, 2013, 38(10): 21-33.

第二章 理论基础

> **本章导读**
>
> 本章界定了本书研究中所出现的核心概念，包括在线教学、在线学习体验和实时在线学习准备度，其他相关概念的界定会在后续每章的研究中进行详细讨论。本章也阐述了与全书各章节研究有关的主要理论，包括通用学习设计理论、探究社区理论、建构主义学习理论、联通主义理论、行动者网络理论和技术接受模型。此外，本章还回顾了中国高等教育、世界在线教育及中国远程教育发展的历史，最后梳理了国内外的相关研究现状并对其发展动态进行了简要述评。

第一节 核心概念的界定

一、在线教学

尽管在线教学已经实施了多年，但其影响仍然不尽如人意，许多教师因为其属于非传统的教学方法而拒绝采用在线教学工具。Mohamad 等（2015）指出，影响学生参与在线学习的因素之一是设施设备等方面的使用。激励教师改变传统的线下教学方法也是推行在线教学的最大阻碍之一[①]。Baran（2011）研究了成功的在线教学实

---

① Mohamad S N M, Salleh M A M, Salam S. Factors Affecting Lecturers Motivation in Using Online Teaching Tools[J]. Procedia - Social and Behavioral Sciences, 2015, 195: 1778-1784.

践，发现教师自身的情况以及他们在在线环境中的参与作用非常重要[①]。

另外，有些学生不习惯使用在线平台进行学习。在探讨了如何为学生提供有效的在线教学与学习实践后，有些研究指出，技术和沟通能力是提高学生满意度和保留率的重要因素，但学生参与线上学习的关键因素也包括动机和临场感（Law et al., 2019；Widjaja，2017）[②③]。

理论和实践相结合的各种学习活动，如实践场景、视频课程、自我评估活动、互动练习等，被推荐给教育工作者，以增强学生在线学习的临场感（Rensburg, 2018）[④]。

高等教育机构被迫转向更加灵活、以学生为导向的教学方法，采用激励学习（Law，2019）[⑤]、翻转课堂（Nouri，2016）[⑥]、混合式学习（Kintu，2017）[⑦]和虚拟技术（Tang et al.，2020）[⑧]等。然而，这些方法的成功实施条件仍然非常依赖教师与学生的面对面上课氛围。尽管学者们提出了各种教学方法来提高学生的学习效果，但最关键因素还是在于学生能否参与进去。因此，在线教学能否成功实施也取决于学生是否有动机使用这样的学习方式。

二、在线学习体验

在线学习是一种从互联网时代就开始不断演变和发展的学习方式，其出众的优势已经融入许多人的日常生活。如今，在线学习已经是一种完善的远程学习方法，

[①] Baran S. EBOOK: Introduction to Mass Communication: Media Literacy and Culture[M]. New York: McGraw Hill, 2011：8.

[②] Law K, Geng S, Li T. Student enrollment, motivation and learning performance in a blended learning environment: The mediating effects of social, teaching, and cognitive presence[J]. Computers & education, 2019, 136(1): 1–12.

[③] Widjaja A E, Chen J V. Online learners' motivation in online learning: The effect of online-participation, social presence, and collaboration[J]. Learning technologies in education: Issues and trends, 2017, 12: 72–93.

[④] Rensburg E S J. Effective online teaching and learning practices for undergraduate health sciences students: An integrative review[J]. International Journal of Africa Nursing Sciences, 2018, 9: 73–80.

[⑤] Law K M. Teaching project management using project-action learning (PAL) games: A case involving engineering management students in Hong Kong[J]. International Journal of Engineering Business Management, 2019, 11(2): 1–7.

[⑥] Nouri, Jalal. The flipped classroom: For active, effective and increased learning-especially for low achievers[J]. International Journal of Educational Technology in Higher Education, 2016, 13(1): 33.

[⑦] Kintu M J, Zhu C, Kagambe E. Blended learning effectiveness: The relationship between student characteristics, design features and outcomes[J]. International Journal of Educational Technology in Higher Education, 2017, 14(1): 1–20.

[⑧] Tangy M, Auk M, Lauh. C W, et al. Evaluating the effectiveness of learning design with mixed reality (MR) in higher education[J]. Virtual Reality, 2020, 24(1): 797–807.

帮助那些对学习感兴趣的人消除距离的阻碍（Koç et al.，2016）[①]。一般来说，在线学习的目的是利用在线培训系统（如电脑、互联网、多媒体光盘和电子邮件等）减少交通路程所花费的时间和金钱，促进更好、更快、更便利地学习。

事实上，在线学习也是一种变革性的活动，它使人们做好准备来应对各种环境带来的变化。通过被传授各学科的知识与技能，在线学习者的行为和能力可以得到提升，虽然有时这种提升短期内不明显（Lee and Song，2013）[②]。系统地进行在线学习的方式之一是有规律地参与各种学习活动，如远程教育。远程教育是一种程序化的学习方式，学习和教学是在单独的环境中进行的（Mallat et al.，2009）[③]。远程教育的实现依靠通信技术和有关学习内容的编程指导机构，其能够满足学习者与讲师交流的需要（Shah，2014）[④]。

学生的在线体验指的是电子学习平台的技术用户、在线协作者和学习者的体验。重要的是要认识到，有些专业的学生在网上学习很舒服且很享受，而另一些人可能是由于技能有限，不喜欢在线学习的体验（Xiao et al.，2020）[⑤]。

虽然用于提供在线学习模块（如超星尔雅、SmartLearning、Moodle 和 Blackboard 等虚拟学习平台）的技术并不鲜见，但是随着模拟、人工智能（AI）和深度学习的使用越来越多（Cheng et al.，2020）[⑥]，技术的作用也在不断发展（Brown et al.，2020）[⑦]。人工智能可以根据学生的个人喜好为其提供定制推荐，以选择适合的模块（Sun et al.，2020）[⑧]，并与在线学习的可持续发展相联系（Goralski and Tan，2020）[⑨]。然而，模拟和

[①] Koç T, Turan A H, Okursoy A. Acceptance and usage of a mobile information system in higher education: An empirical study with structural equation modeling[J]. International Journal Of Education Management, 2016, 14: 286-300.

[②] Lee J H, Song C H. Effects of Trust and Perceived Risk on User Acceptance of a New Technology Service[J]. Social Behavior and Personality: an international journal, 2013, 41(4): 587-598.

[③] Mallat N, Rossi M, Tuunainen V K, et al. The impact of use context on mobile services acceptance: The case of mobile ticketing[J]. Information & Management, 2009, 46(3): 190-195.

[④] Shah M. Impact of Management Information Systems (MIS) on School Administration: What the Literature Says[J]. Procedia-Social and Behavioral Sciences, 2014, 116: 2799-2804.

[⑤] Xiao J, Sun-Lin H Z, Lin T H, et al. What makes learners a good fit for hybrid learning? Learning competences as predictors of experience and satisfaction in hybrid learning space[J]. British Journal of Educational Technology, 2020, 51(4): 1203-1219.

[⑥] Cheng X, Sun J, Zarifis A. Artificial intelligence and deep learning in educational technology research and practice[J]. British Journal of Educational Technology, 2020, 51(5): 1653-1656.

[⑦] Brown D M, Robson A, Charity I. International Masters' student perspectives of team business simulations[J]. The international journal of management education, 2020, 18(3): 1-15.

[⑧] Sun J, Geng J, Cheng X, et al. Leveraging personality information to improve community recommendation in e-learning platforms[J]. British Journal of Educational Technology, 2020, 51(5): 1711-1733.

[⑨] Goralski M A, Tan T K. Artificial intelligence and sustainable development[J]. The International Journal of Management Education, 2020, 18(1): 100330.

人工智能在提供个性化体验方面仍然存在一定的限制,因为模块需要以一致的标准进行交付和评估。

值得注意的是,尽管技术在不断进步,但人们往往没有考虑技术在在线学习的学生群体中的适当性或适用性。在线教学环境失去了实体教室和校园体验的一些亲近感。在线学习的学生可能会感到孤独和孤立(Rovai,2002)[1]。当社群意识模糊时,学生的表现和整体学习会受到负面影响(Epp et al.,2017)[2]。因此,本书的目标之一是探索在线教学如何结合技术使用艺术教学法。此外,由于在线学习的学生可能生活在不同的地区甚至国家,在学生群体中建立线上的共同文化可能比面对面更加困难,因此,教师应该在某些情况下鼓励并要求学生做更多的同伴互动,如通过社交媒体进行交流。

三、实时在线学习准备度

实时在线学习是指通过在线实时直播进行的教学和学习活动(Zhao et al.,2018)[3]。为了保证在线教学能更顺利地进行,授课教师必须提前将教学材料发布到学习平台上,并保证必要材料可供学生下载。此外在教学期间,教师要实时进行授课和辅导,回答学生的问题并允许课堂讨论。尽管在线学习动机和线上学习参与度是在线学习成功的关键因素,然而,在新冠疫情暴发的背景下,情况已有所不同。这是因为,以往的在线学习大多是学习者由于个人的主观诉求而开展的,学习者有着较高的配合积极性。而突如其来的新冠疫情导致线下教学大范围被迫停止,从而造成了被动式的在线学习要求,在线学习动机和参与度都有了很大的差别。

如何上好在线教学课程是教师、学生和每个"利益相关者"的必修课。无论教师的教学风格如何、以何种角色参与教学或授课中是否会遇到技术障碍,都必须适应在线教学。为了实施在线教学,许多高校提供了指定的在线教学工具、基础设施,以及信息技术部门的技术支持。然而,学生可以在任何地方参加实时课程,但教师很难甚至无法监控,这就导致了学生在实时在线学习环境中的准备程度处于未知的状态。

学生的实时在线学习准备度被认为是有效学习过程和教育成就的先决条件之一

---

[1] Rovai A P. Building sense of community at a distance[J]. International Review of Research in Open and Distributed Learning, 2002, 3(1): 1-16.

[2] Epp C D, Phirangee K, Hewitt J. Student actions and community in online courses: The roles played by course length and facilitation method[J]. Online Learning Journal, 2017, 21(4): 53-77.

[3] Zhao Q, Chen C D, Cheng H W, et al. Determinants of live streamers' continuance broadcasting intentions on Twitch: A self-determination theory perspective[J]. Telematics and Informatics, 2018: 406-420.

（Dangol and Shrestha，2019）[①]。但是，与传统的面对面教学不同，在线远程学习无法保证学生的出勤情况，因此很难确定学生在在线学习中的注意力集中程度（Li and Yang，2016）[②]。

学者们对在线学习准备度已经进行了多年的研究（Warner et al.，1998）[③]。一些研究将实时准备度定义为学生对教学的感知、使用电子沟通渠道的自信心和学生参与学习的自主性。实时在线学习准备度对学生参与课堂和实时在线学习质量的意愿至关重要。因此，研究影响学生实时在线学习准备度的核心因素很重要。

此外，衡量学生在线学习准备度的因素各不相同。Walia（2019）根据学习计划和性别差异研究了学生的在线学习准备度[④]。该研究确定了7个影响因素：学生对技术的获取能力、技术技能、生活方式因素、教学存在感、认知存在感、社交存在感、技能和学习习惯。Engin（2017）使用了五个指标测量在线学习准备度，其中包括学生的情绪智力水平，还包括计算机/互联网的自我效能，该指标也被用于衡量学生使用计算机的倾向[⑤]。Hung 等（2010）开发了一个类似的测量工具，基于若干学生自身方面的指标来揭示高校学生在线学习的准备程度[⑥]。还有学者进行了系统性综述研究，以调查衡量学生在线准备度所使用的工具、因素和项目的数量（Alem et al.，2014）[⑦]。根据调查，学生的实时在线学习准备度可以由多达45个问卷项目确定（Kerr et al.，2006）[⑧]。

综上所述，研究者们普遍建议通过计算机技能、互联网自我效能、自主学习、动机、互动和态度这几个变量来构建多维的线上学习准备度。

虽然目前存在一些线上学习准备度测量方式的研究，但关于实时在线教学的

[①] Dangol R, Shrestha M. Learning Readiness and Educational Achievement among School Students[J]. The International Journal of Indian Psychology, 2019, 7(2): 467−476.

[②] Li X, Yang X. Effects of Learning Styles and Interest on Concentration and Achievement of Students in Mobile Learning[J]. Journal of Educational Computing Research, 2016, 54(7): 922−945.

[③] Warner D, Christie G, Choy S. Readiness of VET clients for flexible delivery including on-line learning[R]. Brisbane: Australian National Training Authority, 1998.

[④] Walia P, Tulsi P K, Kaur A. Student readiness for online learning in relation to gender and stream of study[C]. 2019 IEEE Learning With MOOCS (LW MOOCS). IEEE, 2019: 21−25.

[⑤] Engin M. Analysis of Students' Online Learning Readiness Based on Their Emotional Intelligence Level[J]. Universal Journal of Educational Research, 2017, 5(n12A): 32−40.

[⑥] Hung M L, Chou C, Chen C H, et al. Learner readiness for online learning: Scale development and student perceptions[J]. Computers & Education, 2010, 55(3): 1080−1090.

[⑦] Alem F, Plaisent M, Bernard P, et al. Student online readiness assessment tools: A systematic review approach[J]. Electronic Journal of e-Learning, 2014, 12(4): 376−384.

[⑧] Kerr M S, Rynearson K, Kerr M C. Student characteristics for online learning success[J]. The Internet and Higher Education, 2006, 9(2): 91−105.

研究非常有限。有些案例研究探讨了虚拟教学和实时教学平台如何被用于实时广播教学（Liu，2018）[①]，也有研究对实时教学的方法和策略进行了探索（Miranda，2015）[②]。然而，这些研究并没有专门关注高等教育领域，这个领域尚未有对学生的实时在线学习准备度的研究。因此，我们有必要探索高等教育领域学生对实时在线学习的准备程度，包括二学位、学士学位和研究生水平的学生。参考 Kerr 等（2006）[③]和 Law 等（2019）[④]的研究，可以将学生的实时在线学习准备度的影响因素概括为 5 个方面：技术准备度（Gay，2016）[⑤]、自主学习、学习者控制、学习动机和在线沟通自我效能（Engin，2017；Hung et al.，2010）[⑥][⑦]。本书将在第七章探讨和研究高校学生实时在线学习准备度的影响因素。

第二节 相关理论的回顾

一、通用学习设计理论

当学校由于某种紧急情况停课时间较长时，就可能会像在新冠疫情期间那样，教育形式发生变化，教师和学生都不得不适应和以往线下教学不同的远程学习解决方案。远程教育以前曾被成功地用于不同年龄和不同技术能力的学习者，但突然需要使用远程教学来取代所有面对面的课堂互动绝对是一项巨大的挑战。

事实上，许多教师和学生对这种使用在线学习的临时要求毫无准备。教师使用在线教学解决方案的知识和技术能力也存在很大差异，学生接收教师发送信息的能力和隔离在家上课所需的技术能力也是如此。学校的暂时关闭和远程学习的技术需

[①] Liu J. Construction of Real-time Interactive Mode-based Online Course Live Broadcast Teaching Platform for Physical Training[J]. International Journal of Emerging Technologies in Learning, 2018, 13(6): 73.

[②] Miranda R, Hermann R. Methods and Strategies: Teaching in Real Time[J]. Science & Children, 2015, 53(1): 80-85.

[③] Kerr M S, Rynearson K, Kerr M C. Student characteristics for online learning success[J]. The Internet and Higher Education, 2006, 9(2): 91-105.

[④] Law K, Geng S, Li T. Student enrollment, motivation and learning performance in a blended learning environment: The mediating effects of social, teaching, and cognitive presence[J]. Computers & education, 2019, 136(1): 1-12.

[⑤] Gay G H E. An assessment of online instructor e-learning readiness before, during, and after course delivery[J]. Journal of Computing in Higher Education, 2016, 28(2): 199-220.

[⑥] Engin M. Analysis of Students' Online Learning Readiness Based on Their Emotional Intelligence Level[J]. Universal Journal of Educational Research, 2017, 5(n12A): 32-40.

[⑦] Hung M L, Chou C, Chen C H, et al. Learner readiness for online learning: Scale development and student perceptions[J]. Computers & Education, 2010, 55(3): 1080-1090.

求会对学生产生不同程度的影响。因此，教师需要扮演新的角色和承担新的责任，因为他们要满足线上课堂所有学生的需求。教师要遵循包容性原则，以迎接远程教学的挑战，无论他们的能力如何，都要尝试在设计课程时考虑到所有学生的情况，并利用好在线学习环境提供的所有优势。幸运的是，通用学习设计理念符合包容性原则，为线上教学提供了一个有用的指导思路。

通用学习设计（Universal Design for Learning，UDL）的思想最早起源于20世纪90年代，受到神经科学研究和通用设计（Universal Design，UD）元素的启发，由美国设计师 Ron Mace 提出。通用设计理论强调如何设计物理环境（空间），才能使所有用户（尤其是那些身体不便的人）都能最大限度地无障碍通行。作为这一概念的延伸，美国的应用特殊技术中心（Center for Applied Special Technology，CAST）[①] 将通用设计理论应用于教育环境，把教学方法与三个精神方面的因素（情感、认知和策略）相对应，由此产生了通用学习设计理论。通用学习设计理论认为不存在"标准学习者"，因为学习者在神经网络上存在差异，因此会影响他们的学习过程。应用特殊技术中心的联合创始人之一 David Rose 指出，学习者的表现是依赖于周围环境的，不仅取决于"个体的优势和劣势，还取决于他们在学习环境中的机会和障碍"。

导致学习者之间存在差异的原因可能涉及学习偏好、学习能力、学习动机和周围环境等方面。尽管未来的学习环境可能是未知的，但通用学习设计理论可以作为一个指南，帮助识别障碍，最大限度地改善类似疫情时期的多种情境下的学习体验。通用学习设计仍然是一个较新的概念，通过增加灵活性并减少障碍来改善教学实践。通用学习设计的理论框架整合了教与学的关键要素并解决广泛的个体差异（Meyer et al.，2014）[②]，而且该理论不仅面向身体不便的学生，更是面向所有学生（Hitchcock et al.，2002）[③]，因为灵活的课程将支持所有学习者，但同时对于每个学习者而言又仍然提供着个性化的学习方式。总之，其优势在于，教师为了给有特殊需求的学生提供参与教育的机会而做出的改变，可以使所有学生受益。

通用学习设计的三个核心原则包括提供多种参与方式、提供多种表征方式、提供多种参与和表达方式。这些原则涉及课程规划的关键方面，即如何激发和支持学

[①] CAST成立于1984年，名为应用特殊技术中心，是一个非营利组织，利用技术为所有人，特别是残障人士提供学习机会。

[②] Meyer A, Rose D H, Gordon D. Universal Design for Learning: Theory and practice[M]. CAST Professional Publishing, 2014: 3.

[③] Hitchcock C, Meyer A, Rose D, et al. Providing new access to the general curriculum: Universal design for learning[J]. Teaching exceptional children, 2002, 35(2): 8-17.

习者（参与方式）、如何传达内容（表征方式）及如何演示和评估学习（行动和表达方式）。课程设计纳入这些原则，使学习者在追求自己的学习目标时成为"目的明确、知识渊博、具有战略性和高效能"的个体（图2-1）。

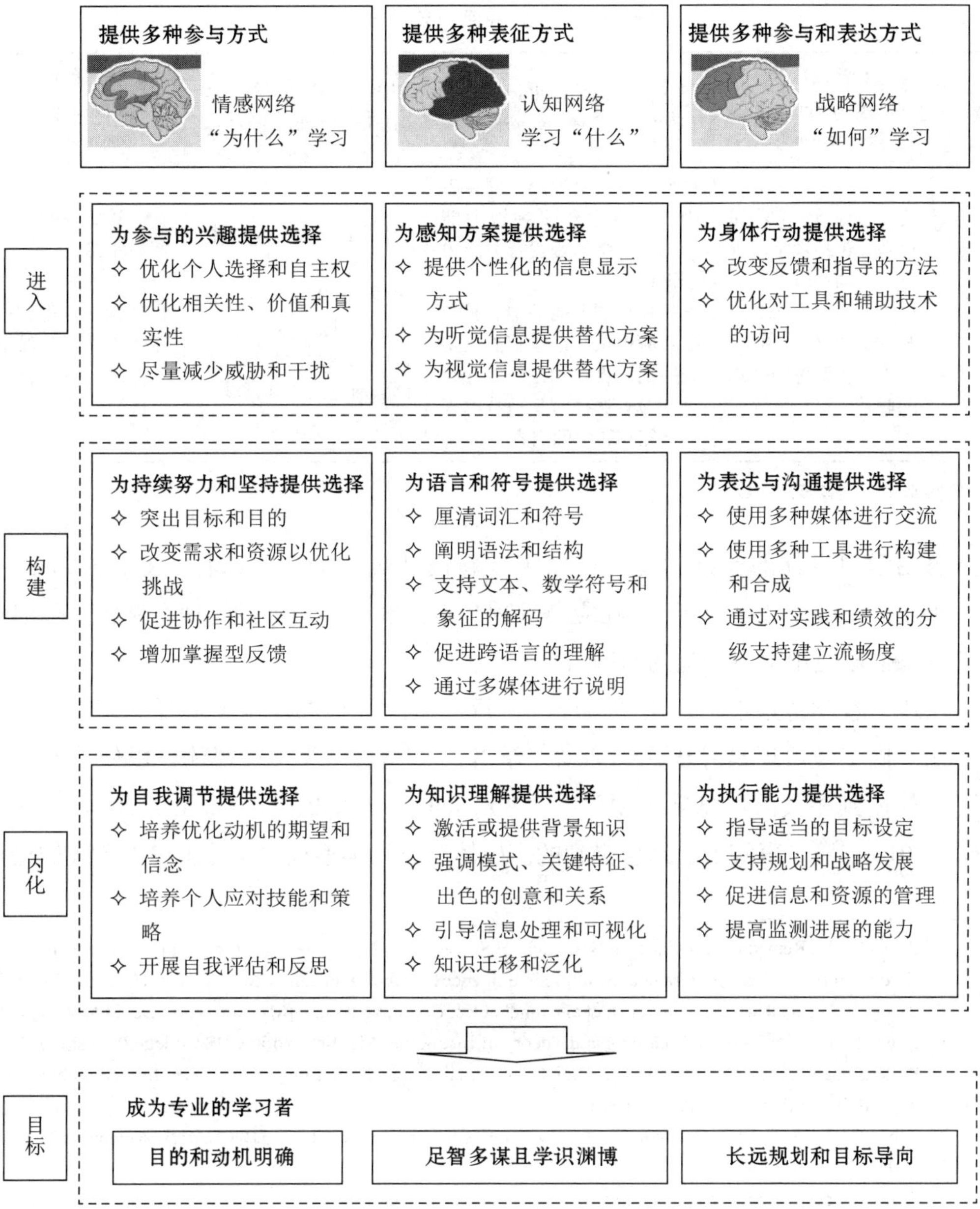

	提供多种参与方式 情感网络 "为什么"学习	提供多种表征方式 认知网络 学习"什么"	提供多种参与和表达方式 战略网络 "如何"学习
进入	为参与的兴趣提供选择 ◇ 优化个人选择和自主权 ◇ 优化相关性、价值和真实性 ◇ 尽量减少威胁和干扰	为感知方案提供选择 ◇ 提供个性化的信息显示方式 ◇ 为听觉信息提供替代方案 ◇ 为视觉信息提供替代方案	为身体行动提供选择 ◇ 改变反馈和指导的方法 ◇ 优化对工具和辅助技术的访问
构建	为持续努力和坚持提供选择 ◇ 突出目标和目的 ◇ 改变需求和资源以优化挑战 ◇ 促进协作和社区互动 ◇ 增加掌握型反馈	为语言和符号提供选择 ◇ 厘清词汇和符号 ◇ 阐明语法和结构 ◇ 支持文本、数学符号和象征的解码 ◇ 促进跨语言的理解 ◇ 通过多媒体进行说明	为表达与沟通提供选择 ◇ 使用多种媒体进行交流 ◇ 使用多种工具进行构建和合成 ◇ 通过对实践和绩效的分级支持建立流畅度
内化	为自我调节提供选择 ◇ 培养优化动机的期望和信念 ◇ 培养个人应对技能和策略 ◇ 开展自我评估和反思	为知识理解提供选择 ◇ 激活或提供背景知识 ◇ 强调模式、关键特征、出色的创意和关系 ◇ 引导信息处理和可视化 ◇ 知识迁移和泛化	为执行能力提供选择 ◇ 指导适当的目标设定 ◇ 支持规划和战略发展 ◇ 促进信息和资源的管理 ◇ 提高监测进展的能力
目标	成为专业的学习者 目的和动机明确	足智多谋且学识渊博	长远规划和目标导向

图2-1　通用学习设计指南

资料来源：http://udlguidelines.cast.org。

这些原则、指导方针和方法也与一些经典的教学理论相联系（表2-1）。通用学习设计的目标是为所有人提供包容性和可访问的教育，这正是如今高等教育所面临的挑战。

表2-1 一些经典的教学理论

理论	多感官教学 （Multi-Sensory Instruction）[1]	多元智能 （Multiple Intelligences）[2]	布鲁姆的认知目标分类 （Bloom's taxonomy）[3]	学习条件 （Conditions of Learning）[4]
简介	使用多种教学方法和材料，包括视觉、听觉、运动和触觉。提供支持学习者主要感知方式的材料，同时加强与次要感知方式的联系	根据一种特定理论，同一思维中独立运作多种智力能力，与传统的普遍智力能力理论相对立。九种独特的智能类型。教学技巧应提供与这些智能类型相匹配的材料和方法，并允许学习者选择与其独特的多元智能相匹配的内容	提供用于分类学习目标的教育目标。包括知识、理解、应用、分析、综合和评价。确保教学平衡，并涵盖所有层次和领域	2种主要条件：内部和外部。分为4个阶段：接收刺激、获得、存储和检索。确保教学有序，并符合学习目标

资料来源：笔者整理而成。

通用学习设计的原则和指南可用于重新设计现有的在线课程（Rogers-Shaw et al.，2018；Tobin，2014）[5][6]及在应急远程学习情况下在线提供的现有课程。任何年级都可以根据通用学习设计的原则编写教学材料。

在线上教学背景下，通用学习设计注重提供的各种选择至关重要。无论是在线下、线上同步学习还是异步在线活动，学者们都建议使用多种媒体，以便所有学生都可以使用到相关的信息来方便学习（Burgstahler，2002；Coy et al.，2014，Meyer et al.，2014）[7][8][9]。事实上，这里提到的多媒体工具的类型很多，并不仅限于我们最熟

---

[1] Fernald G M. Remedial Techniques in Basic School Subjects[M]. New York: McGraw-Hill Book Company, 1943.

[2] Gardner H E. Intelligence reframed: Multiple intelligences for the 21st century[M]. London: Hachette UK, 2000.

[3] Bloom B S, Engelhart M D, Furst E J, et al. Handbook I: Cognitive domain[M]. New York: David McKay, 1956.

[4] Gagne R. The Conditions of Learning and Theory of Instruction[M]. New York: CBS College Publishing, 1985.

[5] Rogers-Shaw C, Carr-Chellman D J, Choi J. Universal design for learning: Guidelines for accessible online instruction[J]. Adult learning, 2018, 29(1): 20–31.

[6] Tobin T J. Increase online student retention with universal design for learning[J]. Quarterly Review of Distance Education, 2014, 15(3): 13–24.

[7] Burgstahler S. Distance learning: Universal design, universal access[J]. AACE Review (Formerly AACE Journal), 2002, 10(1): 32–61.

[8] Coy K, Marino M T, Serianni B. Using universal design for learning in synchronous online instruction[J]. Journal of Special Education Technology, 2014, 29(1): 63–74.

[9] Meyer A, Rose D H, Gordon D. Universal Design for Learning: Theory and practice[M]. Berkeley: CAST Professional Publishing, 2014.

悉的 PPT 和视频播放。比如，带有语音并附有图形的书面材料、带有语音解释的文本和图像的 PPT、实践演示和讨论、数字文本、符号、图形、录音、带字幕的视频、提前发送的笔记、可以放大或打印的电子工作表，等等。

学生的进步应该以课程目标为中心，而不是用具有挑战性的目标和允许的"脚手架"（scaffold）来克服课程障碍（Hitchcock et al., 2002）[1]。这里所说的"挑战性的目标"指的是与课程目标相关度较低的任务。而"脚手架"则是一个比方，同时也是教育领域的研究者经常使用的词汇。对于学习者来说，教师或者其他具有更熟练技巧的个体可以为他们提供必要的支持，以便让其学习重要的技能。就如同在建筑领域，脚手架可以让工人爬到更高处进行高空作业。在教学领域，为学习者提供的多种支持也可以称为"脚手架"，"脚手架"让学生从自身已有经验出发，在更高水平或更多维度上参与到学习过程中，并将新内容转化为自己的新经验。至于"课程障碍"，相关内容将在本书第三章将进行详细讨论。

二、探究社区理论

信息和通信技术改变了教育体验，并为教育和学习带来了新的机会。高等教育也面临着学生的多样化，他们越来越需要时间和/或空间的灵活性来平衡自己的学术生活、个人生活和职业责任。因此，在线教学模式和混合教学模式在高等教育中迅速发展，为学生提供了灵活性。从社会建构主义的角度来看，指导教学研究和教学实践的最知名和最有价值的理论之一就是探究社区（COI）理论。

探究社区理论框架（Community of Inquiry Framework，COIF）最初由加拿大的研究者在五篇开创性论文中提出。这五篇重要的研究论文包括 Anderson 等（2001）[2]、Garrison 等（2001）[3]、Garrison 等（1999）[4]、Rourke 等（2001）[5] 和

---

[1] Hitchcock C, Meyer A, Rose D, et al. Providing new access to the general curriculum: Universal design for learning[J]. Teaching exceptional children, 2002, 35(2): 8–17.

[2] Anderson T, Liam R, Garrison D R, et al. Assessing teaching presence in a computer conferencing context[J]. Journal of Asynchronous Learning Networks, 2001, 5(2): 1–17.

[3] Garrison, D. R. , Anderson, T. , & Archer, W. Critical thinking, cognitive presence, and computer conferencing in distance education[J]. The American Journal of Distance Education, 2001, 15(1): 7–23.

[4] Garrison D R, Anderson T, Archer W. Critical inquiry in a text-based environment: Computer conferencing in higher education[J]. The internet and higher education, 1999, 2(2–3): 87–105.

[5] Rourke L, Anderson T, Garrison D R, et al. Methodological issues in the content analysis of computer conference transcripts[J]. International journal of artificial intelligence in education, 2001, 12(1): 8–22.

Rourke 等（1999）[①]的论文，可以说是最著名和引用率最高的在线学习模型之一。

探究社区理论模型的核心是为深刻而有意义的教育体验设置三个主要的且相互关联的临场感，即教学临场感、社交临场感和认知临场感（Garrison and Vaughan, 2008）[②]（图 2-2）。该模型旨在改善教学和学习，建议让学生参与批判性反思和协作讨论，以促进更高阶的学习（Garrison et al., 2010）[③]。探究社区理论模型关注如何有效建构知识的理论模型（段承贵，2017）[④]和实践框架（兰国帅，2018）[⑤]，允许跨学科和机构进行研究（Arbaugh et al., 2008）[⑥]，能够评估学生对在线和混合课程的看法（Stenbom，2018）[⑦]。

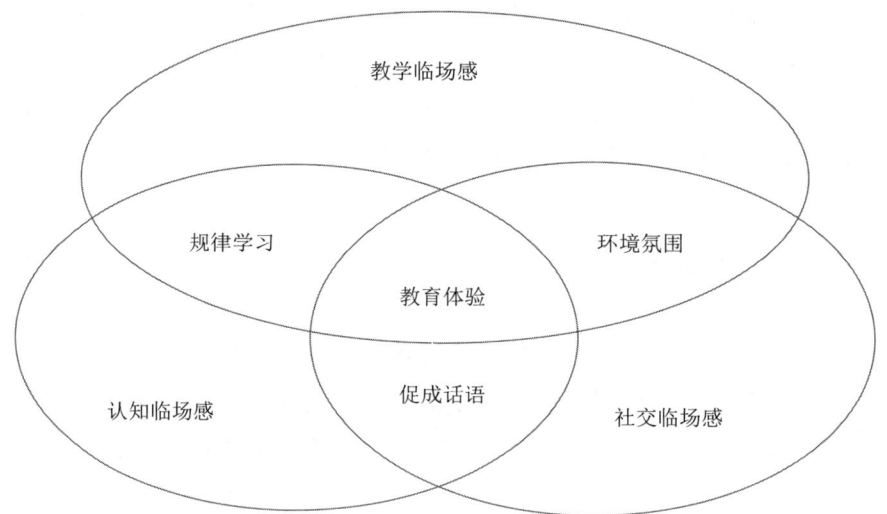

图 2-2 探究社区理论模型

资料来源：Garrison 的探究社区理论维恩图解（Garrison，2011）。

[①] Rourke L, Anderson T, Garrison D R, et al. Assessing social presence in asynchronous text-based computer conferencing[J]. The Journal of Distance Education/Revue de l'ducation Distance, 1999, 14(2): 50–71.

[②] Garrison D R, Vaughan N D. Blended learning in higher education: Framework, principles, and guidelines[M]. New York: John Wiley & Sons, 2008.

[③] Garrison D R, Cleveland-Innes M, Fung T S. Exploring causal relationships among teaching, cognitive and social presence: Student perceptions of the community of inquiry framework[J]. The internet and higher education, 2010, 13(1–2): 31–36.

[④] 段承贵. "探究式社区"理论框架述评及对网络教学的启示 [J]. 终身教育研究，2017, 28（1）：64–70.

[⑤] 兰国帅. 探究社区理论模型：在线学习和混合学习研究范式 [J]. 开放教育研究，2018, 24（1）：29–40.

[⑥] Arbaugh J B, Cleveland-Innes M, Diaz S R, et al. Developing A Community of Inquiry Instrument: Testing A Measure of The Community of Inquiry Framework Using A Multi-institutional Sample[J]. The internet and higher education, 2008, 11(3–4): 133–136.

[⑦] Stenbom S. A systematic review of the Community of Inquiry survey[J]. Internet & Higher Education, 2018, 39: 22–32.

Garrison 认为，探究社区理论框架代表了基于协作建构主义的学习方法，是"描述高等教育学习体验的一系列连贯的要素和模型"（Garrison，2011）[1]。探究社区理论框架的核心是教育体验（图 2-2）。Garrison 坚持认为，探究社区理论框架的目的是在在线社区中开发适当的、优质的、通用的教育体验，让学习者参与协作式的教育对话和教育活动，包括讨论和反思（Garrison，2011）[2]。探究社区理论框架的具体目标是"描述一个与深入且有意义的学习方法相一致的过程"，解决知识如何被构建的有价值的问题（Garrison，2011）[3]。

如图 2-2 所示，Garrison 认为，三个不同的但相互关联的维度（社交临场感、认知临场感和教学临场感）的最佳平衡水平可以创造"深刻而有意义的学习体验"，有利于个人和集体的社会相关知识构建（Garrison，2011）[4]。至关重要的是，Garrison（2011）断言，探究社区中的所有个体都将根据学习者个体、导师、任务的不同，"表现出每种都不同的临场感"[5]。

图 2-3 详细介绍了每个元素（临场感）及其相关的范畴和指标。每一项临场感的发展都受到其他文献的启发，并进一步"在探究社区概念框架内得到完善"。指标由关键词、短语或同义词组成，表明在线讨论中存在某个元素（Garrison，2011）[6]。

---

[1] Garrison D R. E-learning in the 21st century: A community of inquiry framework for research and practice[M]. New York: Routledge, 2011: 27.

[2] Garrison D R. E-learning in the 21st century: A community of inquiry framework for research and practice[M]. New York: Routledge, 2011: 54.

[3] Garrison D R. E-learning in the 21st century: A community of inquiry framework for research and practice[M]. New York: Routledge, 2011: 50.

[4] Garrison D R. E-learning in the 21st century: A community of inquiry framework for research and practice[M]. New York: Routledge, 2011: 22.

[5] Garrison D R. E-learning in the 21st century: A community of inquiry framework for research and practice[M]. New York: Routledge, 2011: 26.

[6] Garrison D R. E-learning in the 21st century: A community of inquiry framework for research and practice[M]. New York: Routledge, 2011: 25.

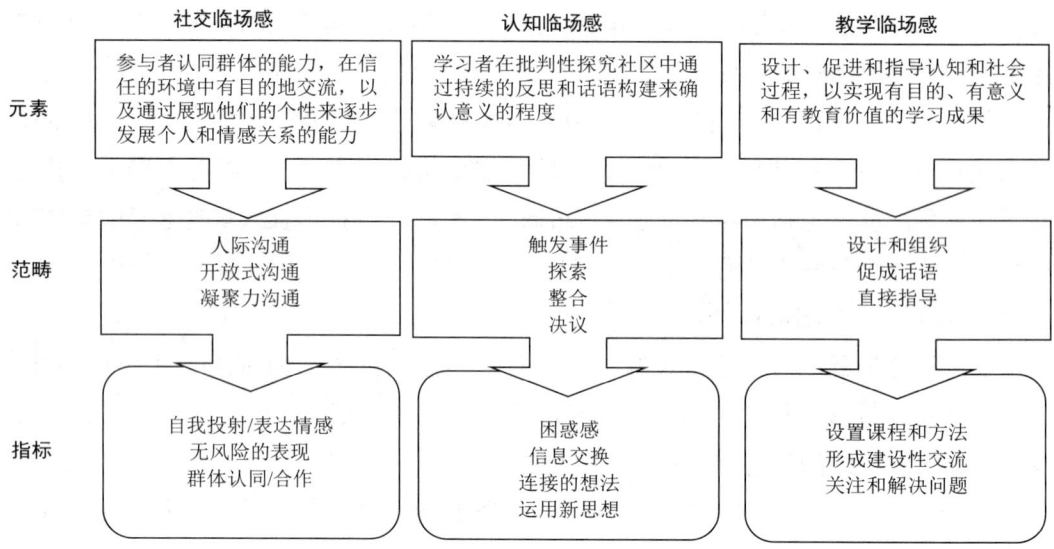

图 2-3　探究社区理论中每个临场感的范畴和指标

资料来源：E-learning in the 21st century: A community of inquiry framework for research and practice（Garrison，2011）。[1]

以下是对 3 个临场感的简要介绍。

1. 社交临场感

社交临场感（Social Presence，SP）指的是通过媒介交流将在线学习者联系起来，激励其共同进行意义建构和理解确认，从而形成"每个学生的高质量学习体验"（Garrison，2011）[2]。通过包含视频或音频的媒体进行交流，近似于面对面交流的特征，将能够传输更多的社交线索，导致更多的社交沟通，从而加强社交临场感（Oztok and Brett，2011）[3]。而在线异步讨论由于缺乏"视觉渠道"，会降低社交临场感，从而对学习者的社区意识产生负面影响（Oztok and Brett，2011）[4]。探究社区理

---

[1] Garrison D R. E-learning in the 21st century: A community of inquiry framework for research and practice[M]. New York: Routledge, 2011: 25.

[2] Garrison D R. E-learning in the 21st century: A community of inquiry framework for research and practice[M]. New York: Routledge, 2011: 40.

[3] Oztok M, Brett C. Social presence and online learning: A review of the research[J]. Journal of Distance Education, 2011, 25(3): 2.

[4] Oztok M, Brett C. Social presence and online learning: A review of the research[J]. Journal of Distance Education, 2011, 25(3): 4.

论框架中社交临场感的早期定义,尤其受到 Gunawardena 和 Zittle(1995;1997)[①②]研究的影响,并不强调媒介,而是强调探究社区成员将自己"在社会和情感上作为'真实'的人"的能力(Garrison,2003)[③]。无论媒介的属性如何,通过使用元语言线索(包括大写字母、标点符号,以及消息中的表情符号),可以在在线讨论中添加情感信息。

2011 年,Garrison 重新调整了社交临场感的定义,将其特征定义为"群体凝聚力是社交临场感试图实现的动态状态,也是维持探究社区的承诺和目的"(Garrison,2011)[④]。借鉴 Rogers 和 Lea(2005)[⑤]的研究,Garrison 优先考虑通过开放的人际沟通将学习者与群体联系起来,以加强社区并支持认知临场感来发展群体认同(Garrison,2011)[⑥]。学习者作为社区的一员应该有强烈的归属感、信任感和与群体目标的联系感,而不是作为群体中的个人,因为"群体认同优先于个人认同"(Garrison,2011)[⑦]。Garrison 认为,发展人际关系需要时间,但这并不是学生的首要目标。他还对此表示担忧,过分强调关系建设可能会导致"病态的礼貌"和分散注意力的社交玩笑(Garrison,2011)[⑧],这可能会阻碍群体社交临场感的发展,并最终对认知临场感产生负面影响(Garrison,2011)[⑨]。

在 2011 年版完全重写的关于社交临场感的章节中,Garrison 宣称社交临场感的构念已经从"具有情感性的"转变为"更复杂和动态的元素"(Garrison,2011)[⑩],因为"在有目的的探究社区中分享社会情绪感受不应该是社交临场感的

---

① Gunawardena C N. Social presence theory and implications for interaction and collaborative learning in computer conferences[J]. International journal of educational telecommunications, 1995, 1(2): 147-166.
② Gunawardena C N, Zittle F J. Social presence as a predictor of satisfaction within a computer-mediated conferencing environment[J]. American journal of distance education, 1997, 11(3): 8-26.
③ Garrison D R, Anderson T. E-learning in the 21st century: a framework for research and practice[M]. London: Routledge Falmer, 2003.
④ Garrison D R. E-learning in the 21st century: A community of inquiry framework for research and practice[M]. New York: Routledge, 2011: 39.
⑤ Rogers P, Lea M. Social presence in distributed group environments: The role of social identity[J]. Behaviour & information technology, 2005, 24(2): 156.
⑥ 同④。
⑦ Garrison D R. E-learning in the 21st century: A community of inquiry framework for research and practice[M]. 2nd ed. New York: Routledge, 2011: 37.
⑧ Garrison D R. E-learning in the 21st century: A community of inquiry framework for research and practice[M]. 2nd ed. New York: Routledge, 2011: 40.
⑨ Garrison D R. E-learning in the 21st century: A community of inquiry framework for research and practice[M]. 2nd ed. New York: Routledge, 2011: 34.
⑩ Garrison D R. E-learning in the 21st century: A community of inquiry framework for research and practice[M]. 2nd ed. New York: Routledge, 2011: 33.

主要焦点"（Garrison，2011）[①]。这反映在修订后的定义中：参与者认同群体的能力，在信任的环境中有目的地沟通，并通过投射个人个性的方式逐步发展个人和情感关系（Garrison，2011）[②]。因此，三个社交临场感范畴（如图2-3），被重新构建。"情感"社交临场感范畴更名为"人际沟通"，同时加入了情感指标。所有三个范畴均已得到Kim（2011）[③]、Annamalai和Tan（2014）[④]及其他学者的支持。

  2. 认知临场感

  认知临场感的目的是学习者通过持续的对话（包括谈判）和反思来创造意义并确认理解（Garrison，2011）[⑤]。认知临场感是一种认知活动，涉及推理、评估、判断、创造力、想象力、行动和审议（Garrison，2011），是批判性思维（Critical Thinking）的概念化[⑥]。批判性思维被设想为通过一系列阶段性的工作，找到正确的解决方案——它是通过基于事实或正确知识的逻辑思维来寻找真理（Starkey，2012）[⑦]，表现为探究过程的周期和结构（Akyol and Garrison，2011）[⑧]。探究社区框架中批判性思维的结果是解决方案——通常涉及针对特定问题提供的某种类型的假设检验，从而改进思维、验证现有知识或产生新知识（Garrison，2011）[⑨]。

  批判性思维为实践探究模型（Practical Inquiry Model）中认知临场感的操作化定义提供了信息。批判性思维是一种递归过程，旨在架起学习者的私人世界和公共世界的桥梁。学习者要经历四个阶段，利用前一个阶段获得的知识为下一阶段提供信

---

　① Garrison D R. E-learning in the 21st century: A community of inquiry framework for research and practice[M]. 2nd ed. New York: Routledge, 2011: 37.

　② Garrison D R. E-learning in the 21st century: A community of inquiry framework for research and practice[M]. New York: Routledge, 2011: 23.

　③ Kim J J. Developing an instrument to measure social presence in distance higher education[J]. British Journal of Educational Technology, 2011, 42(5): 763-777.

　④ Annamalai N, Tan K E. Social presence of the Community of Inquiry (COI) model on an online narrative writing platform via Facebook[J]. Malaysian Journal of ELT Research, 2014, 10(2): 1-18.

　⑤ Garrison D R. E-learning in the 21st century: A community of inquiry framework for research and practice[M]. New York: Routledge, 2011: 24.

　⑥ Garrison D R. E-learning in the 21st century: A community of inquiry framework for research and practice[M]. New York: Routledge, 2011: 43.

　⑦ Starkey L. Teaching and learning in the digital age[M]. London: Routledge, 2012.

　⑧ Akyol Z, Garrison D R. Assessing metacognition in an online community of inquiry[J]. The Internet and Higher Education, 2011, 14(3): 186.

　⑨ Garrison D R. E-learning in the 21st century: A community of inquiry framework for research and practice[M]. 2nd ed. New York: Routledge, 2011: 47.

息（Akyol，2013）[1]。第一个阶段从学习者的困惑开始，通常反映了在线讨论中的触发事件。在大多数情况下，由教师引发学生对问题的兴趣和参与。接下来，在第二个阶段，学习者单独或分组搜寻和探索相关信息。然后，在第三个阶段，信息被学习者联结和整合，可能导致产生想法或问题的解决。在最后一个阶段（第四个阶段），通常针对特定问题提出协作开发的解决方案，该阶段也会涉及某种类型的假设检验。

从本质上讲，学习者将复杂的想法和证据联系起来，以支持判断（可能经过测试的结果），这相当于新知识的发展。由于课程设计的认识论取向和教学方法等多种原因，并非所有学习者都会经历所有的阶段，有些甚至不会到达测试潜在解决方案的最后阶段（Garrison and Cleveland-Innes，2005）[2]。

3. 教学临场感

教学临场感（Teaching Presence，TP）是创建和维持社交临场感和认知临场感以及探究社区的关键所在（Akyol and Garrison，2011）[3]。Garrison 解释说，教学临场感作为一种统一的和指导性的临场感，激励、整合并协调社交临场感，以创造动态、适当的教育体验，支持学生实现其学习目标（Garrison，2011）[4]。

教学临场感由三个范畴组成。

第一个范畴是"设计与组织"，最初侧重于建立社交临场感，引导学习者感受到归属感（自己是社区的一部分）和安全感，从而产生开放的沟通和团队凝聚力（Garrison and Vaughan，2008）[5]。社交临场感必不可少，其作用是支持认知临场感。因此教学临场感的设计要始终牢记"建立社交临场感的目的是支持和加强有目的的批判性探究社区"（Garrison，2011）[6]。然而，一旦建立，随着学术挑战的增加，社交临场感将"退居幕后"（Garrison，2011）[7]。

---

[1] Akyol Z, Garrison D R. Educational communities of inquiry: Theoretical framework, research and practice[M]. Hershey: IGI Global, 2013: 34.

[2] Garrison D R, Cleveland-Innes M. Facilitating cognitive presence in online learning: Interaction is not enough[J]. The American journal of distance education, 2005, 19(3): 140.

[3] Akyol Z, Garrison D R. Assessing metacognition in an online community of inquiry[J]. The Internet and higher education, 2011, 14(3): 185.

[4] Garrison D R. E-learning in the 21st century: A community of inquiry framework for research and practice[M]. New York: Routledge, 2011: 25.

[5] Garrison D R, Vaughan N D. Blended learning in higher education: Framework, principles, and guidelines[M]. New York: John Wiley & Sons, 2008.

[6] Garrison D R. E-learning in the 21st century: A community of inquiry framework for research and practice[M]. New York: Routledge, 2011: 89.

[7] 同⑥。

第二个范畴是"促成话语"。主要关注于教师和学生之间，以及学生彼此之间在线讨论的发展和维护。因此，在网上讨论中，教师的作用受到强烈关注。例如，确保社区所有成员都做出贡献；对评论性言论进行管理；鼓励参与者适当地回应；建立其他帖子的链接。确保学生感受到"导师的作用尤其重要，确保讨论以有目的的方向和及时的方式在进行（Garrison，2011）[①]。这一范畴中的紧张关系是众所周知的。例如，培养社交临场感的同时仍然需要专注于认知临场感的发展；讨论过程中教师的参与或多或少可能是无益的，甚至可能出现冲突。这是因为在探究社区中产生异议是必不可少的（Garrison，2011）[②]。

第三个范畴是"直接指导"，强调教师的作用。教师的角色是定义目标、选择与社会实践相关的内容，确定课程，促成话语和评估学习者（Garrison，2011）[③]。因此，教学临场感需要"一位建筑师和领导者来设计、促进和交流，并提供学科专业知识"（Garrison，2011）[④]。这位"建筑师"负责设计在线学习环境，创建灵活的课程"模板"。该模板反映了课程开始前做出的结构性决策，并且可以根据学习者在学习过程中的需要进行调整或组织（Garrison，2011）[⑤]。Garrison（2011）指出，学习者和教师都是庞大的学习过程的一部分。在教育过程中，教学临场感负责塑造适当的交流平衡，并与学习者一起，及时管理和监控有价值的学习成果的实现[⑥]。

探究社区理论模型将"临场感"一词定义为"通过人际交往产生的存在感或身份感"（Garrison，2011）[⑦]。这种"存在感或身份感"的程度会依据在线学习过程中学习者、导师和正在进行的具体教学活动而体现出来。遗憾的是，此前与每种临场感是如何出现的有关讨论很少。例如，Garrison 的书中有关"社交临场感"的讨论只是提到"对文献进行理论分析以及对计算机会议记录进行分析和编码"（Garrison，

[①] Garrison D R. E-learning in the 21st century: A community of inquiry framework for research and practice[M]. New York: Routledge, 2011: 58.

[②] Garrison D R. E-learning in the 21st century: A community of inquiry framework for research and practice[M]. New York: Routledge, 2011: 88.

[③] Garrison D R. E-learning in the 21st century: A community of inquiry framework for research and practice[M]. New York: Routledge, 2011: 16.

[④] 同③。

[⑤] Garrison D R. E-learning in the 21st century: A community of inquiry framework for research and practice[M]. New York: Routledge, 2011: 57.

[⑥] Garrison D R. E-learning in the 21st century: A community of inquiry framework for research and practice[M]. New York: Routledge, 2011: 54.

[⑦] Garrison D R. E-learning in the 21st century: A community of inquiry framework for research and practice[M]. New York: Routledge, 2011: 22.

2011）[①]。而其他两个临场感的探讨也采取了类似的表述。正如 Jézégou（2010）所指出的，除了通过某些类型的互动活动来创造和维持临场感之外，最初的研究对"临场感"一词概念方面的探索也很有限[②]。

然而，考虑到探究社区理论最初创建的背景，这种缺陷也是比较正常的现象，已经为这些概念的提出做出了很大的贡献。在之后有关社交临场感的各种学术研究中，学者们通常希望证明导师和同伴的缺席可以通过通信技术来解决。

三、建构主义学习理论

作为一种学习理论，建构主义认为学习是一个动态过程，其特征是知识的建构和个人对经验世界的解释和反思。这是一种以学习者为中心的方法，教师对学习活动的输入和指导不是严格预先确定的，而是受到学习者需求和学习材料的灵活影响（Taber，2011）[③]。建构主义的特点是为学生提供必要的资源，来学习、理解和解决问题。本课题借鉴了建构主义学习理论，该理论为学生提供了积极、反思、协作、自主、公平参与和体验式的学习方式，符合当今在线教学应该追求的情境（Aderibigbe et al.，2014）[④]。

建构主义认为知识创造是由个人或群体通过对世界的感受和体验，再反思这些经历而实现的（Jones，2015）[⑤]。许多在线学习的研究使用的是社会建构主义视角，越来越多的人相信"技术是在学习环境中支持建构主义原则的最合适的手段之一"（Selwyn，2016）[⑥]。建构主义理论也与受到广泛讨论的探究社区框架产生了相当大的共鸣，因为两者都强调应该促进学习者的主动性，并且不能忽视人与社会之间的互动，所以两者在在线教育研究中经常同时出现。

[①] Garrison D R. E-learning in the 21st century: A community of inquiry framework for research and practice[M]. New York: Routledge, 2011: 37.

[②] Jézégou A. Community of inquiry in e-learning: A critical analysis of Garrison and Anderson model[J]. Journal of Distance Education/Revue de l'Education à Distance, 2010, 24(3): 1–18.

[③] Taber K S. Constructivism as educational theory: Contingency in learning, and optimally guided learning. In: Hassaskhah, J. (Ed.), Educational Theory[M]. New York: Nova Science Publishes Inc. , 2011: 39–61.

[④] Aderibigbe S A, Colucci-gray L, Gray D. Mentoring as a collaborative learning journey for teachers and student teachers: a critical constructivist perspective[J]. Teacher Education Advancement, 2014, 6(3): 17–27.

[⑤] Jones C. Networked learning: An educational paradigm for the age of digital networks[M]. Cham, Switzerland: Springer International Publishing, 2015.

[⑥] Selwyn N. Education and technology: Key issues and debates[M]. Bloomsbury Publishing, 2016.

四、联通主义理论

Siemens（2004）在 *Connectivism: A Learning Theory for the Digital Age* 一文中系统地提出了联通主义的思想，指出学习不再是一个人的活动，学习是连接专门节点和信息源的过程[1]。学习者穿越网络寻找新的信息，过滤次要和无关的信息，改变他们自身对于知识的理解和认知，然后再在网络上进行分享，并重新开始下一次的过程（Jones，2015；Kop and Hill，2008）[2][3]。

这种知识发展的循环（个人对网络和对组织）使得学习者通过他们所建立的连接在各自的领域保持不落伍。所以在 Siemens 看来，网络本身比网络中的内容更重要。网络、情景和其他实体（许多是外部的）的相互影响导致了一种学习的新概念和方法。个体对所需知识的学习能力比对知识的掌握能力更重要。对所有学习理论的真正挑战是在应用知识的同时，促进已知的知识。不过，当知识为人所需，而又不为人所知时，寻找到信息的出处，从而满足需要就成了十分关键的技能。由于知识在不断增长、进化，获得所需知识的途径比学习者当前掌握的知识更重要。知识发展越快，个体就越不可能占有所有的知识。

联通主义（Connectivism）尤其适用于大规模开放的在线课程［如慕课（MOOC）］，这种课程提供"一个由相互联系的人员和资源组成的巨大网络，每个学习者都可以在其中规划自己的学习课程"（Clarà and Barberà，2014）[4]。所有慕课的参与者都应该通过技术支持的线上密切互动，参与一种多人联合的学习体验。这与 Garrison 对探究社区理论框架中将教师/讲师视为唯一起关键性依赖作用的因素是不一致的。

联通主义研究中也出现了一些重要的反对观点，包括发现学习者缺乏学习所需的自我调节技能，并且会感到迷失、困惑和没有任何指导和支持。Jones（2015）[5]及

---

[1] Siemens G. Elearnspace. Connectivism: A learning theory for the digital age[J]. Elearnspace. org, 2004: 14–16.

[2] Jones C. Networked learning: An educational paradigm for the age of digital networks[M]. Switzerland: Springer International Publishing, 2015.

[3] Kop R, Hill A. Connectivism: Learning theory of the future or vestige of the past?[J]. International Review of Research in Open and Distributed Learning, 2008, 9(3): 1–13.

[4] Clarà M, Barberà E. Three problems with the connectivist conception of learning[J]. Journal of Computer Assisted Learning, 2014, 30(3): 197–206.

[5] Jones C. Networked learning: An educational paradigm for the age of digital networks[M]. Switzerland: Springer International Publishing, 2015.

Clarà 和 Barberà（2014）[1]的研究中就指出，联通主义缺乏对学习者的概念化是如何发展的解释。当然，探究社区理论框架和联通主义理论也有共同的主题，如鼓励学习者的自主性（Kop and Hill，2008）[2]及支持学习者的自我效能（Anderson and Dron，2011）[3]。然而，两者之间也存在相当大的差异，特别是联通主义关注的是整体开放式的网络环境而不是探究社区理论框架中的封闭社群。因为"联通主义学习最适合在网络环境中进行，而不是在个人或团体环境中"进行。此外，联通主义的学习产品通常可以在互联网上公开获取和访问，而探究社区的产品通常存放在管理虚拟学习环境的机构内。从根本上说，探究社区理论框架更强调框架和结构设计，而慕课中几乎没有固定的结构安排，因为"课程结构的分布是不均匀的，而且往往会发生突发性的改变，这种突发性的改变很少会使之成为对实现学习目标最有效的结构"（Anderson and Dron，2011）[4]。

人们对于联通主义存在着激烈的争论。它是否是一种新的学习理论（Harasim，2017）[5]，是否是一种知识生成理论（Anderson and Dron，2011）[6]，还是一种没有发展的理论（Jones，2015）[7]，还是建构主义的一个子集，或者仅仅是一个已经存在于成熟学习理论中想法的混合体。Duke 等（2013）认为，联通主义在学习理论中"无疑是直接适用于技术使用的重要思想流派"[8]。

总之，联通主义所提出的"学习不再是一个人的活动"，对于在线学习中教师与学生及学生之间的参与、互动和协作的必要性，无疑具有重要的指导意义；此外，联通主义还提出"学习是连接专门节点和信息源的过程"，这与当今网络时代强调"搜商"的思想异曲同工。

---

[1] Clarà M, Barberà E. Three problems with the connectivist conception of learning[J]. Journal of Computer Assisted Learning, 2014, 30(3): 197-206.

[2] Kop R, Hill A. Connectivism: Learning theory of the future or vestige of the past?[J]. International Review of Research in Open and Distributed Learning, 2008, 9(3): 1-13.

[3] Anderson T, Dron J. Three generations of distance education pedagogy[J]. International Review of Research in Open and Distributed Learning, 2011, 12(3): 80-97.

[4] Harasim L. Learning theory and online technologies[M]. Oxford: Taylor & Francis, 2017.

[5] Harasim L. Learning theory and online technologies[M]. Taylor & Francis, 2017.

[6] 同[3].

[7] Jones C. Networked learning: An educational paradigm for the age of digital networks[M]. Switzerland: Springer International Publishing, 2015.

[8] Duke B, Harper G, Johnston M. Gonnectivism as adigital age learning theory [J]. The International HETL Review, 2013 (Special Issue): 4-13.

五、行动者网络理论

行动者网络理论（Actor Network Theory，ANT）也称异质建构论、转译社会学（Sociology of Translation），其观点为反对"社会关系"是独立于物质和自然世界的（Latour，2007）[1]。它是在20世纪80年代中期，由以法国社会学家布鲁诺·拉图尔（Bruno Latour）、米歇尔·卡龙（Michel Callon）和约翰·劳（John Law）为核心的科学知识社会学的巴黎学派提出的。该理论最初产生于知识社会学领域，之后发展成一种重新看待"社会"的认知方法，即"把社会看成联结的科学"。后来，行动者网络理论作为一个分析框架，被应用到地理学、经济学、教育学、人类学和哲学等学科领域（姜红和鲁曼，2017）[2]。行动者网络理论对组织研究的贡献在于认识到不存在纯粹的社会行为或纯粹的社会关系（Latour，2007）[3]。

根据行动者网络理论的说法，组织被理解为异质行为者的网络，由社会、技术、文本、自然等聚集在一起，形成或多或少稳定的协会或联盟（Law，1990）[4]。因此，"行动者"一词可以用来指一个人、一种植物、一种机器、一种天气系统或一种细菌。行动者网络理论对于"径向对称"的承诺包括将人类和非人类的力量视为同样的不确定、模棱两可和有争议的力量（Callon，1984）[5]。制度的、概念的、自然的或物质的因素没有被优先考虑（Callon and Latour，1992）[6]。因此，原则上可以将机器认为与人具有相同程度的能力或重要性。例如，在一篇关于建筑工地组织结构的研究中，行动者网络理论已经被用来分析工作场所的安全制度是如何通过官僚规则、混凝土搅拌机、工人和检查员之间的联系来建立的（Gherardi and Nicolini，2000）[7]。

---

[1] Latour B. Reassembling the social: An introduction to actor-network-theory[M]. Oxford: Oxford University Press, 2007.

[2] 姜红，鲁曼.重塑"媒介"：行动者网络中的新闻"算法"[J]. 新闻记者，2017（4）：26-32.

[3] 同①。

[4] Law J. Introduction: Monsters, machines and sociotechnical relations[J]. The Sociological Review, 1990, 38(S1): 1-23.

[5] Callon M. Some elements of a sociology of translation: Domestication of the scallops and the fishermen of St Brieuc Bay[J]. The sociological review, 1984, 32(1_suppl): 196-233.

[6] Callon M, Latour B. Don't throw the baby out with the bath school! A reply to Collins and Yearley. Science as Practice and Culture[M]. Chicago: Universityof Chicago Press, 1992.

[7] Gherardi S, Nicolini D. To Transfer is to Transform: The Circulation of Safety Knowledge[J]. Organization, 2000, 7(2): 329-348.

Law（1984）称此过程为异质工程（Heterogeneous Engineering）[1]。科学实验室的异质工程师往往将资金、研究文章、科学设备、表格、示意图、算图、研究助理和科学盟友聚集在一起，构成一个成功的研究项目（Latour，1987）[2]。

"异质工程"的概念和"组织"的概念之间的相似性，使行动者网络理论成为管理和组织方面研究者的一个可以理解的、有吸引力的理论。事实上，行动者网络理论帮助我们了解了如何组织和稳定关系，以创建一个持久的和健康的网络（Callon，1990）[3]。例如，只要员工继续投入，一个新的制造系统就可以工作，技术系统会继续顺利运行，日常文书工作也会继续进行（Harrisson and Laberge，2002）[4]。总之，只有所有人类和非人类参与者都忠实于这个网络，行动者网络才是稳定的。

本书之所以会关注行动者网络理论，是因为它将材料技术和媒体集成到一个包括人和机器且地位对等的框架中。Lynn（2012）也将网络技术视为关键的网络参与者[5]。正如 Jones（2015）[6] 所解释的那样，Lynn（2012）[7] 没有将技术像其他研究那样汇总为一个因素，而是将其包含在广泛的"参与者"名单中。重要的是，她认为人类和技术都是研究工作的合法参与者，处于平等地位（Thomson，2012）[8]。因此，她以同样的重视程度对待网络中任何的人类和非人类元素，两者都有能力发挥作用，并通过它们的相互关联共同构成网络的不同元素（Lynn，2012）[9]。

行动者网络理论在教育研究中越来越流行。技术对人们（包括教师和学习者）的行为方式有显著影响的例子有很多。例如，"复制、剪切和粘贴"的使用无疑改变了许多学习者、作家和研究人员构建和表达想法的方式。然而，我们又很难对

---

[1] Law J. On the methods of long-distance control: Vessels, navigation and the Portuguese route to India[J]. The Sociological Review, 1984, 32(S1): 234-263.

[2] Latour B. Science in action: How to follow scientists and engineers through society[M]. Boston:Harvard University Press, 1987.

[3] Callon M. Techno-economic networks and irreversibility[J]. The sociological review, 1990, 38(S1): 132-161.

[4] Harrisson D, Laberge M. Innovation, identities and resistance: The social construction of an innovation network[J]. Journal of Management Studies, 2002, 39(4): 497-521.

[5] Lynn Thompson T. I'm deleting as fast as I can: Negotiating learning practices in cyberspace[J]. Pedagogy, Culture & Society, 2012, 20(1): 93-112.

[6] Jones C. Networked learning: An educational paradigm for the age of digital networks[M]. Cham, Switzerland: Springer International Publishing, 2015.

[7] 同[5]。

[8] Thompson T L. (Re/dis) assembling learning practices online with fluid objects and spaces[J]. Studies in Continuing Education, 2012, 34(3): 251-266.

[9] 同[5]。

行动者网络理论进行评价（Lynn，2012）[①]，它虽然包含了广泛的实践和方法，但确实又不属于一个连贯的理论（Jones，2015）[②]。促进技术和人作为行动者的对等性无疑是具有挑战性的，而且"对称"的概念也并非没有受到其他学者的批评。例如，Kaptelinin 和 Nardi（2006）认为，尽管物质事物可以具有代理性，但由于动机和意向性，人类仍然算是不同类型的参与者[③]。此外，经过对意向性的详细讨论后，Jones（2015）得出结论："行动者网络理论中所有参与者之间的均衡失败了。"[④]

迄今为止，在探究社区框架的研究中，行动者网络理论几乎没有占据一席之地，因为很少强调技术本身的研究，所以它们没有被同等重视。但不可否认，技术在我们日常学习、工作和研究中的作用和地位已经变得越来越不可估量，将来人工智能的发展真的可能会让技术或设备在现实实践中理所当然地成为"参与者"。而且，就像技术接受模型（Technology Acceptance Mode，TAM）所强调的"人们对技术的接受程度"一样，人们对于技术的"感知易用性"和"感知有用性"的重视也是对于技术地位的一种认可。

六、技术接受模型

技术接受模型由 Davis（1985）首次提出，包括用户动机的核心变量（感知易用性、感知有用性和对技术的态度）和结果变量（行为意愿、技术使用）。在这些变量中，感知有用性（Perceived Usefulness，PU）和感知易用性（Perceived Ease of Use，PEU）被认为是直接或间接解释结果的关键变量（Marangunić and Granić，2015）[⑤]。

这些变量通常伴随着外部变量来解释感知有用性和感知易用性的变化。其中，主观规范（Subjective Norms，SN）、计算机自我效能感（Computerv Self-efficacy，CSE）和促进条件（Facilitating Conditions，FC）与技术接受模型的核心变量显著相

[①] Lynn Thompson T. I'm deleting as fast as I can: Negotiating learning practices in cyberspace[J]. Pedagogy, Culture & Society, 2012, 20(1): 93-112.

[②] Jones C. Networked learning: An educational paradigm for the age of digital networks[M]. Cham, Switzerland: Springer International Publishing, 2015.

[③] Kaptelinin V, Nardi B A. Acting with technology: Activity theory and interaction design[M]. Cambridge, Massachusetts: MIT press, 2006.

[④] 同②。

[⑤] Marangunić N, Granić A. Technology acceptance model: A literature review from 1986 to 2013[J]. Universal access in the information society, 2015, 14: 81-95.

关，但相关程度不同（Abdullah and Ward，2016；Schepers and Wetzels，2007）[1][2]。这些外部变量代表了个人能力，仅次于环境因素。然而，他们的概念在不同的研究中有所不同（表2-2）。

表2-2 技术接受模型中的变量及其概念化

TAM变量	概念化
TAM核心变量	
感知易用性	一个人相信使用技术不费力气的程度
感知有用性	一个人相信使用技术会提高他的工作表现的程度
对技术的态度	一个人对技术或与使用技术有关的特定行为的评价
结果变量	
行为意愿	一个人使用技术的意图
技术使用	一个人实际使用的技术
外部变量	
主观规范	一个人认为大多数对他重要的人认为他应该或不应该做这种行为
计算机自我效能感	一个人相信他可以使用计算机完成特定任务的程度
促进条件	一个人相信存在支持技术使用的组织和技术资源的程度

资料来源：笔者根据相关文献整理所得。

总体而言，感知易用性和感知有用性是技术接受模型中最重要的因素，指的是一个人认为使用技术而"不费力气"的程度，以及使用技术将提高他们的工作或任务绩效的程度（Davis，1989）[3]。在这种情况下，"不费力气"意味着"没有困难或付出巨大努力"，正如Davis（1989）[4]在他的开创性论文中所指出的那样。因此，感知易用性指的是一个人估计其使用技术所需要的努力，并与能力信念密切相关（Scherer et al.，2015）[5]。

此外，感知有用性和感知易用性直接与另一个技术接受模型的核心变量——个

---

[1] Abdullah F, Ward R. Developing a General Extended Technology Acceptance Model for E-Learning (GETAMEL) by analysing commonly used external factors[J]. Computers in human behavior, 2016, 56: 238-256.

[2] Schepers J, Wetzels M. A meta-analysis of the technology acceptance model: Investigating subjective norm and moderation effects[J]. Information & management, 2007, 44(1): 90-103.

[3] Davis F D. Perceived usefulness, perceived ease of use, and user acceptance of information technology[J]. MIS quarterly, 1989: 319-340.

[4] 同[3]。

[5] Scherer R, Siddiq F, Teo T. Becoming more specific: Measuring and modeling teachers' perceived usefulness of ICT in the context of teaching and learning[J]. Computers & Education, 2015, 88: 202-214.

人对技术的态度（Attitudes Toward Technology，ATT）相关。最常见的情况是，技术接受模型至少包含一个结果变量：行为意愿（Behavioral Intention，BI）和/或技术使用。受理性行为理论的启发，前者指预期的行为，而后者指可观察的行为，即对技术的实际使用。在大多数版本的技术接受模型中，行为意愿预测了技术使用。然而，这种联系的方向并不是确定性的，因为积极的用户体验也可能决定未来的行为意愿（Straub，2009）[①]。最后，技术接受模型中的外部变量指他人认为技术使用有多重要的感知，认为自己掌握计算机技术完成相关任务的能力的感知，和外部控制的感知（促进条件），即组织支持技术使用所给予的组织资源和结构支持（Taylor and Todd，1995）[②]。

第三节 中国高等教育的发展史

中国的高等教育可以追溯到很早的时期。中国古代已有一些著名的学府，如白鹿洞书院、国子监等，这些学府培养了许多文人和官员。

一、白鹿洞书院

白鹿洞书院是中国古代一所历史悠久的高等学府，承载了深厚的文化底蕴，是中国封建社会时期儒家文化的瑰宝。历史上，白鹿洞书院诞生了上百位状元，保存有大量的文化遗存，光是碑刻就多达150多块，楹联50多副，还有众多名人留下的匾额，宋元以来的摩崖石刻50多处。这些无不彰显着白鹿洞书院深厚的文化底蕴。其中陆九渊所讲"切中学者隐微深痼之病"，手书其讲义，聘人刻于石上，永久为后人所遵循。白鹿洞书院还体现了朱熹虚怀若谷的学者风度和他所倡导的书院内外百家争鸣的学术气氛。直到清朝科举制度结束，它都被称为"中国第一所学院"。

白鹿洞书院的建立可以追溯到东周时期。相传，孔子曾在白鹿山修经授徒，因而形成了白鹿洞书院的雏形。白鹿洞书院正式成立的时间较晚，大约在宋朝时期，成为一所培养士人的学府。白鹿洞书院古老而久负盛名，具有浓厚的儒家传统。这

---

① Straub E T. Understanding technology adoption: Theory and future directions for informal learning[J]. Review of Educational Research, 2009, 79(2): 625-649.

② Taylor S, Todd P A. Understanding information technology usage: A test of competing models[J]. Information Systems Research, 1995, 6(2): 144-176.

里不仅是士人学习儒学经典的场所，更是文人雅士云集的地方。白鹿洞书院注重儒家经典的教学，强调学子礼仪、道德和文学修养。其教学内容以儒家经典为主，学子们在这里学习《论语》《大学》《中庸》等儒家典籍，除了参加课堂学习外，还进行吟咏、讨论等活动，形成了浓厚的文化氛围。

白鹿洞书院不仅是学府，更是士人的培养地。在这里，士人们通过深入研读儒家经典，提升自己的修养，力图成为官员为国家政治和社会发展贡献自己的力量。白鹿洞书院作为儒家文化的代表之一，对中国封建社会的文化传承产生了深远的影响。它见证了中国古代高等教育体系的形成，培养了一代代学子，为中国传统文化的传承和发展做出了积极贡献。白鹿洞书院保存了大量的古代文献和建筑。这些建筑包括古老的石碑、碑林、讲堂、亭台等，反映了古代儒家学府的风貌。此外，书院内还保留有大量的历史文献和典籍，为研究古代儒学提供了丰富的资料。如今，白鹿洞书院已经成为一处旅游胜地，吸引着许多游客和学子前去参观。白鹿洞书院不仅仅是一座历史遗迹，更是中国古代儒家文化的象征，展示了中国古代教育体系的独特之处。

白鹿洞书院作为中国古代学府，培养了许多杰出的文学家、政治家和学者，包括南宋著名哲学家朱熹，南宋著名理学家、教育家陆九渊，南宋宰相赵葵，南宋著名思想家、文学家、书法家魏了翁，南宋大教育家李燔，明朝状元罗洪先等。这些名人校友对白鹿洞书院的历史和文化影响深远，他们在儒学、文学和政治等领域的成就为白鹿洞书院赋予了深厚的人文内涵，也使得白鹿洞书院成为中国古代文化传统的重要代表之一。

二、国子监

国子监在中国古代是一种类似高等教育学校的存在，尽管与现代大学制度存在很大差异，但它在古代封建社会中还是承担了一些类似高等教育的功能。国子监是中国古代的一所重要官方学府，起源于隋朝，历经唐、宋、元、明、清等朝代，对于封建社会中儒家教育体系的建立和维护发挥了关键作用。

国子监是中国封建社会官方的儒学教育学校，承担了传承儒学经典的任务。学生在国子监接受经典教育，学习《四书》《五经》等儒家经典，强调儒学的思想和理念。国子监培养的学生通常会成为未来的政治官员。这与现代高等教育的政治学、公共管理等专业培养政府工作者的目标有一定的相似性。国子监的学生常常是科举考试的参与者，而科举是古代选拔官员的主要途径。这与现代高等教育通过学位授予来选拔人才的机制有相似之处。国子监设有文、史、经、子等学科，以满足官员在政治、军事、文学等领域的知识需求。这与现代大学中的学科设置和专业分工有一定的相似性。除了进行儒学教育外，国子监还负责培训文官和政治宣传。学生在国子监接受政治和文学方面的培训，为其未来的政治职责做好准备。

国子监是中国古代的最高学府之一。一般来说，有一定资质或背景的人才有机会入学。以下是中国古代在某些情况下有资格上国子监的人群。

皇室成员。皇室家族的成员通常有资格进入国子监接受教育。

贵族子弟。贵族家庭的子弟，尤其是有良好家世和背景的人，有机会进入国子监。

举孝廉者。举孝廉是汉代发现和培养官吏预备人员选的一种方法，它规定每二十万户中每年要推举孝廉一人，由朝廷任命官职。被举之学子，大多数为州郡属吏或通晓经书的儒生，除博学多才之外，更要孝顺父母，行为清廉。

学有专长者。在某一领域有特殊才能或专长的人，有时也会被选拔入国子监学习。

官员子弟。一些官员的子弟也有可能获得进入国子监学习的机会。

国子监很重视学术传承，培养了一些后来成为学者、文人的名人，他们对中国儒学传统产生了深远的影响。这与现代大学培养学术传承人和创新人才的功能有相似之处。

虽然国子监与现代高等教育有很多不同之处，但在中国古代，它是一种在封建社会中承担高等教育功能的重要学校。随着社会的发展和教育制度的演变，中国的高等教育体系也经历了深刻的变革。

现代高等教育体系的建立始于清朝末期和民国初期。清朝末年，光绪皇帝下诏设立京师大学堂，这被认为是中国现代高等教育的开端。京师大学堂后来演变为北京大学。随着清朝的衰落，新文化运动的兴起促使了传统教育的变革，其中也包括高等教育。1912年，当时政府继续推动教育改革，促使了中国现代高等教育体系的形成。在此后的几十年中，中国的高等教育经历了多次变革和发展，包括受到战争、革命和改革等历史事件的影响。

1949年中华人民共和国成立后，高等教育系统得到进一步发展。中国建立了一系列大学和研究学校，并在20世纪后半叶进行了大规模的高等教育投入。改革开放以来，中国的高等教育得到了党和国家更多的关注和支持，高等院校的数量和质量都有了显著提升。总体而言，中国的高等教育经历了不同历史时期的发展和变革，因此具有悠久的历史。虽然古代的高等教育主要迎合精英阶层，但难能可贵的是，中国在历史发展的早期就已经认识到公民接受教育对于国家的发展至关重要。

第四节　世界在线教育的发展史

远程学习的最早记录可以追溯到一则报纸广告，它旨在吸引学习者参加函授课程。正是在这些谦逊的起步中，"远程教育"这个术语得以产生，该术语于 1892 年首次由威斯康星大学使用。根据美国远程学习协会的定义，远程教育是"通过介质传递的信息和指导获取知识和技能，包括所有远程学习的技术和其他形式"。

美国国家教育统计中心（National Center for Education Statistics，NCES）维护着综合高等教育数据系统（Integrated Postsecondary Education Data System，IPEDS）。NCES 收集和分析与教育相关的数据，将远程教育定义为"使用一个或多个技术，向与教师分离的学生传递指导，并支持学生与教师之间定期而实质性的同步或异步交互"。

如今，远程教育通常被称为 E-Learning，通过启用互联网的教学方式传递，包括或不包括与教师的直接联系。远程学习的发展经历了从报纸广告到威斯康星大学的尝试，再到今天通过互联网进行教学的演进。这一进程标志着远程教育在技术和教育理念上的不断创新，为学习者提供了更加灵活、多样的学习途径。

当回顾远程教育的历史时，我们可以看到这一领域的发展经历了多个关键时刻和阶段，反映了社会、技术和教育理念的演变。

一、19 世纪初期：邮寄课程

19 世纪初，远程教育的种子首次萌芽，表现为通过邮寄方式提供课程。这种形式的教育使学生能够通过书信与教师进行交流，完成课程并提交作业。这是一种基于书面通信的个性化学习模式，为那些无法亲自参加传统学堂教育的学生提供了学习的机会。

二、20 世纪初：广播和电视教育

随着 20 世纪的来临，广播和电视的出现为远程教育带来了新的生机。一些国家开始利用这两种媒体形式传递教育内容，为更广泛的受众提供学习机会。这一时期

标志着教育的媒体化，通过广播和电视，知识得以传播到更远的地方。

三、20世纪60年代：开放大学模式

1969年，英国成立了开放大学，这是远程教育发展史上一个重要的里程碑。开放大学采用了开放招生政策，打破了传统高等教育的种种限制，为成千上万渴望深造的学生提供了机会。这一模式的推出强调了人们对学习的开放性和灵活性的重视。

四、20世纪80年代：计算机辅助教学

随着个人计算机的普及，远程教育迈入了计算机辅助教学时代。学校开始采用软件和多媒体技术，通过计算机提供在线课程。这为学生带来了更交互式、个性化的学习体验，标志着远程教育不断演进的趋势。

五、20世纪90年代：互联网时代

互联网的普及进一步推动了远程教育的演变。学校通过互联网提供在线课程，学生可以通过电子邮件、在线论坛和视频会议与教师进行互动。这一时期标志远程教育进入了数字时代，是为全球学生提供更便捷学习途径的时期。

六、21世纪：大规模开放在线课程

进入21世纪，大规模开放在线课程（Mssive Open Online Courses，MOOCs）的兴起进一步颠覆了传统教育的模式。学习平台如Coursera、edX和Udacity等为世界各地的学生提供了免费或付费的高质量课程。MOOCs强调了开放、共享和无障碍的学习理念，塑造了当代远程教育的一部分内容。

七、当前：混合式教育和远程工具

当今，远程教育已经成为教育领域不可或缺的一部分。很多学校采用混合式教学模式，整合传统课堂教学和在线学习。远程工具、视频会议和在线学习平台的广泛应用使学生能够在全球范围内获取高质量的教育资源，凸显了技术在远程教育中

的关键作用。

远程线上学习的增长率继续超过传统学习方法。在 2016 年度互联网线上学习调查中,有学者指出:"对于那些从事高等教育工作的人来说,教学和学习的这种快速转变是前所未有的。传统课堂可以追溯到柏拉图、苏格拉底和孔子那些时代的几千年前,而在线课堂却只存在了二十年。"

第五节　中国远程教育的发展史

多年以来,我国通过在线学习领域的积极推广和持续投入,对其中所体现的挑战和机遇的认知逐渐丰富和深化。在这一过程中,相关机构不仅注重理论研究,还注重实践经验的总结;不仅关注在线学习面临的困难,更注重在线学习的广阔发展前景以便更好地推动党中央提出的教育强国建设。这种深入了解的进展不仅有助于提高在线学习的质量,也为中国教育体系的创新和提升奠定了坚实的基础。

一、早期实践

20 世纪初期,中国远程教育的雏形首次出现。当时,一些学校采用了书信教育的模式。这种形式的远程教育依赖于书面通信,学校通过邮寄教材和学生之间的书信往来开展教学。学生通过自学的方式,利用书信向提供教育的学校提问,也通过书信接收教材和学术资源。

这种书信教育的远程教育形式为那些无法亲临学校的学员提供了一种灵活的学习方式。尽管当时的技术条件有限,但通过书信互动,学校得以将知识传递到更广泛的学员群体中,为基础教育的推广奠定了基础。这种书信教育的实践为后来中国远程教育的发展奠定了基础,为教育形式的多样性打下了初步基础。

二、电视与广播教育

在新中国成立初期,受制于技术条件和有限的经济基础,电视与广播教育实现了艰难的起步。直至 1958 年,中国首次在电视上试播教育节目,标志着电视教育的开始起步。进入 20 世纪 60 年代,一些大城市开始建立电视台,但由于资源紧缺,教育节目相对有限。随着改革开放的推动,中国经济蓬勃发展,电视与广播教育也迎来了新的发展机遇。

20世纪80年代初，中国正式启动了电视大学项目，通过电视课程向社会推广高等教育。而20世纪90年代初，中国还推动了"数字校园"计划，促进了广播电视与网络技术的深度融合，拓宽了教育的覆盖面。伴随着信息技术的快速发展，广播电视教育逐渐朝着数字化方向迈进。互联网和移动通信技术的普及，也使得在线教育和移动学习等变为可能，教育内容更加多样和灵活。

一直以来，我国政府高度重视教育事业，通过一系列政策不断推动广播电视教育的发展。政府出台了一系列鼓励和支持广播电视教育的政策，并投资建设了一批先进的教育传媒中心。一些地方通过跨地区合作，共建共享资源，提高了教育质量。同时，中国的广播电视教育也积极参与国际交流，吸收先进经验，提升自身水平。

中国广播电视教育的内容逐渐丰富多样，包括中小学课程、大学专业课程、职业培训等各个层次。同时，一些高质量的纪录片、科普节目等也成为教育资源的重要组成部分。总体而言，中国的电视与广播教育在不断创新和改革中取得了显著的发展，为广大学习者提供了多样化的学习途径，推动了教育的普及和提升。

在电视与广播教育时期，远程教育通过电视和广播媒体向学生传递教学内容。这种形式相比书信教育覆盖面更广，能够通过电视和广播信号将教育资源传递到更远的地区，为那些无法亲临学校的学员提供了更广泛的学习机会。

电视与广播教育的优势在于它的广泛传播和直观的视听效果。学生通过收看电视节目或收听广播节目，可以获得与传统课堂相似的教学内容。这种方式使得远程学习的形式更加多样，满足了不同地区、社会阶层学生的需求。

然而，电视与广播教育相对于书信教育在互动性上仍显得相对较弱。学生往往是被动地接受教学内容，而缺乏与教师和同学之间的直接互动。这可能对学生对知识的深层次理解及解决问题能力的培养带来一定的挑战。电视与广播教育阶段标志着中国远程教育朝着更大规模、更先进的技术方向迈进，为后来的远程教育发展奠定了基础。

三、电大与成人高等教育

中国电大，即中央广播电视大学，是中国特殊的高等教育机构，其发展历程充满曲折而又成果辉煌。中国电大是一所面向成人的高等教育学校，旨在为那些无法参加传统学校教育的工作人员和社会各界成年学员提供更为灵活的学习机会。为了适应不同学员的需求，中国电大采用了多媒体教育的形式，结合电视、录像和辅导教材等多种教学手段，以更好地传递教育资源和知识。这种灵活性极大地拓宽了高等教育的受众范围，使得那些因为工作或其他原因无法进入传统大学进行学习的人有机会接受高等教育。

中央广播电视大学创建于1979年，当时教育部提出成立这一学校的初衷是通过电视和广播等媒体手段，为社会各阶层提供接受高等教育的机会。中央广播电视大学成立了理工教学处，开展理工类专业的学历教育，下设电子、电工、计算机、机械、化学和英语教研室。

在创建初期，中央广播电视大学主要采用电视作为主要教学媒体，通过录播课程、教学节目等方式为学生提供远程教育服务。学生可通过观看电视节目进行学习，而教师则以书面材料和邮寄的方式对学生进行辅导和评定。随着信息技术的发展，中国电大逐渐引入计算机和互联网技术。1993年，中央广播电视大学首次试行了网络远程教育，学生能够通过网络平台获取学习资源，这标志着中国电大正式进入了数字化远程教育时代。

20世纪末，中国积极推动电大的建设，标志着远程教育迈入了新的发展阶段。中国电大全面启动数字化发展战略，积极推进在线学习、远程教育等创新教育模式。多媒体技术、虚拟教学平台、在线互动等先进技术的引入，显著提高了教学的质量和效果。近年来，中国电大不仅在本科层面拓宽了更多专业领域，还推出了硕士、博士等更高层次的学位课程。同时，积极与国际上的其他高校和科研机构合作，吸纳国际先进教育资源，提升教育水平。

在不断追求创新和改革的过程中，中央广播电视大学逐步实现了从传统的电视教学到数字化远程教育的转变。通过引入先进技术和不断拓宽专业领域，中央广播电视大学为广大学习者提供了更为灵活和多样化的学习机会，推动了远程教育事业的发展。2012年6月，中央广播电视大学更名为国家开放大学。

电大的建设不仅丰富了高等教育形式，还提供了更多的教育资源和机会，有助于满足社会各界对于终身学习的需求。与之前的远程教育形式相比，电大更注重互动性，通过提供辅导教材和其他支持手段，强化了学生与教育者之间的交流和互动。电大的兴起标志着中国远程教育在技术和教育理念上的不断创新，为更多人提供了便捷的高等教育学习途径。

四、互联网时代的远程教育

随着互联网的飞速发展，中国的远程教育逐渐步入了数字化时代。

互联网的迅猛发展催生了各种在线学习平台和远程教育网站的涌现，为学生提供了更为多元化的教学资源和广泛的课程选择。在这一时期，人们看到在互联网环境下进行远程教育的潜力，这促使了高校和其他教育机构积极探索和采用在线教育方式。

在线学习平台的出现为学生创造了更加便捷、灵活的学习环境。学生可以通过互联网轻松地获取丰富的教育资源，随时随地选择适合自己学习节奏和需求的课程。这种灵活性不仅满足了学生对于自主学习的需求，还促进了教育资源的共享和全球范围内的学术互动。

在这一时期，一些高校开始专注于在线教育，设立了独立的远程教育学校。这些学校通过互联网技术为学生提供了高质量的在线学位课程，使学生能够获得与在传统大学求学相当的学术水平。这标志着中国远程教育在数字时代取得了新的突破，教育形式日益向数字化、智能化迈进。

总体而言，互联网的普及和技术的创新为中国的远程教育带来了新的发展机遇，为学生提供了更为灵活和便捷的学习选择。这一时期的远程教育在推动教育模式变革、拓宽学科领域、促进全球学术交流等方面发挥了积极作用。

五、疫情推动的在线学习

新冠疫情暴发后，中国教育部积极响应，鼓励学校采用在线教学的方式，以应对疫情给传统面对面教学带来的冲击。这一紧急举措推动了在线教育在全国范围内的普及，迫使各级教育机构加速引入远程教育技术，以确保学生在疫情期间依然能够接受高质量的教育。

疫情期间，传统的面对面教学模式受到了空前挑战，各级院校纷纷面临停课、延期开学等困境。为了确保学生的学业不受太大影响，教育部通过推广在线教学的方式，为学生提供了一种在家继续学业的途径。这一措施不仅减轻了疫情给教育带来的影响，还推动了在线教育技术在中国的广泛应用。

在这一过程中，许多学校纷纷加强了对远程教育技术的投入，推动了在线学习平台的建设和改进。教育工作者们迅速适应了在线教学环境，利用各种数字工具和互联网资源为学生提供更为丰富的教育内容。这一特殊时期也催生了许多创新的远程教育实践，为中国教育体系注入了新的活力。

新冠疫情暴发后，中国教育部通过倡导和推动在线学习，促使教育机构加速引入远程教育技术，从而使教育体系发生了一场数字化变革。同时，这也强调了远程教育在紧急情况下的灵活性和重要性，为未来的教育发展提供了有益的经验。

中国的科技发展推动了网络技术和基础设施的升级，使得更广泛的地区都能够接入高速互联网。这为在线教育提供了更为可靠和高效的基础技术支持，使学习资源能够更迅速地传递到全国各地。随着互联网技术的飞速发展，中国涌现出众多在线学习平台和教育科技公司。这些平台为学生提供了各种在线课程、学科资源和学术支持，丰富了学习渠道，也促进了教育资源的分享和传播。

科技的发展也使得大数据和人工智能技术在在线教育中的应用成为可能。通过分析学生的学习行为和反馈，学校可以更好地开展个性化教学，为学生提供有针对性的学习内容和辅导服务，从而提高学习效果。近年来，虚拟现实（Virtual Reality，VR）和增强现实（Augmented Reality，AR）等新兴技术逐渐融入在线教育，为学生提供了更加生动、实际的学习体验。这种技术的应用使得学生可以在虚拟环境中进行实验、考察，提高了学科的实践性和趣味性。此外，科技的发展也推动了移动设备的普及，学生可以随时随地通过手机、平板等设备登录在线学习平台。这种灵活性使得学生可以更加方便地融入学习环境，提高了学习的便捷性和可及性。

总的来说，中国科技的迅速崛起为在线教育提供了强大的技术支持，不仅改变了传统教育的格局，也为学生提供了更为多样化和便捷的学习方式。

第六节　国内外研究现状与发展动态评述

一、远程教育和在线学习的相关研究

远程教育的起源可以追溯到19世纪中期，当时邮政服务和铁路网络使得通过函授的方式进行课程资料传递成为可能。逐渐地，远程教育发展到包括邮寄、有线电视、卫星、录像带和光盘等在内的系统工程。之后，计算机和互联网开始参与到学习的传递中，教育很快进入了一个时间和空间压缩的阶段。距离不再是学习的障碍，学习者可以自己把握教育过程的空间、节奏和时间。从那时起，远程教育被赋予了各种名称，如电子学习（Tham and Werner，2005）、技术媒介学习、在线协作学习、虚拟学习和基于网络的学习，这些名称都涵盖了电子和数字特征[①]。

---

① Tham C M, Werner J M. Designing and evaluating e-learning in higher education: A review and recommendations[J]. Journal of Leadership & Organizational Studies, 2005, 11(2): 15-25.

对于商业用途而言，远程教育的类型因学习目标、获取途径、所采用的技术、内容类型和目标学习者市场而异。例如，大规模开放在线课程最早出现于2008年（Leontyev and Baranov，2013）[1]，它起初设立的目的是为大量学习者提供自主学习的条件，但学习的成果通常是抽象的、难以衡量的（Lin et al.，2018）[2]，学习者之间的互动可能较少，学习者也可能没有"义务"完成课程（Alraimi et al.，2015）[3]。在线课程的付费模式类似于"航空公司预算类比"，基本价格可能仅仅包括提供教材，而其他如教师反馈等则需要额外付费。一些课程仍然具有自学的"函授学习"特点，学生通过邮寄方式接收学习指南、教科书、作业和其他学习材料，教师利用技术远程监控学生的最终考核。此外，无论采用何种模式，在线学习通常都是在特定的基于网络的区域进行，被称为数字平台、学习管理系统（Learning Management System，LMS）、课程管理系统（Course Management System，CMS）、虚拟学习环境（Virtual Learning Environments，VLE）、虚拟课堂系统（Virtual Classroom System，VCS）或在线学习环境（Online Learning Environment，OLE）。

与传统的面对面教学不同，在线教学是一种基于网络技术促进学习者自主学习的教育形态（董伟等，2020）[4]。目前，高等教育领域的在线教学主要涉及两种模式，即网络在线课程和网络直播教学，皆是"运用互联网技术，突破时空限制，以网络学习资源、工具、平台、空间为依托，实现师生异地互动的教学样态"（焦建利等，2020）[5]。

鉴于在线教育课程的重要性，教师需要运用不同的教学方法和工具来加强学生在课堂中的参与和学习。Escobar 和 Silva（2020）认为，教育工作者需要不断探索使用在线学习方法改善学生的学习[6]。正如有些文献的观点，技术增强的教学法提供了加强教学和学习过程的机会（Magyar et al.，2020）[7]。同时，也有人提出，年轻

---

[1] Leontyev A, Baranov D. Massive open online courses in chemistry: A comparative overview of platforms and features[J]. Journal of Chemical Education, 2013, 90(11): 1533-1539.

[2] Lin J, Cantoni L, Murphy J. MOOCs in tourism and hospitality: A review[J]. Journal of Teaching in Travel & Tourism, 2018, 18(3): 217-235.

[3] Alraimi K M, Zo H, Ciganek A P. Understanding the MOOCs continuance: The role of openness and reputation[J]. Computers & Education, 2015, 80(1): 28-38.

[4] 董伟, 张美, 高晨璐, 等. 基于用户体验的在线教育平台学习效果影响因素研究[J]. 中国远程教育, 2020 (11): 68-75.

[5] 焦建利, 周晓清, 陈泽璇. 疫情防控背景下"停课不停学"在线教学案例研究[J]. 中国电化教育, 2020 (3): 106-113.

[6] Fandiño F G E, Velandia A J S. How an online tutor motivates e-learning English[J]. Heliyon, 2020, 6 (8): e04630.

[7] Magyar A, Krausz A, Kapas I D., Habok, A. Exploring Hungarian teachers' perceptions of inclusive education of SEN students[J]. Heliyon, 2020, 6(5): e03851.

人对使用技术具有内在动机，教育工作者正在利用这种情况来帮助加强学生的参与和学习。有些文献表明，适当形式的混合学习（如在线讨论），可以为学生和教育从业者提供参与和共同创造知识的机会（Hua and Ren，2020）[①]。学者们还认为，在课堂中熟练地使用技术和社交软件也可以使学生获取所需知识和技能的过程更顺利（Magyar et al.，2020）[②]。同样地，其他人报告说，课堂和非同步的讨论为学生提供了发展学科技能、与同学合作学习和与教师互动的机会（Hayati et al.，2018）[③]。

然而，Balakrishnan 和 Lay（2016）指出，并不是所有学生都认为在线工具对自己有益，这取决于他们的学习偏好和风格[④]。一些研究还表明，尽管在线学习在高等教育中很受欢迎，但那些严重依赖于教师的学生可能不喜欢通过在线平台进行学习（Camarero et al.，2012）[⑤]。Comer 和 Lenaghan（2012）表示，在线教育正受到认可，但一些教师对这种方法持保留态度，因为它缺乏面对面的互动[⑥]。相反地，Weil 等（2014）认为，长期以来尽管传统的面对面教学在教育中被使用，但这种策略因学生出勤和参与的不一致而受到批评[⑦]。正是在这种背景下，学者们认为需要开展更多研究来探索学生在在线学习平台上的学习情况（Martinho et al.，2018）[⑧]。更重要的是，有必要研究在线学习程度对于促进高质量对话型教育和深度学习的影响，使学生能够掌握理解和解决社会问题的知识。Gottipati 等（2020）认为，教师可以通过分析课堂讨论来了解学生的学习行为，并提高课程的教学质量[⑨]。

[①] Hua S, Ren Z. "Online + Offline" Course Teaching Based on Case Teaching Method: A Case Study of Entrepreneurship Education Course[J]. International Journal of Emerging Technologies in Learning (IJET), 2020, 15(10): 69-84.

[②] Magyar A, Krausz A, Kapas I D., Habok, A. Exploring Hungarian teachers' perceptions of inclusive education of SEN students[J]. Heliyon, 2020, 6(5): e03851.

[③] Hayati H, Khalidi Idrissi M, Bennani S. Automatic assessment of COI-cognitive presence within asynchronous online learning[C]. In: 2018 17th International Conference on Information Technology Based Higher Education and Training (ITHET), Olhao, 2018: 1-5.

[④] Balakrishnan V, Gan C L. Students' learning styles and their effects on the use of social media technology for learning[J]. Telematics and Informatics, 2016, 33(3): 808-821.

[⑤] Camarero C, Rodriguez J, Jose R S. An exploratory study of online forums as a collaborative learning tool[J]. Online Information Review, 2012, 36(4): 568-586.

[⑥] Comer D R, Lenaghan J A. Enhancing Discussions in the Asynchronous Online Classroom: The Lack of Face-to-Face Interaction Does Not Lessen the Lesson[J]. Journal of Management Education, 2012, 37(2): 261-294.

[⑦] Weil S, De Silva T A, Ward M. Blended learning in accounting: A New Zealand case[J]. Meditari Accountancy Research, 2014, 22(2): 224-244.

[⑧] Martinho D S, Eulália Maria Santos, Miguel M I, et al. Factors that Influence the Adoption of Postgraduate Online Courses[J]. International Journal of Emerging Technologies in Learning (iJET), 2018, 13(12): 123-140.

[⑨] Gottipati S, Shankararaman V, Gokarn M N. Automated discussion analysis framework for knowledge analysis from class discussions[C]. In: 2020 IEEE Frontiers in Education Conference (FIE), Uppsala, 2020: 1-8.

二、建构主义学习理论的相关研究

建构主义理论认为，学习者的新一轮学习过程是建立在其先前的知识和经验之上的。当然，学生在得到其他人（如他们的同学和教师）的充分支持后，学习效果会更好。Taber（2011）指出，在为学生提供最佳学习条件时，教师的支持是必要的，学生也需要有足够的时间、空间和相关经验[1]。在Escobar和Sliva（2020）[2]的研究中，导师需要主动地提供高质量的反馈以激励学生。同样，Balakrishnan 和 Lay（2016）也提出，建构主义的特点是为学生提供必要的资源，使他们能够在与同学合作的过程中学习、理解和解决问题[3]。

基于建构主义学习理论，Camarero等（2012）认为，合作学习根植于这样一种哲学观念：学生去学习不应该是被动的和教条的，而是应通过积极的智力对话和团体活动而进行学习[4]。建构主义学习理论为学生提供了与同伴合作，共同构建知识的机会，而教师在其中扮演的是促进者的角色。此外，如果使用灵活和开放的在线学习空间为学生提供合作学习的机会，学生也能从空间和时间上提供网络支持和对于合作学习有更深入的理解，而不是其他促进记忆的肤浅方法。与许多学者一样，Camarero（2012）等建议使用在线讨论平台作为加强学生合作的工具[5]。

虽然在线学习的类型和模式各不相同，但学生仍然需要正规、优质地学习，因此本书将社会建构主义列为研究的理论基础。作为社会建构主义的一部分，在线学习需要把技术、资源、教师和学生成功地结合在一起。尽管在线学习具有灵活性、较低的成本及学员可以来自世界各地等优点，但学生的参与、满意度和保留并不能得到足够保证。优化在线学习的方法有多种，通常都会考虑到学生在线体验、同伴互动和反馈等共同因素。

---

[1] Taber K S. Constructivism as educational theory: Contingency in learning, and optimally guided learning. In: Hassaskhah, J. (Ed.), Educational Theory[M]. Nova Science Publishes Inc., New York, 2011: 39−61.

[2] Escobar Fandino F G, Silva Velandia A J. How an online tutor motivates E-learning English[J]. Heliyon, 2020, 6(8): e04630.

[3] Balakrishnan V, Gan C L. Students' learning styles and their effects on the use of social media technology for learning[J]. Telematics and Informatics, 2016, 33(3): 808−821.

[4] Camarero C, Rodriguez J, Jose R S. An exploratory study of online forums as a collaborative learning tool[J]. Online Information Review, 2012, 36(4): 568−586.

[5] 同[4]。

三、高等教育中应急在线教学的相关研究

2020 年,由于新冠疫情大流行,公共生活在很大程度上受到限制,以减缓感染速率。全球范围内,大学对公众关闭,大多数课程转移到线上进行。尽管在高等教育体系中,在线学习是一个不可或缺的部分,但让整个学生群体长时间只在家中学习,这是一个被术语"应急在线学习"描述的独特现象,这在现代历史上是独一无二的(Murphy,2020)[①]。

最初首先考虑的是确保在学业课程中提供所有必修课程,使教学正常运转。然而,经过将近 3 年的应急在线学习,现在可以更仔细地审视在新冠疫情危机期间实施的不同教学活动和实践,从在线高等教育专业发展课程到在线基于问题导向的学习(Scheibenzuber et al.,2021)[②],或者是之前更早实施的但与实际情况有关的学习。例如,先前紧张时期的在线学习数据、使用基于 Web 的学习平台的医学生数据、大型讲座中个性化的在线授课和学习数据,都可以研究它们产生的社会影响。

从面对面学习到在线学习几乎是一夜之间的转变,这让许多教育工作者和学生措手不及。教师能否利用数字技术为学生创造有价值的学习机会,可以预期在很大程度上取决于他们对数字技术的知识、技能和态度。有广泛的证据表明,大学教育工作者除了使用幻灯片,仍然很少采用其他数字技术去为学生提供在线学习机会,而且往往缺乏必要的能力(Englund et al.,2017;Schneckenberg,2009)[③][④]。同样,要处理完全在线的学习项目,学生的自我调节能力和学习策略比以往任何时候都更加重要。没有规律性的常规教师结构和教师直接的外部监管,学生的学习更大程度上依赖于元认知及内部和外部资源相关的策略,这些策略帮助他们以目标导向的方式规划、监控和调节自己的学习过程(Broadbent and Poon,2015)[⑤]。与此密切相关的是,为了利用在线学习机会,教师和学生都需要基本的数字技能。这些数字技能

[①] Murphy M P A. COVID-19 and emergency e-learning: Consequences of the securitization of higher education for post-pandemic pedagogy[J]. Contemporary Security Policy, 2020, 41(3): 492−505.

[②] Scheibenzuber C, Hofer S, Nistor N. Designing for fake news literacy training: A problem-based undergraduate online-course[J]. Computers in Human Behavior, 2021, 121: 106796.

[③] Englund C, Olofsson A D, Price L. Teaching with technology in higher education: Understanding conceptual change and development in practice[J]. Higher Education Research & Development, 2017, 36(1): 73−87.

[④] Schneckenberg D. Understanding the real barriers to technology-enhanced innovation in higher education[J]. Educational Research, 2009, 51(4): 411−424.

[⑤] Broadbent J, Poon W L. Self-regulated learning strategies & academic achievement in online higher education learning environments: A systematic review[J]. The internet and higher education, 2015, 27: 1−13.

包括能够使用数字技术搜索、处理、操作和创建信息和数据,以及在线沟通和协作技能(Stephanie et al.,2017)[①]。

然而,国际大规模调查表明,在中学,学生和教师的数字技能水平差异较大(Fraillon et al.,2019)[②]。相应地,在高等教育机构中,可以预期学生群体在利用在线学习的先决条件方面也存在很大的异质性。制度、组织和管理因素(包括数字化政策、基础设施和设备或支持结构)可以被视为调节变量,影响在线教学和学习能否顺利进行(Hofer et al.,2001;Schneckenberg,2009)[③④]。

四、高等教育社群实践的相关研究

基于人类学的方法(Lave and Wenger,1991)[⑤],Etiènne Wenger 最初将社群实践(Communities of Practice)定义为"一种谈论社会结构的方式,在这种社会结构中,我们的企业被定义为值得追求的,我们的参与被认可为能力"(Wenger,1999)[⑥]。社群实践的概念指的是一段时间内在领域中协商能力的社会过程,这个过程最终导致参与者之间以各种方式建立社会关系。这个结构化过程涉及一种特定类型的关系。例如,社群实践和团队之间是存在区别的(Farnsworth et al.,2016)[⑦]。本书提出一个修正后的社群实践的定义,即"在较长时间内相互参与的人们相互作用,并分享与某种导向相关的事物"(Nistor et al.,2020)[⑧]。这个定义也适用于不同的人群,从大学管理人员和学者到教师和学生,他们在高等教育机构的教学环境中相互作用。

将社群实践理论应用于高等教育的研究领域有多个例子。例如,Viskovic

---

① StephanieC G, Riina V, Yves P. DigComp 2.1: The Digital Competence Framework for Citizens with eight proficiency levels and examples of use[M]. Luxembourg: Publications Office of the European Union, 2017.

② Fraillon J, Ainley J, Schulz W, et al. IEA international computer and information literacy study 2018 assessment framework[M]. Cham: Springer Nature, 2019.

③ Hofstede G. Culture's consequences: Comparing values, behaviors, institutions and organizations across nations[M]. California: Sage Publishing, 2001.

④ Schneckenberg D. Understanding the real barriers to technology-enhanced innovation in higher education[J]. Educational Research, 2009, 51(4): 411-424.

⑤ Lave J, Wenger E. Situated learning: Legitimate peripheral participation[M]. London: Cambridge university press, 1991.

⑥ Wenger E. Communities of practice: Learning, meaning, and identity[M]. London: Cambridge university press, 1999: 5.

⑦ Farnsworth V, Kleanthous I, Wenger-Trayner E. Communities of practice as a social theory of learning: A conversation with Etienne Wenger[J]. British journal of educational studies, 2016, 64(2): 146.

⑧ Nistor N, Dascalu M, Tarnai C, et al. Predicting newcomer integration in online learning communities: Automated dialog assessment in blogger communities[J]. Computers in Human Behavior, 2020, 105: 106202.

（2006）[①]和 Arthur（2016）[②]使用社群实践框架来分别描述高等教育教师或高校学者的学习和发展。通过审视社群实践框架在高等教育研究中的应用，Tight（2015）证实了它在描述学科、研究人员、高等教育教师、学生及他们之间的互动方面的有效性[③]。根据 Farnsworth 等（2016）的研究，参与正在进行的实践与在实践中构建的知识具体化之间的关系是理解社群实践现象的核心意义[④]。学术型的"做事方式"在国际高等教育界中被观察、描述、评估并以竞争性的方式建立起来（Arthur，2016）[⑤]。社群知识在实践中被建构并被具体化，从而形成物质或非物质的"人工制品"。这些"人工制品"构成社群实践的主要可见产品，范围"从期刊文章到历史记录，从诗歌到百科全书，从名称到分类系统，从古墓到空间探测器，从宪法到信用卡收据上的签名，从美食食谱到医疗程序……"（Wenger，1999）[⑥]。相应地，高等教育中的教学和学习实践可以在学术头衔、个人徽章和门牌、图书馆和讲堂座位、会议演讲和期刊文章、教学大纲和学习模块手册、教育政策和法规、教学方法和学习策略及电子学习管理系统或教育管理平台中实质化。在这些例子中，实践反映在"人工制品"中，这些"人工制品"要么"明确地"描述和推荐特定的活动，要么"隐含地"支持、启发和增强某种活动，同时忽视或阻碍其他活动。

随着时间的推移，实践可能会发生变化。这可能是社群实践参与者意识到问题、行动者、解决问题的资源和背景的渐进和累积变化的结果，这些变化要求学术界提供支持以跟上当前的发展；或者变化可能是由意想不到的事件、引人注目的事件或事故突然引发的，这些事件或事故构成了危机情况。当今数字媒体在学术界的实施就是渐进和累积变化的例子（Akbar，2016；Lai，2011）[⑦][⑧]。另一个例子是新冠疫情危机，也急速促进了数字媒体在线上教学中的应用。所有这些都会导致社群实践重新协商当前的实践，并相应地进一步发展迄今为止使用的"人工制品"（Nistor and

---

① Viskovic A. Becoming a tertiary teacher: Learning in communities of practice[J]. Higher Education Research & Development, 2006, 25(4): 323-339.

② Arthur L. Communities of practice in higher education: Professional learning in an academic career[J]. International Journal for Academic Development, 2016, 21(3): 230-241.

③ Tight M. Theory application in higher education research: The case of communities of practice[J]. European Journal of Higher Education, 2015, 5(2): 111-126.

④ Farnsworth V, Kleanthous I, Wenger-Trayner E. Communities of practice as a social theory of learning: A conversation with Etienne Wenger[J]. British journal of educational studies, 2016, 64(2): 139-160.

⑤ 同②。

⑥ Wenger E. Communities of practice: Learning, meaning, and identity[M]. London: Cambridge University Press, 1999: 59.

⑦ Akbar M. Digital technology shaping teaching practices in higher education[J]. Frontiers in ICT, 2016: 1.

⑧ Lai K W. Digital technology and the culture of teaching and learning in higher education[J]. Australasian Journal of Educational Technology, 2011, 27(8): 1263-1275.

Fischer，2012）①。正如黑板和粉笔在技术创新的数年中被视频投影仪和数字演示所取代，这些投影仪和数字演示可以专注于内容的交流和解释，而教室中的课程可能在几天内被学习管理系统开发的在线课程所取代。这两种情况都需要社群实践测试、评估和调整他们的"人工制品"。但是危急情况，如新冠疫情，可能是测试这些"人工制品"的最艰难，同时也是最有价值的方式。危机情况强调了实践的优势，也揭示了实践的弱点，并促使社群实践取得进展。

五、国内外研究发展动态述评

文献综述显示了影响在线教学的各种因素及如何处理这些因素。基于前几节概述的因素，也存在几种在线教学模型，它们试图以优化的方式将互补的特点结合在一起。这些模型借鉴了杜威（Dewey，1938）等主要教育理论家的研究成果，鼓励社会建构主义的方法，强调社交互动②。建构主义的在线学习模型通常涉及教师和同学在论坛活动中的互动。学生参与社交互动是学习过程和知识生成的关键组成部分。学习者之间的高水平互动有助于形成积极态度、提高满意度，从而实现成功的在线教育（Desai et al.，2008）③。

此外，教学环境是由教师主导的，教师应该在指定的时间引导学习者完成学习内容和学习活动（Rhode，2009）④。通常，教师充当的是促进学习过程的引导者，而不是代课教师或信息传递者（Smolin and Lawless，2003）⑤。教师和同学都会系统地接受和提供反馈，这是有效教学和学习的重要组成部分（Boling et al.，2012）⑥。

一种常见的方法是将教学分为五个阶段，每个阶段具有不同的优先事项（Salmon，2003）⑦。这五个阶段分别是获取和激励、网络社会化、信息交流、知识构建与发展。该模型的好处在于它给教师提供了一个清晰的计划，即在每个阶段应该

---

① Nistor N, Fischer F. Communities of practice in academia: Testing a quantitative model[J]. Learning, Culture and Social Interaction, 2012, 1(2): 114−126.

② Dewey J. Experience and education[M]. London & New York: Macmillan , 1938.

③ Desai M S, Hart J, Richards T C. E-learning: Paradigm shift in education[J]. Education, 2008, 129(2): 327−334.

④ Rhode J. Interaction equivalency in self-paced online learning environments: An exploration of learner preferences[J]. The international review of research in open and distributed learning, 2009, 10(1): 1−23.

⑤ Smolin L I, Lawless K A. Becoming literate in the technological age: New responsibilities and tools for teachers[J]. The Reading Teacher, 2003, 56(6): 570−577.

⑥ Boling E C, Hough M, Krinsky H, et al. Cutting the distance in distance education: Perspectives on what promotes positive, online learning experiences[J]. The Internet and Higher Education, 2012, 15(2): 118−126.

⑦ Smolin L I, Lawless K A. Becoming literate in the technological age: New responsibilities and tools for teachers[J]. The Reading Teacher, 2003, 56(6): 570−577.

关注什么。这也清楚地表明，在线上教学中，教师的角色与面对面线下课堂不同，线上教学更加强调社交群体的作用。

尽管这些模型有效，但在线课程的留存率、参与度和满意度仍然低于线下同样的课程。当前在线教育因素和教学模型的文献综述表明，线上教学仍然存在困难和挑战。每个理论与模型都需要在其环境和涉及的文化中进行测试，以进行定制和优化。鉴于此，在本书的后续章节，笔者会对一些经典的理论和模型进行批判性的分析和探讨，并在此基础上提出一些关于线上教学的发展策略和建议。

参考文献

［1］Mohamad S N M, Salleh M A M, Salam S. Factors Affecting Lecturers Motivation in Using Online Teaching Tools[J]. Procedia-Social and Behavioral Sciences, 2015, 195: 1778−1784.

［2］Baran S. EBOOK: Introduction to Mass Communication: Media Literacy and Culture[M]. New York: McGraw Hill, 2011.

［3］Law K, Geng S, Li T. Student enrollment, motivation and learning performance in a blended learning environment: The mediating effects of social, teaching, and cognitive presence[J]. Computers & education, 2019, 136(1): 1−12.

［4］Widjaja A E, Chen J V. Online learners' motivation in online learning: The effect of online-participation, social presence, and collaboration[J]. Learning technologies in education: Issues and trends, 2017, 12: 72−93.

［5］Rensburg E S J. Effective online teaching and learning practices for undergraduate health sciences students: An integrative review[J]. International Journal of Africa Nursing Sciences, 2018, 9: 73−80.

［6］Law K M. Teaching project management using project-action learning (PAL) games: A case involving engineering management students in Hong Kong[J]. International Journal of Engineering Business Management, 2019, 11(2): 1−7.

［7］Nouri J. The flipped classroom: For active, effective and increased learning-especially for low achievers[J]. International Journal of Educational Technology in Higher Education, 2016, 13(1): 33.

［8］Kintu M J, Zhu C, Kagambe E. Blended learning effectiveness: The relationship between student characteristics, design features and outcomes[J]. International Journal of Educational Technology in Higher Education, 2017, 14(1): 1−20.

［9］Tangy M, Auk M, Lauh C W, et al. Evaluating the effectiveness of learning design with mixed reality (MR) in higher education[J]. Virtual Reality, 2020, 24(1): 797−807.

［10］Koç T, Turan A H, Okursoy A. Acceptance and usage of a mobile information system in higher education: An empirical study with structural equation modeling[J]. International Journal Of Education Management, 2016, 14: 286−300.

［11］ Lee J H, Song C H. Effects of Trust and Perceived Risk on User Acceptance of a New Technology Service[J]. Social Behavior and Personality: an International Journal, 2013, 41(4): 587−598.

［12］ Mallat N, Rossi M, Tuunainen V K, et al. The impact of use context on mobile services acceptance: The case of mobile ticketing[J]. Information & Management, 2009, 46(3): 190−195.

［13］ Shah M. Impact of Management Information Systems (MIS) on School Administration: What the Literature Says[J]. Procedia-Social and Behavioral Sciences, 2014, 116: 2799−2804.

［14］ Xiao J, Sun-Lin H Z, Lin T H, et al. What makes learners a good fit for hybrid learning? Learning competences as predictors of experience and satisfaction in hybrid learning space[J]. British Journal of Educational Technology, 2020, 51(4): 1203−1219.

［15］ Cheng X, Sun J, Zarifis A. Artificial intelligence and deep learning in educational technology research and practice[J]. British Journal of Educational Technology, 2020, 51(5): 1653−1656.

［16］ Brown D M, Robson A, Charity I. International Masters' student perspectives of team business simulations[J]. The international journal of management education, 2020, 18(3): 1−15.

［17］ Sun J, Geng J, Cheng X, et al. Leveraging personality information to improve community recommendation in e-learning platforms[J]. British Journal of Educational Technology, 2020, 51(5): 1711−1733.

［18］ Goralski M A, Tan T K. Artificial intelligence and sustainable development[J]. The International Journal of Management Education, 2020, 18(1): 100330.

［19］ Rovai A P. Building sense of community at a distance[J]. International Review of Research in Open and Distributed Learning, 2002, 3(1): 1−16.

［20］ Epp C D, Phirangee K, Hewitt J. Student actions and community in online courses: The roles played by course length and facilitation method[J]. Online Learning Journal, 2017, 21(4): 53−77.

［21］ Zhao Q, Chen C D, Cheng H W, et al. Determinants of live streamers' continuance broadcasting intentions on Twitch: A self-determination theory perspective[J]. Telematics and Informatics, 2018: 406−420.

［22］ Dangol R, Shrestha M. Learning Readiness and Educational Achievement among School Students[J]. The International Journal of Indian Psychology, 2019, 7(2): 467−476.

［23］ Li X, Yang X. Effects of Learning Styles and Interest on Concentration and Achievement of Students in Mobile Learning[J]. Journal of Educational Computing Research, 2016, 54(7): 922−945.

［24］ Warner D, Christie G, Choy S. Readiness of VET clients for flexible delivery including on-line learning[R]. Brisbane: Australian National Training Authority, 1998.

［25］ Walia P, Tulsi P K, Kaur A. Student readiness for online learning in relation to gender and stream of study[C]. 2019 IEEE Learning With MOOCS (LW MOOCS). IEEE, 2019: 21−25.

［26］ Engin M. Analysis of Students' Online Learning Readiness Based on Their Emotional Intelligence Level[J]. Universal Journal of Educational Research, 2017, 5(n12A): 32−40.

[27] Hung M L, Chou C, Chen C H, et al. Learner readiness for online learning: Scale development and student perceptions[J]. Computers & Education, 2010, 55(3): 1080−1090.

[28] Alem F, Plaisent M, Bernard P, et al. Student online readiness assessment tools: A systematic review approach[J]. Electronic Journal of e-Learning, 2014, 12(4): 376−384.

[29] Kerr M S, Rynearson K, Kerr M C. Student characteristics for online learning success[J]. The Internet and Higher Education, 2006, 9(2): 91−105.

[30] Liu J. Construction of Real-time Interactive Mode-based Online Course Live Broadcast Teaching Platform for Physical Training[J]. International Journal of Emerging Technologies in Learning, 2018, 13(6): 73.

[31] Miranda R, Hermann R. Methods and Strategies: Teaching in Real Time[J]. Science & Children, 2015, 53(1): 80−85.

[32] Gay G H E. An assessment of online instructor e-learning readiness before, during, and after course delivery[J]. Journal of Computing in Higher Education, 2016, 28(2): 199−220.

[33] Meyer A, Rose D H, Gordon D. Universal Design for Learning: Theory and practice[M]. Berkeley: CAST Professional Publishing, 2014.

[34] Hitchcock C, Meyer A, Rose D, et al. Providing new access to the general curriculum: Universal design for learning[J]. Teaching exceptional children, 2002, 35(2): 8−17.

[35] Fernald G M. Remedial Techniques in Basic School Subjects[M]. New York: McGraw-Hill Book Company, 1943.

[36] Gardner H E. Intelligence reframed: Multiple intelligences for the 21st century[M]. London: Hachette UK, 2000.

[37] Bloom B S, Engelhart M D, Furst E J, et al. Handbook I: Cognitive domain[M]. New York: David McKay, 1956.

[38] Gagne R. The Conditions of Learning and Theory of Instruction[M]. New York: CBS College Publishing, 1985.

[39] Rogers-Shaw C, Carr-Chellman D J, Choi J. Universal design for learning: Guidelines for accessible online instruction[J]. Adult learning, 2018, 29(1): 20−31.

[40] Tobin T J. Increase online student retention with universal design for learning[J]. Quarterly Review of Distance Education, 2014, 15(3): 13−24.

[41] Burgstahler S. Distance learning: Universal design, universal access[J]. AACE Review (Formerly AACE Journal), 2002, 10(1): 32−61.

[42] Coy K, Marino M T, Serianni B. Using universal design for learning in synchronous online instruction[J]. Journal of Special Education Technology, 2014, 29(1): 63−74.

[43] Anderson T, Liam R, Garrison D R, et al. Assessing teaching presence in a computer conferencing context[J]. Journal of Asynchronous Learning Networks, 2001, 5(2): 1−17.

［44］Garrison D R, Anderson T, Archer W. Critical thinking, cognitive presence, and computer conferencing in distance education[J]. The American Journal of Distance Education, 2001, 15(1): 7-23.

［45］Garrison D R, Anderson T, Archer W. Critical inquiry in a text-based environment: Computer conferencing in higher education[J]. The internet and higher education, 1999, 2(2-3): 87-105.

［46］Rourke L, Anderson T, Garrison D R, et al. Methodological issues in the content analysis of computer conference transcripts[J]. International journal of artificial intelligence in education, 2001, 12(1): 8-22.

［47］Rourke L, Anderson T, Garrison D R, et al. Assessing social presence in asynchronous text-based computer conferencing[J]. The Journal of Distance Education/Revue de l'ducation Distance, 1999, 14(2): 50-71.

［48］Garrison D R, Cleveland-Innes M, Fung T S. Exploring causal relationships among teaching, cognitive and social presence: Student perceptions of the community of inquiry framework[J]. The internet and higher education, 2010, 13(1-2): 31-36.

［49］Garrison D R, Vaughan N D. Blended learning in higher education: Framework, principles, and guidelines[M]. New York: John Wiley & Sons, 2008.

［50］段承贵."探究式社区"理论框架述评及对网络教学的启示［J］.终身教育研究，2017，28（1）：64-70.

［51］兰国帅.探究社区理论模型：在线学习和混合学习研究范式［J］.开放教育研究，2018，24（1）：29-40.

［52］Arbaugh J B, Cleveland-Innes M, Diaz S R, et al. Developing A Community of Inquiry Instrument: Testing A Measure of The Community of Inquiry Framework Using A Multi-institutional Sample[J]. The internet and higher education, 2008, 11(3-4): 133-136.

［53］Stenbom S. A systematic review of the Community of Inquiry survey[J]. Internet & Higher Education, 2018, 39: 22-32.

［54］Garrison D R. E-learning in the 21st century: A community of inquiry framework for research and practice[M]. New York: Routledge, 2011.

［55］Oztok M, Brett C. Social presence and online learning: A review of the research[J]. Journal of Distance Education, 2011, 25(3): 1-10.

［56］Gunawardena C N. Social presence theory and implications for interaction and collaborative learning in computer conferences[J]. International journal of educational telecommunications, 1995, 1(2): 147-166.

［57］Gunawardena C N, Zittle F J. Social presence as a predictor of satisfaction within a computer-mediated conferencing environment[J]. American journal of distance education, 1997, 11(3): 8-26.

［58］Garrison D R, Anderson T. E-learning in the 21st century: A framework for research and practice[M].

London: Routledge Falmer, 2003.

[59] Rogers P, Lea M. Social presence in distributed group environments: The role of social identity[J]. Behaviour & information technology, 2005, 24(2): 151-158.

[60] Kim J J. Developing an instrument to measure social presence in distance higher education[J]. British Journal of Educational Technology, 2011, 42(5): 763-777.

[61] Annamalai N, Tan K E. Social presence of the Community of Inquiry (COI) model on an online narrative writing platform via Facebook[J]. Malaysian Journal of ELT Research, 2014, 10(2): 1-18.

[62] Akyol Z, Garrison D R. Assessing metacognition in an online community of inquiry[J]. The Internet and Higher Education, 2011, 14(3): 183-190.

[63] Starkey L. Teaching and learning in the digital age[M]. London: Routledge, 2012.

[64] Akyol Z, Garrison D R. Educational communities of inquiry: Theoretical framework, research and practice[M]. Hershey: IGI Global, 2013.

[65] Garrison D R, Cleveland-Innes M. Facilitating Cognitive presence in online learning: Interaction is not enough[J]. The American journal of distance education, 2005, 19(3): 133-148.

[66] Jézégou A. Community of inquiry in e-learning: A critical analysis of Garrison and Anderson model[J]. Journal of Distance Education/Revue de l'Education à Distance, 2010, 24(3): 1-18.

[67] Taber K S. Constructivism as educational theory: Contingency in learning, and optimally guided learning. In: Hassaskhah, J. (Ed.), Educational Theory[M]. New York: Nova Science Publishes Inc., 2011: 39-61.

[68] Aderibigbe S A, Colucci-gray L, Gray D. Mentoring as a collaborative learning journey for teachers and student teachers: A critical constructivist perspective[J]. Teacher Education Advancement, 2014, 6(3): 17-27.

[69] Jones C. Networked learning: An educational paradigm for the age of digital networks[M]. Switzerland: Springer International Publishing, 2015.

[70] Selwyn N. Education and technology: Key issues and debates[M]. Bloomsbury Publishing, 2016.

[71] Siemens G. Elearnspace. Connectivism: A learning theory for the digital age[J]. Elearnspace. org, 2004: 14-16.

[72] Jones C. Networked learning: An educational paradigm for the age of digital networks[M]. Cham, Switzerland: Springer International Publishing, 2015.

[73] Kop R, Hill A. Connectivism: Learning theory of the future or vestige of the past?[J]. International Review of Research in Open and Distributed Learning, 2008, 9(3): 1-13.

[74] Clarà M, Barberà E. Three problems with the connectivist conception of learning[J]. Journal of Computer Assisted Learning, 2014, 30(3): 197-206.

[75] Anderson T, Dron J. Three generations of distance education pedagogy[J]. International Review of Research in Open and Distributed Learning, 2011, 12(3): 80-97.

[76] Harasim L. Learning theory and online technologies[M]. Oxford: Taylor & Francis, 2017.

[77] Duke B, Harper G, Johnston M. Connectivism as a digital age learning theory[J]. The International HETL Review, 2013(Special Issue): 4-13.

[78] Latour B. Reassembling the social: An introduction to actor-network-theory[M]. Oxford: Oxford University Press, 2007.

[79] 姜红, 鲁曼. 重塑"媒介": 行动者网络中的新闻"算法"[J]. 新闻记者, 2017（4）: 26-32.

[80] Law J. Introduction: Monsters, machines and sociotechnical relations[J]. The Sociological Review, 1990, 38(S1): 1-23.

[81] Callon M. Some elements of a sociology of translation: Domestication of the scallops and the fishermen of St Brieuc Bay[J]. The sociological review, 1984, 32(1_suppl): 196-233.

[82] Callon M, Latour B. Don't throw the baby out with the bath school! A reply to Collins and Yearley. Science as Practice and Culture[M]. Chicago: University of Chicago Press, 1992.

[83] Gherardi S, Nicolini D. To Transfer is to Transform: The Circulation of Safety Knowledge[J]. Organization, 2000, 7(2): 329-348.

[84] Law J. On the methods of long-distance control: Vessels, navigation and the Portuguese route to India[J]. The Sociological Review, 1984, 32(S1): 234-263.

[85] Latour B. Science in action: How to follow scientists and engineers through society[M]. Boston: Harvard university press, 1987.

[86] Callon M. Techno-economic networks and irreversibility[J]. The sociological review, 1990, 38(S1): 132-161.

[87] Harrisson D, Laberge M. Innovation, identities and resistance: The social construction of an innovation network[J]. Journal of Management Studies, 2002, 39(4): 497-521.

[88] Lynn Thompson T. I'm deleting as fast as I can: Negotiating learning practices in cyberspace[J]. Pedagogy, Culture & Society, 2012, 20(1): 93-112.

[89] Thompson T L. (Re/dis) assembling learning practices online with fluid objects and spaces[J]. Studies in Continuing Education, 2012, 34(3): 251-266.

[90] Kaptelinin V, Nardi B A. Acting with technology: Activity theory and interaction design[M]. Cambridge, Massachusetts: MIT press, 2006.

[91] Marangunić N, Granić A. Technology acceptance model: A literature review from 1986 to 2013[J]. Universal access in the information society, 2015, 14: 81-95.

[92] Abdullah F, Ward R. Developing a General Extended Technology Acceptance Model for E-Learning (GETAMEL) by analysing commonly used external factors[J]. Computers in human behavior, 2016, 56: 238-256.

[93] Schepers J, Wetzels M. A meta-analysis of the technology acceptance model: Investigating subjective norm and moderation effects[J]. Information & management, 2007, 44(1): 90-103.

[94] Davis F D. Perceived usefulness, perceived ease of use, and user acceptance of information technology[J]. MIS quarterly, 1989: 319-340.

[95] Scherer R, Siddiq F, Teo T. Becoming more specific: Measuring and modeling teachers' perceived usefulness of ICT in the context of teaching and learning[J]. Computers & Education, 2015, 88: 202-214.

[96] Straub E T. Understanding technology adoption: Theory and future directions for informal learning[J]. Review of educational research, 2009, 79(2): 625-649.

[97] Taylor S, Todd P A. Understanding information technology usage: A test of competing models[J]. Information systems research, 1995, 6(2): 144-176.

[98] Tham C M, Werner J M. Designing and evaluating e-learning in higher education: A review and recommendations[J]. Journal of Leadership & Organizational Studies, 2005, 11(2): 15-25.

[99] Leontyev A, Baranov D. Massive open online courses in chemistry: A comparative overview of platforms and features[J]. Journal of Chemical Education, 2013, 90(11): 1533-1539.

[100] Lin J, Cantoni L, Murphy J. MOOCs in tourism and hospitality: A review[J]. Journal of Teaching in Travel & Tourism, 2018, 18(3): 217-235.

[101] Alraimi K M, Zo H, Ciganek A P. Understanding the MOOCs continuance: The role of openness and reputation[J]. Computers & Education, 2015, 80(1): 28-38.

[102] 董伟，张美，高晨璐，等．基于用户体验的在线教育平台学习效果影响因素研究 [J]．中国远程教育，2020（11）：68-75．

[103] 焦建利，周晓清，陈泽璇．疫情防控背景下"停课不停学"在线教学案例研究 [J]．中国电化教育，2020（3）：106-113．

[104] Escobar Fandino, F. G. , Silva Velandia, A. J. How an online tutor motivates e-learning English[J]. Heliyon, 2020, 6(8): e04630.

[105] Magyar A, Krausz A, Kapas I D, Habok A. Exploring Hungarian teachers' perceptions of inclusive education of SEN students[J]. Heliyon, 2020, 6(5): e03851.

[106] Hua S, Ren Z. "Online + Offline" Course Teaching Based on Case Teaching Method: A Case Study of Entrepreneurship Education Course[J]. International Journal of Emerging Technologies in Learning (iJET), 2020, 15(10): 69-84.

[107] Hayati H, Khalidi I M, Bennani S, Automatic assessment of COI-cognitive presence within asynchronous online learning[C]. In: 2018 17th International Conference on Information Technology Based Higher Education and Training (ITHET), Olhao, 2018: 1-5.

[108] Balakrishnan V, Gan C L. Students' learning styles and their effects on the use of social media technology for learning[J]. Telematics and Informatics, 2016, 33(3): 808-821.

[109] Camarero C, Rodriguez J, Jose R S. An exploratory study of online forums as a collaborative learning tool[J]. Online Information Review, 2012, 36(4): 568-586.

［110］Comer D R, Lenaghan J A. Enhancing Discussions in the Asynchronous Online Classroom: The Lack of Face-to-Face Interaction Does Not Lessen the Lesson[J]. Journal of Management Education, 2012, 37(2): 261–294.

［111］Weil S, De Silva T A, Ward M. Blended learning in accounting: A New Zealand case[J]. Meditari Accountancy Research, 2014, 22(2): 224–244.

［112］Martinho D S, Eulália M S, Miguel M I, et al. Factors that Influence the Adoption of Postgraduate Online Courses[J]. International Journal of Emerging Technologies in Learning (iJET), 2018, 13(12): 123–140.

［113］Gottipati S, Shankararaman V, Gokarn M N. Automated discussion analysis framework for knowledge analysis from class discussions[C]. In: 2020 IEEE Frontiers in Education Conference (FIE), Uppsala, 2020: 1–8.

［114］Murphy M P A. COVID-19 and emergency e-learning: Consequences of the securitization of higher education for post-pandemic pedagogy[J]. Contemporary Security Policy, 2020, 41(3): 492–505.

［115］Scheibenzuber C, Hofer S, Nistor N. Designing for fake news literacy training: A problem-based undergraduate online-course[J]. Computers in Human Behavior, 2021, 121: 106796.

［116］Englund C, Olofsson A D, Price L. Teaching with technology in higher education: Understanding conceptual change and development in practice[J]. Higher Education Research & Development, 2017, 36(1): 73–87.

［117］Schneckenberg D. Understanding the real barriers to technology-enhanced innovation in higher education[J]. Educational Research, 2009, 51(4): 411–424.

［118］Broadbent J, Poon W L. Self-regulated learning strategies & academic achievement in online higher education learning environments: A systematic review[J]. The internet and higher education, 2015, 27: 1–13.

［119］Stephanie C G, Riina V, Yves P. DigComp 2. 1: The Digital Competence Framework for Citizens with eight proficiency levels and examples of use[M]. Luxembourg: Publications Office of the European Union, 2017.

［120］Fraillon J, Ainley J, Schulz W, et al. IEA international computer and information literacy study 2018 assessment framework[M]. cham: Springer Nature, 2019.

［121］Hofstede G. Culture's consequences: Comparing values, behaviors, institutions and organizations across nations[M]. California: Sage Publishing, 2001.

［122］Lave J, Wenger E. Situated learning: Legitimate peripheral participation[M]. London: Cambridge University Press, 1991.

［123］Wenger E. Communities of practice: Learning, meaning, and identity[M]. London: Cambridge university press, 1999.

［124］Farnsworth V, Kleanthous I, Wenger-Trayner E. Communities of practice as a social theory of learning: A conversation with Etienne Wenger[J]. British journal of educational studies, 2016, 64(2): 139-160.

[125] Nistor N, Dascalu M, Tarnai C, et al. Predicting newcomer integration in online learning communities: Automated dialog assessment in blogger communities[J]. Computers in Human Behavior, 2020, 105: 106202.

[126] Viskovic A. Becoming a tertiary teacher: Learning in communities of practice[J]. Higher Education Research & Development, 2006, 25(4): 323-339.

[127] Arthur L. Communities of practice in higher education: Professional learning in an academic career[J]. International Journal for Academic Development, 2016, 21(3): 230-241.

[128] Akbar M. Digital technology shaping teaching practices in higher education[J]. Frontiers in ICT, 2016: 1.

[129] Lai K W. Digital technology and the culture of teaching and learning in higher education[J]. Australasian Journal of Educational Technology, 2011, 27(8): 1263-1275.

[130] Nistor N, Fischer F. Communities of practice in academia: Testing a quantitative model[J]. Learning, Culture and Social Interaction, 2012, 1(2): 114-126.

[131] Dewey J. Experience and education[M]. London & New York: Macmillan, 1938.

[132] Desai M S, Hart J, Richards T C. E-learning: Paradigm shift in education[J]. Education, 2008, 129(2): 327-334.

[133] Rhode J. Interaction equivalency in self-paced online learning environments: An exploration of learner preferences[J]. The international review of research in open and distributed learning, 2009, 10(1): 1-23.

[134] Boling E C, Hough M, Krinsky H, et al. Cutting the distance in distance education: Perspectives on what promotes positive, online learning experiences[J]. The Internet and Higher Education, 2012, 15(2): 118-126.

[135] Smolin L I, Lawless K A. Becoming literate in the technological age: New responsibilities and tools for teachers[J]. The Reading Teacher, 2003, 56(6): 570-577.

第三章 基于通用学习设计理论的高校课程设计研究

> **本章导读**
>
> 学生如何有效参与课程并在课程中取得进步？需要哪些新工具、新方法？如何实施有效的教学？这些问题的答案取决于教育者必须进行课程设计，以提高学生的参与性和互动性。教育者们都希望能创造一个让所有学生都更有收获的课程。
>
> 本章首先介绍了通用学习设计理论的由来，以及通用设计的七项指导原则如何应用到教育领域中。其次，探讨了将通用学习设计理论应用在高校课程设计前需要解决的几个基本问题。再次，从教学目标、教学材料、教学方法和教学评估四个方面，提出了基于通用学习设计理论进行高校课程设计的措施。最后，分析了在通用学习设计的课程中，学生准入、参与和进步的三个学习阶段。

第一节 通用学习设计理论概述

一、通用学习设计理论的起源与发展

当听到通用学习设计这个词时，大多数人很容易将其与技术联系在一起

（Zascavage and Winterman，2009）[1]。事实上也确实如此，"通用设计"的理念起源于20世纪70年代的建筑领域，由美国设计师 Ron Mace 提出，至今仍具有重要意义。这是因为该理念强调，无须过多地改装建筑物的结构细节（如加装斜坡、增加门和通道的宽度），就可以方便更多有不同需求的人进入建筑物中。通用设计理念至今仍然具有重大影响，甚至于1990年被纳入美国残疾人法案。通用设计的主要特点是，无论是商业建筑还是民用住宅，它们都允许有特殊需求的人能够独立并立即使用，而无须进行专门设计或要求个人去适应。其中一些设计的特点是结构性的（如加装长柄门把手），另一些则是技术性的（如电视上的字幕）。

当然，通用学习设计的理念也被用在了教育领域，比如，在教育中使用数字化技术（King-Sears，2001；Rose and Meyer，2000）[2][3]。通用学习设计注重将现代信息技术整合在课程设计之中，给学生提供多样化的呈现、表达与参与方式，增强了课程的适应性，最大限度地扩展了学生在课堂学习中的机会，使所有学生都能在课堂上获得学业成就、保持学习热情。此外，该理念也同时关乎教学法，关乎对学生所采用教学实践的选择，具体内容将在本章的第三节和第四节进行分析和讨论。

二、通用学习设计的指导原则

最初的"通用设计"理念有七项原则用于指导产品和环境的设计，使它们尽可能地适合更多人使用，而无须过多地为某些特别需求进行专项设计（King-Sears，2009）[4]。当教育工作者在教学设计和实施中采用这些原则时，学习过程可能会更顺畅地得以完成。

最初为通用设计确定的七项指导原则是使用的灵活性（Flexibility in Use）、平等使用（Equitable Use）、可察觉的信息（Perceptible Information）、对错误的宽容度（Tolerance for Error）、简单而直观地使用（Simple and Intuitive Use）、较低的体力付出（Low Physical Effort）及空间的适用性（Size and Space for Approach and Use）

---

[1] Zascavage V, Winterman K G. What middle school educators should know about assistive technology and universal design for learning[J]. Middle School Journal, 2009, 40(4): 46-52.

[2] King-Sears M E. Three steps for gaining access to the general education curriculum for learners with disabilities[J]. Intervention in School and Clinic, 2001, 37(2): 67-76.

[3] Meyer A, Rose D H. Universal design for individual differences[J]. Educational leadership, 2000, 58(3): 39-43.

[4] King-Sears M. Universal design for learning: Technology and pedagogy[J]. Learning Disability Quarterly, 2009, 32(4): 199-201.

（King-Sears，2009）①。

在满足学生的教育需求时，这些原则在技术和教学法方面都有体现。当然，这些原则并不是彼此孤立，单一地应用到教学设计中，在功能上各原则有时是相互重叠的。

1."使用的灵活性"原则

为了适应各种学生的学习偏好和个人能力，教师在进行教学设计时可以遵循"使用的灵活性"原则，即灵活地选择教学的手段、工具和方法。例如，如果教学目标是让学生学会测量四边形的周长，那么教师可以使用具体的或虚拟的可操作物品进行演示，以展示不同类型的四边形及相应的公式。这些具体的或虚拟的可操作物品的演示是可以由教师灵活选择的，它们既为学生提供了多种理解方式，也满足了学生在学习知识时的个性化需求。当然，传授知识给学生也不是必须依靠具体或虚拟的可操作物品，教师如何用口头方式解释教学内容、概念和规范可能更为重要，在日常教学中也最为常见。当然，"使用的灵活性"原则也包括教学工具的灵活选择。举例来说，可以选择使用常规的练习方式（如在黑板上用粉笔作答），也可以选择使用计算机的虚拟操作技术，如让学生学会如何测量四边形的周长。

2."平等使用"原则

通过一些技术手段，比如为学生提供数字文本的学习材料，可以实现教学材料的平等使用。举例来说，可以为听力较差的学习者提供语音转文字的材料，或者线上教学时为实时通信网络信号较差的学习者提供电子阅读材料。然而，当教材内容的结构、描述和顺序不够合理时，对于许多学习者来说，增加教学内容的易使用性就成为教学方法中的重点。例如，许多研究者发现，有些教材内容难以理解，充斥着关联性极小的事实和信息（Jitendra et al.，2005；Jitendra et al.，2001；Van Garderen，2006）②③④。因此可以采用通用学习设计的方法，将先前教学设计中不太合

---

① King-Sears M. Universal design for learning: Technology and pedagogy[J]. Learning Disability Quarterly, 2009, 32(4): 199-201.

② Jitendra A K, Deatline-Buchman A, Sczesniak E. A comparative analysis of third-grade mathematics textbooks before and after the 2000 NCTM standards[J]. Assessment for Effective Intervention, 2005, 30(2): 47-62.

③ Jitendra A K, Nolet V, Xin Y P, Gomez O, Iskold I, Renouf, K., Iskold L., DaCosta, J. An analysis of middle school geography textbooks: Implications for students with learning problems[J]. Reading & Writing Quarterly, 2001, 17(2): 151-173.

④ Van Garderen D. Spatial visualization, visual imagery, and mathematical problem solving of students with varying abilities[J]. Journal of learning disabilities, 2006, 39(6): 496-506.

理的内容在正式讲授给学生之前进行重新设计，着重确定哪些是关键知识点及知识点之间的逻辑关系。

通常来讲，各学科的知识结构中的知识点并不总在同一个认知水平上，也就是说，存在着上位知识与下位知识，它们在认知过程中应该是螺旋上升的关系。只有帮助学生搭建好合理的知识结构，才能提高学生的认知迁移效率。这种观点被称为"结构—发现"理论。该理论最早是由美国心理学家、教育学家、结构主义教育思想的代表人物杰罗姆·布鲁纳（J. S. Bruner）于20世纪60年代提出的。结合布鲁纳的观点，本书认为，教学应该尊重教育对象的主体地位，用适当的教学方法去激发学生的内在学习动机。此外，授课的教师也要在教与学的过程中发挥主导作用，去启发、引导学生，要根据不同学生的认知水平，运用"发现"的教学手段，逐步地建构学生对某个学科或课程的知识结构，最终目的是培养学生的思维、实践、协作等方面的能力。这里的"发现"，也是在强调教学手段的创新，启发学生去"发现"。

对于那些在学习纪律方面有问题、难以区分重要知识点和无关知识点的学生，他们接受的教学设计重点应该旨在最大限度地减少学习障碍（如环境中的噪声、板书的字体和大小等），并在设计和传授更具连贯性的教学内容时，最大限度地增加这些学生参与学习的可能性。

3. "可察觉的信息"原则

通用学习设计理论七项原则中的"可察觉的信息"，是指以多种方式呈现和实践课程的教学内容，包括使用插图、增加触觉体验，将要讲授的基本课程内容（即主要思想）与一些辅助性的、支持性的材料进行可见的对比，同时也可以使用精确和清晰的语言（如注释、提示和解释）。一些数字化和计算机技术也可以应用到教学中，比如，用于数学课程教学的虚拟操作插图（Suh and Moyer, 2008）[①]，以及将视频内容与书本内容结合的软件，这些都可以满足不同学生的需求。"可察觉的信息"原则也应该体现在清晰的口头解释和指导方面，这对于学生的日常学习也尤为关键。

4. "对错误的宽容度"原则

这里我们举一个将计算机技术应用到教学设计中的例子。可以设计一种当学生答题出现错误时合理地引导他们进行错题修改的计算机软件。如果学生解答的题目

---

① Suh J M, Moyer P S. Scaffolding special needs students' learning of fraction equivalence using virtual manipulatives[J]. Proceedings of the International Group for the Psychology of Mathematics Education, 2008, 4(1): 297-304.

有错误，有些软件对错误的"宽容度"仅仅是提醒学生"再试一次"（出现文字、图片或者动画提示），或者是直接给出最终的答案。而有些软件则更全面，会提供给学生相关的公式或解答步骤的部分提示。在后者这种情况下，答题错误也可以成为学习的机会。

如此，进行即时反馈并采用多种教学媒体支持的教育者，为学生提供了宝贵的学习体验，在学生出现知识理解混淆或答题错误时能及时提供矫正和指导性反馈（Dihoff et al.，2004）[1]。这些类型的反馈对于学生学会解决问题、完成解答步骤及准确而高效地理解问题至关重要（Ebbers and Dentón，2008；Schumaker and Deshler，2009）[2][3]。在没有这些教学反馈的情况下，学生的学习可能不会如此迅速地有进展，对于问题和有关知识点也不会理解得如此清晰。

5. "简单而直观地使用"原则

"简单而直观地使用"原则意味着教学内容应以直接的及能够体谅学生知识程度、语言技能和注意力水平为考量的方式呈现出来。例如，在化学课程中，将原先只是按类别编写的科学术语列表，后续再使用图形工具进行重新划分、标识和构建，是一种学生更容易区分这些术语差异的方法（Kim et al.，2004）[4]。

此外，减轻学习负担、引导学生参与各种学习活动也是一种适应学习者差异的教学方式，毕竟每位学生的专注力和记忆力在主观上存在差异。在概念识记的相关教学中，可以将新的词汇术语与学生熟悉的词汇术语进行配对。比如，在英语教学中，教师将"Use"和"Utilize"配对教学，可以提高学生的词汇技能，同时降低不必要的同义词学习的复杂性。

6. "较低的体力付出"原则

这一原则指的是设计既高效又舒适的教学活动和教学材料，以便学生在学习时不会感到不必要的疲劳。这个原则可能看起来很简单，例如，我们可以为那些经常在"书中迷路"（找不到老师讲到哪里了）并因此错过课堂知识的学生提供书签（在

---

[1] Dihoff R E, Brosvic G M, Epstein M L, et al. Provision of feedback during preparation for academic testing: Learning is enhanced by immediate but not delayed feedback[J]. The Psychological Record, 2004, 54: 207-231.

[2] Ebbers S M, Denton C A. A root awakening: Vocabulary instruction for older students with reading difficulties[J]. Learning Disabilities Research & Practice, 2008, 23(2): 90-102.

[3] Schumaker J B, Deshler D D. Adolescents with learning disabilities as writers: Are we selling them short?[J]. Learning Disabilities Research & Practice, 2009, 24(2): 81-92.

[4] Kim A H, Vaughn S, Wanzek J, et al. Graphic organizers and their effects on the reading comprehension of students with LD: A synthesis of research[J]. Journal of learning disabilities, 2004, 37(2): 105-118.

线教育中可以使用电子书签)。再如,现今不是所有的学生都能熟练地掌握键盘打字,因此可以为那些在精细动作技能掌握上有困难的学生提供适合的键盘。通过提供"舒适的"键盘以减少这类学生必须花费在寻找所需按键上的时间,从而使学生能够将更多的精力集中在其在学习的知识上。

7. "空间的适用性"原则

这个原则可能恰恰是通用学习设计理念最难以做到的原则。在现代化的教学手段中,最为常见的可能是在教室中使用计算机、投影仪。教师常常使用各种计算机软件来代替黑板和粉笔,给学生展示课程中所要讲授的内容。虽然诸如 PowerPoint 幻灯片和 LCD 投影仪等技术可以展示文字和图形,但教师需要确保展示的内容足够大,以便坐在教室中不同区域的学生都能够看到和看清内容。无论是使用计算机技术还是在黑板上标记,教师(或学生)所展现的内容都需要足够大,并以尽可能整洁的格式(空间)呈现,以便学生能够专注于核心的知识内容。此外,教师所展示文字和图形的方式也应该清晰。例如,使用精准的语言,简明地传达关键内容。

就像建筑领域中的通用设计是从一开始就让物理结构变得"很有预见性",以便消除或减少后期改造的必要性(如坡道已经提前建造好了,门也已经预先设计得足够宽)一样,通用学习设计理论运用到教育领域时,也需要使"很有预见性"的教学设计从一开始就包括不同的教学手段和技术支持。例如,作为通用学习设计的一个方面,技术使所有学生都能够以适合他们学习需要的方式访问教学内容,当有些同学可以从印刷文本中阅读章节知识时,其他人也可以通过电子文本的形式收听该章节的内容。然而,所有学生对这些不同格式知识的理解程度取决于一种非技术性的通用学习设计,即有效的教学(逻辑性)设计。因此,通用学习设计不是由技术定义的,也不局限于技术。技术必须与有效的教学设计方法相结合。通用学习设计既可以单独存在,也可以与技术相结合。

第二节 通用学习设计理论应用在高校课程设计中的基本问题

正如许多教育工作者所述,如果一位来自 19 世纪的人观察现在的文化,唯一看起来相同的就是学校（Pearlman，1992）[1]。在他看来，社会文化的其他方面可能在风格和功能上已经极为不同，但学校看起来还是一个"上课的地方"。相比之下，如果一位教师或家长对比现今与20世纪的教育状况，他们一定会对人们在教育方面取得的进展感到惊讶。如今的教育环境已经对学生有了更好的了解，也具备了一定帮助学生学习的方法、工具和环境。国家的政策也给教育的发展提供了前所未有的机会，让学校能够不断地提出教学创新的理念和方法。正如习近平总书记在2020年教师节的贺词中指出的那样，面对突如其来的新冠疫情，全国广大教师迎难而上，奋战在抗击疫情和"停课不停学、不停教"两条战线上，守护亿万学生身心健康，支撑起世界上最大规模的在线教育，为抗击疫情做出了重要贡献。希望广大教师不忘立德树人初心，牢记为党育人、为国育才使命，积极探索新时代教育教学方法，不断提升教书育人本领，为培养德智体美劳全面发展的社会主义建设者和接班人做出新的更大贡献。

根据习近平总书记的指导思想，近年来各地区的学校都在不断发展新的教学理念和方法，把"水课"变成有深度、有难度、有挑战度的"金课"。然而，我们也应该谦虚地认识到，教学手段和方法仍存在一些缺陷和不足。因此，我们有必要分析和讨论如下几个问题。

一、接受教育的对象是哪些群体

虽然教育学家和教师都在积极地探索如何设计课程来更好地让学生接受教育。但即使课本教材使用再多样化的教学技巧，也总会有一些例外情况影响学习。这些例外情况包括学生主观上学习意愿较低，学生的母语不是教材所用文字，学生对于上课时单一的知识传授方法不能有效理解，学生和教师的设备不足以进行线上学习，以及许多其他情况。

二、所授课班级的学生情况都一样吗

很多教育者通常会假设所授课的班级有一个"核心"学习者群体，其中大部分人的学习状态都是同质的，除此之外的其他学习者都是异类。这种想法本身就是有

---

[1] Perelman L J. School's out: Hyperlearning, the new technology, and the end of education[M]. New York: William Morrow, 1992.

缺陷的。丰富的教学常识及越来越多的神经科学研究显示，被认为属于同一个群体的学习者在影响学习的各个因素方面至少与被认为属于不同群体的学习者一样多样化（Rose and Meyer，2002）[①]。也就是说，无数细微的差异使每个学习者都是独一无二的。如果推翻前面所说的同质性假设，构思各种改造解决方案，那恐怕会耗费大量的时间和金钱，但效果却有限。所以，人们往往会归因到一个错误的观点：具有不同学习需求的学生统统是"怀揣学习问题的学生"（King-Sears，1997）[②]。而事实上，课程本身设计的不完善可能才是困难的根源。

所以，课程问题是一个重要的问题，"修复"一刀切、不灵活的课程，将持续困扰着教师。

三、从"主流化"和"包容"的思想中能够学到什么

所谓"主流化"和"包容"的思想，简单来说，就是创造一个为广大学习者服务的灵活环境。这种想法的起源其实是建筑学领域中的通用设计。早期的建筑思想主张建筑物整体完成后，后续为了适应残疾人需要再附加坡道和自动门。虽然出发点是人性化的，但付诸实施代价却非常昂贵，实际效果也没那么理想，而且往往在建筑美学上是灾难性的。许多建筑师开始认识到，从一开始就考虑不同用户的需求来设计建筑可以节省成本，并使建筑更加流线化和无障碍。事实证明，通用设计让每个人都更好。

路缘石坡道（一种切割在街道路缘石上的坡道，用于行人或车辆的通行）就是一个经典的例子。工程师最初设计路缘石坡道是为了更好地让坐轮椅的人通过路缘，同时这种设计也方便推着婴儿车的人、踩着滑板的人或拄着拐杖的行人，甚至普通的步行者出行。而商业产品的设计师采用通用设计也得到了良好的效果。一个典型的例子就是电视字幕。当字幕这一发明刚出现时，失聪的人不得不购买昂贵的解码器改装他们的电视，以便自己能够看到字幕。所以后来，解码器芯片被植入每台电视机，当电视机出厂时已经具备字幕功能，这就使得所有观众都能看到字幕。这种通用设计功能现在不仅惠及失聪人士，还惠及健身俱乐部的锻炼者、嘈杂餐厅的用餐者、学习语言技能的人及在不同时间入睡的夫妇。此外，作为一种内置功能，获

[①] Rose D H, Meyer A. Teaching every student in the digital age: Universal design for learning[M]. Alexandria, VA: Association for Supervision and Curriculum Development, 2002.

[②] King-Sears M E. Best academic practices for inclusive classrooms[J]. Focus on exceptional children, 1997, 29: 1-21.

取电视字幕只需几分钱，而不是原先改装电视机时要花费几百元。

所以，通用设计很好，但如果我们将其应用到教学中的课程设计，那应该在开始设计课程时就做好相应的构思。

四、什么是通用设计课程

20世纪90年代初，美国应用特殊技术中心将通用设计的概念应用到课程材料和教学方法中，并创造了"通用学习设计"这一术语，通用学习设计理论帮助教育者们认识到，不灵活的课程材料和教学方法是多样化学习方式的障碍，正如以楼梯作为唯一入口选择的建筑是行动不便的人的障碍一样。如果课程设计者认识到教室中客观存在广泛多样的学习者，并起初就建立支持差异化学习的选项，那么课程设计本身就可以为所有学习者服务，而且修改教学活动、制定备选教学方案和辅助技术的需求也可大大减少（尽管辅助教学技术对于一些学生来说总是扮演着重要的角色）。通用设计的课程包括一系列有关学生如何进入（Access）、使用（Use）和参与（Engage）学习材料的设计，教育者们也要认识到没有一个完美的设计会适合所有学生（Rose and Meyer，2002）[①]。通用学习设计把减少课程中障碍的负担从教育工作者和学生身上转移开来，导致了一种灵活的课程的发展，这种课程可以更有效地支持所有的学习者。

如何创建一个课程，使其中的教学目标、教学材料、教学方法和教学评估服务于广泛多样的学习者？为了实现这一目标，教师需要提供大量的备选教学方案。如果只照本宣科地使用传统的印刷教材，只有一个"主要参考教材"，其他都是备选方案，那提供多样化的教学服务就是不切实际的。

幸运的是，借助数字技术的力量，人们有可能提供一种可延展的课程，其中的教学内容和教学活动可以以多种方式呈现，并进行转换以适应不同的学习者。数字媒体和计算机技术使得这种课程能够得以实现，课程只需创建一次，就可以以多种不同的方式展示和使用。对于数字化的教学材料，可以提供多种展示方式（如图像、文本和视频），可以将一种媒体转换成另一种媒体（如文本到语音或语音到文本），还可以修改展示的特征（如文本中文字的大小和颜色，声音的高低）（Rose

---

① Rose D H, Meyer A. Teaching every student in the digital age: Universal design for learning[M]. Alexandria, VA: Association for Supervision and Curriculum Development, 2002.

and Meyer，2002）[①]。

如此，建立一个具有内在灵活性的课程有助于教师保持教育的完整性，最大限度地保持教学目标和教学方法的一致性，同时还能使学习个性化。为了了解这种通用设计的课程是如何工作的，下一节内容将阐述基于通用学习设计理论进行高校课程设计的具体措施。本章参考了美国应用特殊技术中心的研究和观点，具体包括关于教学目标、教学材料、教学方法和教学评估的探讨与分析。

第三节 基于通用学习设计理论进行高校课程设计的措施

一、通用学习设计的教学目标

在对课程进行通用学习设计时，教学目标是为所有学生提供适当的学习挑战。通用学习设计的教学目标始于教学标准和教学体系，这些标准和体系反映了所有学生需要经过努力才能获得的知识和技能。教师要精心构思和设计，有逻辑性地向学生提供实现这些教学目标的多种途径。

1. 广泛理解和陈述教学目标

要制定通用学习设计的教学目标，教师必须首先彻底了解他们希望学生学什么。这听起来简单明了，但事实上并不那么简单。很多时候，教学目标的说明的确包含了实现教学目标的具体方法，但实际上这些方法并不需要学生去了解，学生也很少主动去了解。但在这种情况下，传统的教学目标通常都是无意中限定了唯一一种学生不得不接受的学习路径。通过不必要地限制实现教学目标的手段，反而可能会使很多教学目标无法实现。相反，如果在实现教学目标的方法上提升灵活性，学生甚至可以创造性地自己实现大多数教学目标。

这里举一个科学课题的例子：人类如何实现飞行？如果解决问题的手段有限，那人类飞行的目标就是遥不可及的（如提出限制条件"只能利用手臂作为翅膀飞行"），但如果包括更多的选择，可以使用发挥想象、借助工具等更多手段，那这一目标是完全可能实现的（如重点强调"实现飞行"这一结果，那么，人类可以搭乘

[①] Rose D H, Meyer A. Teaching every student in the digital age: Universal design for learning[M]. Alexandria, VA: Association for Supervision and Curriculum Development, 2002.

飞行器、使用滑翔机等）。

类似地，如果限制性地布置一个教学目标，如手写一篇关于"小刘和小赵所面临的挑战"的字数为800字的作文，那么你可能会将书写有困难的学生排除在外，或者将其置于严重的劣势。但如果把完成同样教学目标的手段提供得更广泛，如"完成800字的作文"，那么这种表述就意味着允许学生通过使用文字处理器、拼写检查器、语音识别软件和其他方式来支持他们达成这项教学目标并取得学习成果。这种措辞的改变反映了对"作文写作"这一目标的更清晰的关注，即收集、整理和表达某些观点和信息，而不是展示手写的书法。

2. 帮助学生达到教学目标的方法

一旦理解了学习的真正目的，教师就可以使用各种手段、媒体、"脚手架"来帮助学生达到教学目标，而不是给真正的目标增加阻碍和困难。对于学习者来说，教师可以为他们提供必要的支持，以便让其学习重要的技能，这就像建筑领域搭建的"脚手架"一样。例如，如果教学目标是让学生理解一种数学关系或科学关系，学生就可以自主地、合理地运用各种收集资料、跟踪信息和展现结果的媒介和方法。类似的诸如图形、视频或带有阅读技术支持的数字化文本，都可以作为合适的"脚手架"来实现教学目标。

3. 消除不适当的和不必要的辅助支持

前文的分析讲述了很多支持学习目标达成的方法和理念。但同时，我们也要重视一个关键性的问题，即不适当的辅助支持反而可能导致"学习障碍"。我们用语言学习的课程来举一个例子，如果教学目标明确地集中在学习单词的释义上，那么课程就不应该提供多种方便的阅读支持，否则将会剥夺学生依靠自身能力去理解单词释义的挑战意愿和机会。清晰的教学目标可以使教育者知道什么时候用辅助的方法和材料才会不妨碍学生达到学习目标。由此可见，精心构思和精心表述的课程目标是所有学生都能参与并取得学习进步的基础。

二、通用学习设计的教学材料

在通用学习设计的课程中，教师应该使用灵活的媒介提供学习材料，以此支持多媒体教学，并能顺畅地在教学内容的多种表现形式之间转换，以支持所有学生的学习情况。

1. 多种媒介的教学材料供学生选择

课程设计的关键，是要先考虑好学习内容中的概念、理论、原则和关系等要以何种媒介呈现。什么媒介最好？因为每个学生的视觉、听觉等感受器官接受信息的效果不一样，所以没有一种媒介（如文本、声音、图像）是能适合所有学生的。通用学习设计的课程应提供多种"备选的"教学内容展示媒介，以供学生自主选择。

2. 纸质教学材料的替代方案

对于纸质书籍来说，内容的展示要依靠将文本或图片印刷到书页上来实现。而对于数字媒体，内容可以通过多种方式进行展示。例如，文本可以在屏幕上以任何尺寸显示，可以成为纸质图书册上被点读笔识别而播放的语音资料，也可以以线上会议的方式进行智能自动播放，还可以作为盲文打印或存储在可更新的盲文设备上，等等。图像可以以任何尺寸在屏幕上显示，并实时更改颜色来改变视觉效果。此外，无论是文本、语音还是图像，相同的内容都可以在各种可携带的电子设备上接收、处理和显示，如平板电脑、商务电子设备或智能手机。

当今，很多高校也要求教师给学生提供多种学习渠道，不仅要有线下的教学材料，也要通过线上的软件、教学平台等，给学生发送电子资料并开展一些线上的教学活动（如课堂考勤和学生签到）。

3. 灵活选择教学材料的好处

灵活的教学材料的选择使有视觉障碍（如有些学生的视力较差，看不清黑板）、听觉障碍（如有些学生长期戴耳机听音乐导致听力下降，影响听课）、阅读不便或行动不便（如不在学校或因身体原因不能到教室上课）的学生都能拥有学习机会，因为他们可以选择适合他们需要的媒体方式来查看和反馈学习内容。只要不影响学习进程，学生可以选择对自己最有效的媒介或媒体进行学习。

除了前面说的文本、图片和图像这些基本的展示手段，数字媒体还具备另一种重要的灵活性，即嵌入式支持和链接。它们不仅可以用不同的方式显示数字媒体化的教学内容，还可以向学生提供可选的"智能支持"。数字媒体化的教学内容还可以包括以下几项。

（1）词汇表的超链接（可以链接到其他网站和页面）。

（2）多媒体中的相关背景信息（扩充知识点，激发学生的求知兴趣）。

（3）总结或突出关键关系的图形和动画（知识结构更为清晰）。

（4）提供战略思维相关问题的询问支持（战略思维：指个体在学习或工作中，对于运用抽象思维所形成的若干个相关因素，连续地、动态地、全面地度量这些相关因素的数量变化程度，并找出这些相关因素在数量变化程度上相互影响、共同变化的规律性。同时，以所发现的这些规律为基础，以已形成的目标格局为导向，促使现实问题从当前状态向目标状态演化）。

（5）逐步地、有序地提供学习过程的支持。

（6）用于表达观点或记录想法的工具（如能够存储文本、录音和图像的电子记事本或网络标签，或者一个在线向老师或同学提问的问答工具、模块或平台）。

使用数字媒体去制作学习材料要比纸质印刷材料灵活得多。到目前为止，电子设备文字处理的出色能力已广为人知并得到广泛应用，因为它易于编辑，而且有多种功能，包括书写工具（如辞典、拼写软件、语法检查器及词库）、跟踪文字变更、在线多人协作编辑（能够识别修改内容的作者）、插入注释、合并文档等。语音识别软件可以使打字有困难的学生也能撰写文本。Hyperstudio 和 Clarisworks 等多媒体工具为学习者提供了代替纯文本写作的方法，包括使用图像、声音或录制语音来实现人与人之间完整的交流。图像或声音生成后就可以转换成文本。

在通用学习设计的课程中，以上提到的手段都是可行的教学材料表达方式。各种各样的媒介学习材料实现了通用学习设计的"梦想"，因为它们为所有学生提供了学习机会——就像通用设计的建筑和技术惠及所有用户一样。只要牢记学习目标，并确保所有学生都努力做到最好，课程就应该提供丰富的教学材料、教学工具和教学手段以支持学生获取信息，并让他们能够用各种方式表达自己的思想和观点。有了多样化的选择，所有学生都能够受益。

三、通用学习设计的教学方法

在通用学习设计的课程中，方法应该灵活多样，足以为所有学生提供适当的学习体验、学习挑战和学习支持。

1. 教学方法的重要性

好的教学方法是教好一门课程的核心。课程教学设计的价值在于能够提高每一名学生都学到重要知识的可能性，应该强调如何讲授重要的内容，而不是让学生的成功仅仅取决于偶然事件（如答题时"蒙对"）或随机发现（如学生自己查阅其他资料时得到的启发）。

多元化的课堂是没有一种单一且通用的方法可以适用于所有学习者实现教学目标的。在通用学习设计的课堂上，教师可以通过多种方式讲授概念，为学生提供多种理解知识点的方法，并为每位学生参与学习的途径提供坚强支持。接下来，本章将通过几个授课实例来体现灵活教学方法的好处。

2.灵活教学方法的示例

高校课堂上，学生在理解某个专业术语或特定概念时，所具备的背景知识可能是不同程度和不同层次的。那么，如果使用通用学习设计的方法来授课，教师就可以提供多个具体真实的例子来进行说明，并强调该概念区别于其他概念的关键特征。如此，那些缺乏必备知识的学生就得到了除课本外可选的额外信息。当然，教师也可以通过不同的媒介和媒体展示教学内容，借助数字技术大大简化这一过程，具体的途径和方法在前文已经做了详细介绍，这里不再赘述。接下来，笔者用一堂数学课来举例说明如何运用通用学习设计方法。

假设一位数学老师用通用学习设计的方法来讲授直角三角形的关键特征。除了具备图形演示和超链接功能的软件，他还准备了一些电子教学材料，具体包括以下内容。

（1）不同方向和大小的直角三角形的多个示例，其中直角的位置和三个顶点用高亮显示。

（2）直角三角形变形为等腰三角形或矩形的动画，动画带有声音，屏幕上显示文本，以突出不同之处。

（3）内嵌第一个超链接。可以链接到三角形和直角三角形特征的评论。

（4）内嵌第二个超链接。可以链接到各种现实环境中的直角三角形示例。

（5）内嵌第三个超链接。可以链接到学生自己去复习或充实知识的网页。

然后，教师可以将以上教学材料通过设备投影到教室的大屏幕上。如此，他就不会简单地只是通过口头解释或指定教科书的某个章节或练习册的某个页面来介绍概念，而是通过使用多样化的教学方法、额外的技术支持和丰富的可选知识理解途径来介绍直角三角形的概念。

当讲授培养学生战略思维（指个体在学习或工作中，对于运用抽象思维所形成的若干个相关因素，连续地、动态地、全面地度量这些相关因素的数量变化程度，并找出这些相关因素在数量变化程度上相互影响、共同变化的规律性）的课程时，教师也可以使用通用学习设计的方法，此时教学过程需要包括以下三项内容。

（1）熟练地演示可操作的、成熟的模型。

（2）在适当的支持和持续的反馈下，学生有大量的练习机会。

（3）在非常有意义的社会环境中展示学生技能的机会。

教师需要以多种方式提供这些模型和支持，以满足所有学生的需求。下面参考一项历史课程作业的例子。

一位使用通用学习设计教学方法的历史老师可能会要求她的学生写一篇文章，对比论述19世纪美国工业发达的北方和农业发达的南方的相关史实。这位老师课业布置的真实目标是让学生在写文章的过程中能够表达自己的思想，而对比的写作方法只是一种手段，可以帮助学生更深入地了解那个时代的事件和各种信息。

这位老师向学生强调可以用不同的写法来构建自己的文章，并提供各种写法的例子：大纲、图表、概念图和数字化录制的"有声思维（Think Alouds）"（出声地思考或表达思维的过程，可以理解为及时记录下来个人的"头脑风暴"）。她演示每种方法可以使用的工具或设备，以便需要的学生选择适合自己的方法。同时，这位老师还创建了附带具有部分相关知识和更多信息链接的模板。

因为这是一项长期任务，所以老师将研究和写作分成几部分，并建立了小组分享和反馈机制，以帮助学生在写作过程中不断修改与完善。老师也通过分享往届学生用不同方法解决问题的作品来为这届学生的写作提供参考。

实际上当使用通用学习设计的方法时，教师应该反思对于教育的认知——每名学生将出于不同的原因以不同的方式参与学习活动。为了支持这些差异，只要学习目标没有受到影响，教师就可以为学生提供多种内容、媒体和工具的选择。为保持对学习的兴趣和投入，学生也需要在困难挑战和辅助支持之间保持适当的平衡。苏联心理学家和社会建构主义者列夫·维果茨基（1978）将这一理想的平衡点描述为学习目标遥不可及但通过努力可以实现的程度，他将这种平衡点称为"近发展区（Zone of Proximal Development，ZPD）"[①]。当然，不同学生的近发展区是有差异的，教师可以降低某些学生的学习难度或标准，通过对这些需要帮助的学生给予一定的支持，来保证他们在一定程度上能够达成学习目标。可选择的支持途径包括以下几个方面。

（1）提供概念结构图或思维导图等，突出学习要点和需要重点理解的内容的细节。

---

① Vygotsky L. Interaction between learning and development[M]. Boston: Harvard University Press, 1978.

（2）显示各部分知识项目和复杂概念之间的关系。

（3）引导学生完成知识探究的过程。

（4）提供学生完成学习的辅助工具，如文本模板或范例。

（5）提供使学生能够按类别编码和收集学习材料的突出显示工具，如 NVIVO、ATLAS.ti 等。

3. 始终强调学习动机的激发

教师也可以调整学习环境，强调学员之间要合作，而不是竞争，如可以创建协作学习小组（Johnson and Johnson，1986；Johnson and Johnson，1989；Slavin et al.，1984）[1][2][3]。在通用学习设计的理念下，教师通过提供多样的、可自主选择的支持方案，可以激发课堂上不同学习者的学习动机和情感投入。

四、通用学习设计的教学评估

在通用学习设计的课程中，评估也要具有足够的灵活性，可以提供准确的、持续的信息，以帮助教师调整教学，从而最大限度地提高学生的学习效果。

1. 真正的进步

有效的教学需要对"何为学生的进步"有准确的认识。而实践中为了做到这一点，对于学习工具（印刷文本、电子设备、在线学习平台等）使用情况的评估与课程知识习得情况的评估就要尽量分开进行。Rose 和 Meyer（2002）也指出，传统的评估倾向于测量教师不试图测量的东西（视觉敏锐度、解码能力、打字速度、写作能力和学习动机等），使得学习成功与否的原因不可能被分解出来[4]。对于可能在某一特定媒介方面使用有困难的学生来说，测试造成了不可逾越的障碍，而这些障碍与应该被评估的实际技能或知识毫无关系。

---

[1] Johnson D W, Johnson R T. Mainstreaming and cooperative learning strategies[J]. Exceptional children, 1986, 52(6): 553-561.

[2] Johnson D W, Johnson R T. Cooperation and competition: Theory and research[M]. Edina, MN: Interaction Book Company, 1989.

[3] Slavin R E, Madden N A, Leavey M. Effects of team assisted individualization on the mathematics achievement of academically handicapped and nonhandicapped students[J]. Journal of educational Psychology, 1984, 76(5): 813-819.

[4] Rose D H, Meyer A. Teaching every student in the digital age: Universal design for learning[M]. Alexandria, VA: Association for Supervision and Curriculum Development, 2002.

2. 始终关注教学目标

教师要正确理解教学目标，在评估过程中提供各种支持来帮助学生克服诸如学习工具使用方法这样的困难，并明确告诉学生应该如何通过这门课程或这节课需要达到什么样的学习目标。更好的做法是，将教学评估嵌入学生正在学习的教学材料中，这样持续的监控和反馈可以帮助所有学生跟上教学进度。

如今的线上课程设计中，教师常常会上传一些阅读材料或者案例分析这样的资料到教学平台上。如果要培养学生的战略思维，教师还可以在这些线上文本中嵌入一定的提示。这样，学生在阅读过程中会做出思考和反应，如发表自己的观点或者插入标签，他们的回应会保存在阅读日志中，其他学生和教师都可以查看和讨论。这种嵌入式评估是学习任务中不可或缺的一部分，为学生提供了所需支持。这样，评估的重点与教学的重点相匹配，学生就不会面对与媒体使用方法相关的障碍。尽管这方面的教学设计还需要进行更多的研究，但这个思路是有价值的，而技术已经使之成为可能。

第四节 通用学习设计课程的三个阶段

通用学习设计的课程一旦实施，将会让所有学生都能在课程中得到准入、参与和进步（Progress）的机会。当然，学生受益的前提是能被提供明确的学习目标、多种实现学习目标的途径或方法，以及公平和准确的教学评估。对于每个学习者来讲，通用学习设计的课程都是灵活且独一无二的。

一、第一阶段：准入

准入指的是能够学习的机会。什么是学习机会？学习机会是 20 世纪 60 年代教育文献中出现的影响或解释课堂教学效果的一个重要变量。学习机会有两种不同的定义：在卡罗尔学习模式中被定义为分配给学习者学习特定内容的时间；休森的定义则是教给学生的内容与成绩测验所测出内容的吻合度，二者越互相匹配，学习机会就越大（顾明远，1998）[①]。

---

① 顾明远. 教育大辞典：增订合编本[M]. 上海：上海教育出版社，1998.

在通用学习设计的课程中,由于从一开始教师就考虑到所有学生的情况,所以课程中的障碍会被消除或大大减少。通过使教师传授知识的手段及学生表达观点的途径有更多灵活的选择,通用学习设计的课程为每名学生增加了学习机会。因此,本书上一节所述的通用学习设计课程的目标、方法、材料和评估对所有人都是可及的。

1. 认清教学设计的初衷

有一种教育观点把课程的讲授等同于信息的传播或活动的执行,但是课程既不是信息,也不是活动,它应该是有计划的学习过程。毕竟,对于一门课程来讲,重要的不是一项特定的教学材料(如一本教科书、一部电影、一个模拟软件)是否可以买到,重要的是,教学材料或教学活动所关联的学习过程,学生是否能够完成,这才是课程设计的目的。因此,准入这一阶段需要在学习目标的背景下实现。下面举一个学习《伊索寓言》的例子来做说明。

假设老师给学生布置了英文的《伊索寓言》的学习任务。那么,这项任务的学习目标将决定给予学生辅助支持的程度。老师应思考要达到以下哪些学习目标。

(1)用英文流畅地朗读寓言故事。
(2)学习长篇文章的理解技巧。
(3)提高英文词汇量。
(4)讨论寓言的寓意或观点。
(5)了解寓言类文章的共同要素(一则完整的寓言应包括故事、寓意、寓示三个要素)。
(6)比较寓言和新闻报道的区别。
(7)阐明寓言故事和其背景文化之间的关系。

老师给学生提供的支持完全取决于预先设计好的教学目标。

如果目标只是熟悉语言中的共同要素,那么支持单词解码、短语释义不会影响学习目标的实现。诸如文本到语音转换、词汇释义的链接或寓言中角色互动的动画等额外的数字化工具将协助学生去理解这个寓言,同时仍会为所有学习者留下适当的学习挑战。

但是如果目标是完成单词解码和故事阅读流畅性的练习,那么提供同样的支持则会削弱学习任务的挑战,甚至妨碍学习,影响学生实现独立阅读的机会。

2. 保持挑战性

因为通用学习设计的课程所提供的辅助支持理论上可能会"泄露"一节课的知识要点，所以必须慎重地将辅助学习方案或选项嵌入学习目标中，以保持其是真正的学习准入阶段。否则对于学生来说，一节课结束后，他会产生疑问"我到底学到了什么"。正如前面《伊索寓言》的例子所分析的那样，当过多的辅助支持导致学习者"不费吹灰之力"就完成了学习任务，那么学生可能会觉得自己根本没进入过学习状态。

二、第二阶段：参与

通用学习设计意味着要让学生"真正参与"学习，追求整个教学班的所有人都完成学习目标。这里所说的"真正参与"，不仅指学生坐到教室座位上或者进入线上课堂中，更是指学生把主要的精力和兴趣投入学习过程中。让学生明确教师所阐述的学习目标，与学生进行沟通并得到学生的同意，是通用学习设计发挥作用的基石，也是学生真正参与学习的先决条件。

1. 明确学习目标的重要性

为了建立学习者对学习目标的意识和承诺，采用通用学习设计课程的老师要向整个班级明确目标，并帮助学生在课堂上或家庭作业中保持注意力集中。

2. 帮助学生学会如何"学习"

学习不仅仅是简单的内容或技能的掌握，真正的学习参与应该包括"学会如何学习"。现阶段的大学课程已经从内容的学习转向强调对技能和策略的掌握。学习如何计划、执行和评估一系列的学习任务，从写一封信到写一篇研究论文，指导一部视频作品或创建一个网站等。技能培养对学习的各个方面都至关重要（Rose and Meyer, 2002）[①]。技能的培养应嵌入所有内容学习的活动中，以增加学生"学会如何学习"的机会。

---

① Rose D H, Meyer A. Teaching every student in the digital age: Universal design for learning[M]. Alexandria, VA: Association for Supervision and Curriculum Development, 2002.

3. 帮助学生使用各种工具

有了数字工具，对主动学习的辅助支持就可以嵌入课程材料中。文本向语音转换等功能为各种学习策略提供了支持，帮助所有学习者变得更有策略、更有自我意识和更积极地参与学习，这些都是参与课程的关键因素。

三、第三阶段：进步

这里再次强调，通用学习设计课程所体现的学生的进步，应集中在完成课程目标上，而不是克服课程一些不必要的障碍上。比如，有些环境因素（噪声、昏暗的光线等）会造成学生学习过程中注意力的分散，克服这些环境因素并不意味着学习上就会有所进步。真正的进步应该是在参与学习活动后，克服知识的难点并取得成功。

1. 设立挑战性的目标

设立挑战性的目标对学习进步的达成是非常适合的，因为通用学习设计是为了消除参与学习的障碍，但是消除这些障碍并不意味着消除达到学习目标可以经历的努力或挑战。相反，通用学习设计要求保留学习目标至关重要的挑战和阻力，但也要适度（Rose and Meyer，2002）[①]。通用设计的目标不是减少所有的努力，而是减少额外的努力——无关的、分散注意力的、使人丧失能力的努力——因为这些努力会被用在克服不必要的障碍和设计不理想的教学法上。当不必要的阻碍不会出现在通往学习目标成功的道路上时，所有的学生都会随着目标而进步。

2. 允许辅助和支持

为了让不同的学生有效地朝着一个共同的目标努力，学习目标就必须明确定义，以便教师可以轻松地识别"允许"的辅助和支持——那些不干扰学习、保留挑战的支持。此外，即使不是所有学生都会用到所有的支持手段，评估标准也需要预先规定好学生在课堂上可以使用的、相同的辅助和支持。只有这样做，评估才是对学生在特定学习目标方面的知识和能力的公正而准确的测度。

---

① Rose D H, Meyer A. Teaching every student in the digital age: Universal design for learning[M]. Alexandria, VA: Association for Supervision and Curriculum Development, 2002.

本章小结

美国的国家通识课程访问中心（the National Center for Accessing the General Curriculum）曾经给课程设计提出了一个新的潜在假设："每个学习者都需要有适合自己的尺码。"这里的所谓"潜在假设"，是指主体对客体自然认可的一种心理状态。这种心理状态是主体发自内心的，即便从未和他人讨论过某个问题，人们也总是认为自己心目中的正确答案就是那个看起来"最简单的""最有可能的"或者"最自然的"答案。也就是说，每位学习者对于知识的理解方式、最偏好的学习方法、最适合的学习工具都会有所不同。虽然这个观点在教育领域比较新颖，但对于服装制造商、汽车座椅设计师和健身器材制造商来说，这种想法已经过时了。

基于这一假设，通用学习设计提供了设计原则、技术工具和实施策略，以创建一个足够灵活的课程来满足所有学生的需求。明确的教学目标、灵活的教学方法和教学材料，以及嵌入式教学评估使所有学生都能在课程中真正进入、参与进来，并取得进步。

参考文献

[1] Zascavage V, Winterman K G. What middle school educators should know about assistive technology and universal design for learning[J]. Middle School Journal, 2009, 40(4): 46-52.

[2] King-Sears M E. Three steps for gaining access to the general education curriculum for learners with disabilities[J]. Intervention in School and Clinic, 2001, 37(2): 67-76.

[3] Meyer A, Rose D H. Universal design for individual differences[J]. Educational leadership, 2000, 58(3): 39-43.

[4] King-Sears M. Universal design for learning: Technology and pedagogy[J]. Learning Disability Quarterly, 2009, 32(4): 199-201.

[5] Jitendra A K, Deatline-Buchman A, Sczesniak E. A comparative analysis of third-grade mathematics textbooks before and after the 2000 NCTM standards[J]. Assessment for Effective Intervention, 2005, 30(2): 47-62.

[6] Jitendra A K, Nolet V, Xin Y P, Gomez O, Iskold I, Renouf K, Iskold L, DaCosta J. An analysis of middle school geography textbooks: Implications for students with learning problems[J]. Reading & Writing Quarterly, 2001, 17(2): 151-173.

[7] Van Garderen D. Spatial visualization, visual imagery, and mathematical problem solving of students with varying abilities[J]. Journal of learning disabilities, 2006, 39(6): 496-506.

[8] Suh J M, Moyer P S. Scaffolding special needs students' learning of fraction equivalence using virtual manipulatives[J]. Proceedings of the International Group for the Psychology of Mathematics

Education, 2008, 4(1): 297-304.

[9] Dihoff R E, Brosvic G M, Epstein M L, et al. Provision of feedback during preparation for academic testing: Learning is enhanced by immediate but not delayed feedback[J]. The Psychological Record, 2004, 54: 207-231.

[10] Ebbers S M, Denton C A. A root awakening: Vocabulary instruction for older students with reading difficulties[J]. Learning Disabilities Research & Practice, 2008, 23(2): 90-102.

[11] Schumaker J B, Deshler D D. Adolescents with learning disabilities as writers: Are we selling them short?[J]. Learning Disabilities Research & Practice, 2009, 24(2): 81-92.

[12] Kim A H, Vaughn S, Wanzek J, et al. Graphic organizers and their effects on the reading comprehension of students with LD: A synthesis of research[J]. Journal of learning disabilities, 2004, 37(2): 105-118.

[13] Perelman L J. School's out: Hyperlearning, the new technology, and the end of education[M]. New York: William Morrow, 1992.

[14] Rose D H, Meyer A. Teaching every student in the digital age: Universal design for learning[M]. Alexandria, VA: Association for Supervision and Curriculum Development, 2002.

[15] King-Sears M E. Best academic practices for inclusive classrooms[J]. Focus on exceptional children, 1997, 29: 1-21.

[16] Vygotsky L. Interaction between learning and development[M]. Boston: Harvard University Press, 1978.

[17] Johnson D W, Johnson R T. Mainstreaming and cooperative learning strategies[J]. Exceptional children, 1986, 52(6): 553-561.

[18] Johnson D W, Johnson R T. Cooperation and competition: Theory and research[M]. Edina, MN: Interaction Book Company, 1989.

[19] Slavin R E, Madden N A, Leavey M. Effects of team assisted individualization on the mathematics achievement of academically handicapped and nonhandicapped students[J]. Journal of educational Psychology, 1984, 76(5): 813-819.

[20] 顾明远. 教育大辞典：增订合编本 [M]. 上海：上海教育出版社，1998.

第四章 对探究社区模型的批判性分析

> **本章导读**
>
> 　　探究社区模型最重要的贡献之一是它创造性地提出了三个"临场感"维度。本章详细分析并讨论了探究社区理论的主要思想，并进一步对该模型中有关"临场感"的概念进行深入分析。本章共分为三小节内容，分别详细探讨了探究社区模型的构成要素：社交临场感、认知临场感和教学临场感。正是这三个截然不同但又相互关联的核心要素的正确平衡，促成了探究社区理论的创建。
>
> 　　本章将结合现有的学术解释，依次分析和说明每个"临场感"。比如，在讨论"社交临场感"概念时，重点关注媒体的影响；对"认知临场感"的审视则会突出反思、批判性思维以及"社交临场感"与"认知临场感"这两个概念之间的联系；对"教学临场感"的分析则是通过以学生为中心的教学视角，重点关注学生和教师在探究社区模型中所扮演的角色。
>
> 　　本章的研究借鉴了各种来源的教育文献，包括各类出版物和特定主题期刊。文献库既包括国内的中国知网、维普和万方等，也包括国外源自 ERIC、ProQuest、Web of Science、Emerald、Science Direct 等数据库中广泛、系统的文献综述，使用的关键词包括探究社区、社交临场感、认知临场感、教学临场感、Community of Inquiry、Social Presence、Cognitive Presence 和 Teaching Presence。由于关于探究社区理论的文献数量众多，本章作为综述和探讨并不打算详尽地关注每一领域的内容，而是阐明该领域当前的研究进展，所提出的批判性分析是围绕"探究社区"已发表文献中不断演变、不断发展的概念。

第一节 关于社交临场感的批判性分析

探究社区模型由社交临场感、认知临场感和教学临场感三个要素构成,本节首先讨论在线学习中的社交临场感。社交临场感自从被确定为在线学习的重要影响因素以来,一直受到广泛的研究,它连接学生和教师,支持信息交换并激励个人在知识构建和社区协作活动中发挥了积极的作用(Kehrwald,2008;Oztok and Brett,2011;Fung,2004)[①②③]。对社交临场感的教育研究通常涉及学生和教师如何在"技术介导"的环境中,通过人际互动和社会交往,彼此之间产生联系,而这种涉及"技术介导"的交流可能又会造成一定的社会和心理距离(Kehrwald,2010)[④]。Kehrwald(2010)在研究中使用了"介导"(Mediated)一词,指的是学习者和导师是通过某种类型的"媒体"进行的交流,用以区别于空间上处于同一位置时的直接面对面的互动体验[⑤]。

社交临场感通常与在线学习联系在一起进行讨论,强调一种人与人之间的联系感,以减轻线上学习过程中产生的孤独感或隔离感。社交临场感也允许学习者在线上环境中培养和维持与他人之间的"富有成效"的关系,从而增强在线学习的体验(Kehrwald,2008)[⑥]。此外,该研究还表明,对于学生而言,社交临场感是创造了这样一种感觉:能够感知到"其他人"在积极"倾听"自己,并且"这些人"正准备回应自己。"其他人"的感觉是通过"可见的贡献"来传达的,"可见的贡献"包括线上发送文字信息、语音信息或图片等。例如,在线帖子很容易让阅读者将发帖者认作"真实的"且具有情感和人性特征的人,是真实存在的,可与之进行对话和互

---

① Kehrwald B. Understanding social presence in text-based online learning environments[J]. Distance Education, 2008, 29(1): 89.
② Oztok M, Brett C. Social presence and online learning: A review of the research[J]. Journal of Distance Education, 2011, 25(3): 2.
③ Fung Y., Collaborative online learning: Interaction patterns and limiting factors[J]. Open Learning: The Journal of Open, Distance and e-Learning, 2004, 19(2): 137.
④ Kehrwald B. Being online: Social presence as subjectivity in online learning[J]. London Review of Education, 2010, 8(1): 39-40.
⑤ Kehrwald B. Being online: Social presence as subjectivity in online learning[J]. London Review of Education, 2010, 8(1): 40.
⑥ Kehrwald B. Understanding social presence in text-based online learning environments[J]. Distance Education, 2008, 29(1): 98.

动（Kehrwald，2008）[①]。

社交临场感通常与学生对学习的积极看法相关，并且可能是学习者整体满意度的有效预测指标。Gunawardena 和 Zittle（1997）分析了计算机作为媒介的学习环境，发现社交临场感解释了总体学习满意度中约 60% 的方差[②]。其他在该领域开展研究的学者如 Boston 等（2009）、Kim（2011）也将学生保留率、满意度和社交临场感联系起来[③④]。

一、Oztok 和 Brett 模型对社交临场感的观点

为了构建对探究社区理论模型中社交临场感的理解，本书借鉴了 Oztok 和 Brett（2011）的研究成果[⑤]。这两位学者提出了一个三阶段不断演变的模型，将社交临场感的概念与内涵的发展划分为几个阶段（或时代），这也可以被视为对新兴教育实践和技术发展的反映。至关重要的是，每个时代都建立在前一个时代的基础上，并借鉴了前一个时代，继续解决其中出现的问题。此外，在网络社区发展的过程中，每个时代都有早期和后期的特点。这三个时代分别关注以下三个问题。

（1）媒体对社交临场感的影响。

（2）学习者个人/导师（的感知、技能和信心）对社交临场感的影响。

（3）社群（社区）和社交临场感中个体之间的关系。

本节的目的不是提供对社交临场感的另一种解释，而是仔细审视探究社区理论中的社交临场感概念，以增进理解，并为未来的研究指明方向。如前文所述，探究社区理论中的社交临场感的探究在过去几十年中不断发展，现在侧重于通过开放的人际沟通来发展群体认同。Kim（2011）[⑥]、Annamalai 和 Tan（2014）[⑦]等的研究证实

[①] Kehrwald B. Understanding social presence in text-based online learning environments[J]. Distance Education, 2008, 29(1): 94-96.

[②] Gunawardena C N, Zittle F J. Social presence as a predictor of satisfaction within a computer-mediated conferencing environment[J]. American journal of distance education, 1997, 11(3): 8-26.

[③] Boston W, Díaz S R, Gibson A M, et al. An exploration of the relationship between indicators of the community of inquiry framework and retention in online programs[J]. Journal of Asynchronous Learning Networks, 2009, 13(3): 67-83.

[④] Kim J J. Developing an instrument to measure social presence in distance higher education[J]. British Journal of Educational Technology, 2011, 42(5): 763-777.

[⑤] Oztok M, Brett C. Social presence and online learning: A review of the research[J]. Journal of Distance Education, 2011, 25(3): 1-10.

[⑥] Kim J J. Developing an instrument to measure social presence in distance higher education[J]. British Journal of Educational Technology, 2011, 42(5): 774.

[⑦] Annamalai N, Tan K E. Social presence of the Community of Inquiry (COI) model on an online narrative writing platform via Facebook[J]. Malaysian Journal of ELT Research, 2014, 10(2): 5.

了 Garrison 所提出的社交临场感的 3 个范畴。

（1）人际沟通。这个范畴指的是通过开放、尊重、支持有目的的和有意义的话语来设置学术氛围，鼓励学习者对群体产生归属感，并认同群体目标。该范畴包含 3 个指标。

①情感表达。通过使用传统的或非常规的情感表达，如表情符号、大写字母和重复的标点符号来传达情感。这样的信息能鼓励参与者之间的相互尊重，有助于创造和维持一个和谐的环境。

②自我披露。通过分享基于文本的个人传记和帖子，包括成员的个人生活细节来进行。这样的信息传达了每个人脆弱的一面，可以帮助社区成员相互信任，从而鼓励无风险的表达。

③使用幽默的方式发送信息，包括发送笑话和讽刺性内容。这些信息应该传达"善意"，鼓励社区参与者之间的信任，表明他们在个人特质（个人的基本素质、能力、知识和经验等方面）上不会受到质疑。Garrison（2011）承认，幽默的使用可能存在问题，尤其是在简易的、基于文本的交流中[1]。他建议在社交临场感建立之前限制幽默的使用。毕竟在关系建立的初期，人与人之间的交往还是处于多方面试探的阶段。

"人际沟通"范畴与 Kim（2011）[2] 研究中的情感联系（Affective Connectedness），以及 Annamalai 和 Tan（2014）[3] 研究中提到的情感（Affective）相类似。

（2）开放式沟通。Garrison（2011）认为，协作式学习需要开放、互惠的沟通，这种沟通是有礼貌的，是"一个认识、赞美和回应他人问题与贡献的过程"[4]。我们需要一种信任的氛围来允许质疑，但要确保自尊得到保护。

因此，开放式沟通具体的指标包括持续性的讨论、引用他人的帖子、向社区（社群）提出问题、相互称赞、向他人表达赞赏和同意、具体参考他人的信息。Garrison 断言，开放的、无风险的沟通是发展探究社区理论的基础，不仅鼓励可以表达支持性意见的帖子，而且也鼓励质疑和调查，这对探究（Inquiry）至关重要。

---

[1] Garrison D R. E-learning in the 21st century: A community of inquiry framework for research and practice[M]. 2nd ed. New York: Routledge, 2011: 37-40.

[2] Kim J J. Developing an instrument to measure social presence in distance higher education[J]. British Journal of Educational Technology, 2011, 42(5): 770-773.

[3] Annamalai N, Tan K E. Social presence of the Community of Inquiry (COI) model on an online narrative writing platform via Facebook[J]. Malaysian Journal of ELT Research, 2014, 10(2): 8-9.

[4] Garrison D R. E-learning in the 21st century: A community of inquiry framework for research and practice[M]. 2nd ed. New York: Routledge, 2011: 38-39.

与这一社交临场感范畴相似的是 Kim（2011）①在研究中提出的开放沟通（Open Communication），以及 Annamalai 和 Tan（2014）②研究中提出的互动（Interactive）。

（3）凝聚力沟通。这个范畴特别适用于有归属感的学习者。首先，参与者在他们的帖子中使用"呼格"（指与谓语没有陈述与被陈述关系，而独立于句意之外的人名）来互相称呼对方的名字或昵称，然后逐渐使用"我们"和"我们的"（包容性代词）。对群体的问候语，如致敬语和结束语，也能传达沟通的凝聚力。

虽然 Kim（2011）③在研究社群意识（Sense of Community）与 Garrison（2011：39）④在研究社交临场感时产生了共鸣，但 Annamalai 和 Tan（2014）⑤的研究中都没有相应的概念。Annamalai 和 Tan（2014）表示，在网络讨论中使用"呼格"和"包容性代词"在文化上被认为是不合适的。然而，在他们的调查研究中，学习者仍会在他们的帖子中广泛使用寒暄和敬语⑥。

1. 媒体对社交临场感的影响（第一时代）

20 世纪 70 年代中期以来，大多数社交临场感的模型都与 Short 等（1976）的研究相呼应⑦。参与者对中介情境的感知，包括对媒体在创造"现实的幻象"（如虚拟图像等）或直接体验时的丰富性或其他方面的考虑（Kehrwald，2010）⑧。Oztok 和 Brett（2011）将其称为社交临场感的第一个时代⑨。但 Garrison（2011）对媒体（视频、音频、在线讨论）及其构成属性是否影响社交临场感存在质疑⑩。然而，在 Peacock 等

---

① Kim J J. Developing an instrument to measure social presence in distance higher education[J]. British Journal of Educational Technology, 2011, 42(5): 770-773.
② Annamalai N, Tan K E. Social presence of the Community of Inquiry (COI) model on an online narrative writing platform via Facebook[J]. Malaysian Journal of ELT Research, 2014, 10(2): 8-9.
③ Kim J J. Developing an instrument to measure social presence in distance higher education[J]. British Journal of Educational Technology, 2011, 42(5): 770-773.
④ Garrison D R. E-learning in the 21st century: A community of inquiry framework for research and practice[M]. 2nd ed. New York: Routledge, 2011: 39.
⑤ Annamalai N, Tan K E. Social presence of the Community of Inquiry (COI) model on an online narrative writing platform via Facebook[J]. Malaysian Journal of ELT Research, 2014, 10(2): 1-18.
⑥ Annamalai N, Tan K E. Social presence of the Community of Inquiry (COI) model on an online narrative writing platform via Facebook[J]. Malaysian Journal of ELT Research, 2014, 10(2): 8.
⑦ Short J, Williams E, Christie B. The social psychology of telecommunications[M]. London: Wiley, 1976.
⑧ Kehrwald B. Being online: Social presence as subjectivity in online learning[J]. London Review of Education, 2010, 8(1): 40.
⑨ Oztok M, Brett C. Social presence and online learning: A review of the research[J]. Journal of Distance Education, 2011, 25(3): 2.
⑩ Garrison D R. E-learning in the 21st century: A community of inquiry framework for research and practice[M]. 2nd ed. New York: Routledge, 2011: 32.

（2012）[1]的研究中，学生对特定媒体的不同反应，以及他们通过社交媒体沟通来缩短在线学习"距离"的能力是不同的，而且往往是非常大的不同。

在Peacock和Hooper（2007）的研究中，物理治疗专业的研究生们通过在线讨论建立了一个学习社区，他们在社区中分享想法，增进共同的见解[2]。他们特别重视虚拟社交咖啡馆作为在线见面和讨论的场所，正如一名学生所说，"看到其他人在某些阶段与你有同样的感受，这很有帮助"。这是他们的小组空间，他们在这里进行自我介绍，进行社交聊天，谈论他们的学习和作为物理治疗师的生活。这个研究也是与社交临场感第一个范畴"人际沟通"相关的例子。在该研究中，大多数情况下学生的沟通是开放的，而且很可能会互相称呼对方的名字，这也让人想起社交临场感中的第三个范畴"凝聚力沟通"。

此外，Garrison（2011）在研究中提到，对于已经注册的学生来说，异步交流所使用的简单媒体并没有明显地被认为是一个障碍，坚持使用社交通信手段支持了社交临场感的发展[3]。

相比之下，在Peacock和Hooper（2007）研究中的学生和导师，尤其是大学预注册的学生和老师，喜欢包含非语言提示的在线讨论[4]。正如Garrison在第一个范畴（人际沟通）中所描述的那样，表情符号和附加元语言线索的使用，例如，重复标点符号、大写字母的明显使用，可以向某些人传达社交信息，但也有学生认为情况并非如此，学生和他们的老师无法想象基于文本的在线讨论这种媒体沟通方式怎么能够传递有关学生的自我形象、态度、情绪和反映的信息；他们希望通过面对面的非中介交流来发展社交临场感（Peacock and Hooper，2007）[5]。这与Shea和Bidjerano（2009）及Baxter（2012）的研究相呼应，他们的研究强调了社交临场感中学习者对在线讨论表现出舒适感的重要性[6][7]。

---

[1] Peacock S, Murray S, Dean J, et al. Exploring tutor and student experiences in online synchronous learning environments in the performing arts[J]. Creative Education, 2012, 3(7): 1277.

[2] Peacock S, Hooper J. E-learning in physiotherapy education[J]. Physiotherapy, 2007, 93(3): 223.

[3] Garrison D R. E-learning in the 21st century: A community of inquiry framework for research and practice[M]. 2nd ed. New York: Routledge, 2011: 32.

[4] Peacock S, Hooper J. E-learning in physiotherapy education[J]. Physiotherapy, 2007, 93(3): 218-228.

[5] Peacock S, Hooper J. E-learning in physiotherapy education[J]. Physiotherapy, 2007, 93(3): 224.

[6] Shea P, Bidjerano T. Community of inquiry as a theoretical framework to foster "epistemic engagement" and "cognitive presence" in online education[J]. Computers & Education, 2009, 52(3): 551.

[7] Baxter J. Who am I and what keeps me going? Profiling the distance learning student in higher education[J]. International Review of Research in Open and Distributed Learning, 2012, 13(4): 115.

相比之下，Peacock 等（2012）探讨了另一种媒体 Wimba（一款在线学习软件）[①]的情况。学生和老师可以通过这种媒体同步"看到"彼此，就像"真实的人"一样。作为一种社交渠道，该媒体受到了一些老师和学生的欢迎，因为这是一种有助于构建社交临场感的社会沟通渠道。该研究在一个案例中提到：

"我们对这次会议感觉很好——能互相联系、看到对方、互相交谈当然很好。在某种程度上，这就像一个电话，如果你愿意的话，可以更私人一些。"

另外，一名研究生在该案例研究中也解释道：

"聆听和观看的功能将 Wimba 与其他基于文本的通信媒体区分开来，老师当然可以只使用短信息进行联系。但是如果当老师对我说话并且还能看到我们脸上带着微笑时，那就意味着我们更接近。"

当然，这种特殊的媒体也可能对社交临场感产生负面影响，因为它缺乏稳健性，比如，在 Peacock 等（2012）[②]中的另一个案例研究中一位老师这样说：

"你可能不想看到模糊的图像或听不清一半的句子，也不想费力但还是听不清和看不清同事、老师或表演者在平台中所说或所做的事情。"

Garrison 和 Vaughan（2008）认为，中介通信（如异步在线通信）能够促进社交临场感的发展[③]。然而，Peacock 和 Hooper（2007）[④]及 Peacock 等（2012b）[⑤]的研究得出的结论却不一致，他们的研究强调任何社交临场感的概念化都需要解决特定媒体及其功能对社交传播的影响，特别是对学习者感知的影响，毕竟教学最终的目的是让学习者达到学习目标。

2. 学习者和教师之间的在线交流（第二时代）

除了考虑学习者和教师交流所用特定媒体的功能对社交临场感的影响之外，其他学者还扩展了社交临场感的概念。比如，Oztok 和 Brett（2011）在第二时代中概述了学习者和教师之间关系的视角[⑥]。这种视角关注学习者个人和教师对社交临场感

---

① Peacock S, Murray S, Dean J, et al. Exploring tutor and student experiences in online synchronous learning environments in the performing arts[J]. Creative Education, 2012, 3(7): 1277.

② 同上。

③ Garrison D R, Vaughan N D. Blended learning in higher education: Framework, principles, and guidelines[M]. New York: John Wiley & Sons, 2008: 20.

④ Peacock S, Hooper J. E-learning in physiotherapy education[J]. Physiotherapy, 2007, 93(3): 218-228.

⑤ Peacock S, Murray S, Dean J, et al. Exploring tutor and student experiences in online synchronous learning environments in the performing arts[J]. Creative Education, 2012, 3(7): 1269-1280.

⑥ Oztok M, Brett C. Social presence and online learning: A review of the research[J]. Journal of Distance Education, 2011, 25(3): 2.

的看法及他们在线上所展示社交临场感的能力/倾向。个人对网络社交临场感的先入之见会影响他们对网络社交临场感的预期、实际体验和认知。通常，这种先入为主的社交临场感观念会反过来影响个人在网络环境中成为真正的社会行动者的能力（如何在中介环境中使用社交临场感线索来展示自己的社交和情感），以及他们能够看到或"阅读"他人基于文本的社交临场感线索的程度。这种能力也反映了个人对传播媒体的信心和理解（Kehrwald，2008）[1]。

Swan 和 Shih（2005）在研究中也注意到了这些发现，他们在研究报告中指出："在网络交流中感受到他人较强（社交）临场感的学生也不断地将自己的临场感投射到他人身上，并且他们以特定的方式做到了这一点。与同学分享自己的一些东西，通过确认和借鉴同龄人的反应，将他们的班级视为一个社区（社群）并进一步构建[2]。"

Peacock 和 Hooper（2007）的研究也表明，一些物理治疗专业的研究生导师和学生尽管有些紧张，但仍善于使用在线交流，在网上展示自己、讨论自己的感受并创建自己的社交临场感[3]。他们会接收来自他人的信息，经常使用幽默和讽刺的手段进行网络回应，并提供自我披露的例子。这让人想起 Gunawardena 和 Zittle（1997：11）的研究，其中学生会在网上讨论中展示自己的个性，感受"其他人的存在"，"同时制定将他们联系在一起的惯例和规范"[4]。在 Peacock 等（2012b）研究的第二个案例分析中，戏剧和影视艺术专业的学生已经准备好适应并使用相关技术，以便不在同一地点时继续发展他们与老师的社交和认知关系[5]。学生会花很多时间去了解技术和相关工具，这让老师们感到非常惊讶。此外，在 Short 等（1976）进行研究时提到，个人对社交临场感在网络环境中的传达方式的体验和反应有所不同，可以被称为"对媒介的心理定式"[6]。

Gunawardena 和 Zittle（1997）的研究表明，那些在在线交流中感知到高水平

---

[1] Kehrwald B. Understanding social presence in text-based online learning environments[J]. Distance Education, 2008, 29(1): 96-98.

[2] Swan K, Shih L F. On the nature and development of social presence in online course discussions[J]. Journal of Asynchronous learning networks, 2005, 9(3): 124.

[3] Peacock S, Hooper J. E-learning in physiotherapy education[J]. Physiotherapy, 2007, 93(3): 223.

[4] Gunawardena C N, Zittle F J. Social presence as a predictor of satisfaction within a computer-mediated conferencing environment[J]. American journal of distance education, 1997, 11(3): 11.

[5] Peacock S, Murray S, Dean J, et al. Exploring tutor and student experiences in online synchronous learning environments in the performing arts[J]. Creative Education, 2012, 3(7): 1269-1280.

[6] Short J, Williams E, Christie B. The social psychology of telecommunications[M]. London: Wiley, 1976: 65.

社交临场感的人希望能将其进一步提高，并且寻找社会情感表达的其他替代形式①。同时，他们也指出，那些认为社交临场感低的人并没有寻求替代的表达方式。在Peacock等（2012）的第一个案例研究中，老师们谈到正在学习的新技能，并接受为了激发社交临场感而得到的机会，他们必须接受挑战——充分练习如何利用技术②。当然，也会有一些学生明确表示不想尝试通过媒体中介进行交流。比如，Peacock等（2012）提到，一些学生甚至拒绝参与他的研究，还有些学生则强烈表示不喜欢将视频作为社交沟通的工具③。研究者推测这可能反映了先入为主的想法，即学生会先认为视频通信有一定的个人隐私侵入性，比如会"播放"学习者卧室的私人空间。然而，这也显示了使用媒体进行沟通的阻力，取而代之的是人们可能会尝试其他沟通方式。在Peacock和Hooper（2007）的研究中，一些学生和老师不想进行线上交流，他们认为面对面进行非正式、非结构化的会议会更容易④。对于这些学生和老师来说，他们的个人看法表明他们将如何应对线上社交临场感的发展，因为社交临场感取决于沟通交流的参与者（Kehrwald，2008）⑤。然而，这也可能与他们对中介学习环境的信心及他们的计算机和键盘技能水平有关。例如，有些大学生觉得阅读纸质文本"更安全"（Peacock and Hooper，2007）⑥。

目前的探究社区理论已将社交临场感从关注"个体"重新聚焦到关注"群体中的个体"。此外，有些文献也在强调学习者的在线社交临场感的能力、理解和认知，与媒体传播该临场感的能力同样重要（Oztok and Brett，2011）⑦。总之，每个"探究社区理论时代"的建立都会借鉴前一个时代，先前提出的问题也需要不断得以解决。

3. 以协作为基础的在线学习个人空间（第三时代）

第三时代的特征，是社区（社群）发展的早期，通过调查人与人之间如何互动、

---

① Gunawardena C N, Zittle F J. Social presence as a predictor of satisfaction within a computer-mediated conferencing environment[J]. American journal of distance education, 1997, 11(3): 22.

② Peacock S, Murray S, Dean J, et al. Exploring tutor and student experiences in online synchronous learning environments in the performing arts[J]. Creative Education, 2012, 3(7): 1278.

③ Peacock S, Murray S, Dean J, et al. Exploring tutor and student experiences in online synchronous learning environments in the performing arts[J]. Creative Education, 2012, 3(7): 1277.

④ Peacock S, Hooper J. E-learning in physiotherapy education[J]. Physiotherapy, 2007, 93(3): 222.

⑤ Kehrwald B. Understanding social presence in text-based online learning environments[J]. Distance Education, 2008, 29(1): 99.

⑥ Peacock S, Hooper J. E-learning in physiotherapy education[J]. Physiotherapy, 2007, 93(3): 224.

⑦ Oztok M, Brett C. Social presence and online learning: A review of the research[J]. Journal of Distance Education, 2011, 25(3): 3.

如何在社交和情感上表现自己，以及如何与老师和一群同龄人（可能也被视为属于同一个社区）建立在线人际关系，拓展了社交临场感的概念（Kehrwald，2010）[①]。建立在线社区的重点是强调个人如何成为在线学习社区的一部分，并开发一个属于自己的"在线空间"，在其中进行与他人的协作和对话，从而实现分享（Oztok and Brett，2011）[②]。Ke（2010：816）的研究在这方面尤其具有说服力，在其研究中，学习者在线上课程中表达了强烈的社区意识[③]。实际上，这类"社区"或"私人空间"也是各个社交媒体平台所具备的功能，如国内的腾讯 QQ 空间、新浪微博、微信朋友圈等，以及国外的 YouTube、Facebook 和 Instagram 等。这些平台带给人们线上交流沟通的便利及展示个人生活、学习和工作状态的机会。

Peacock 和 Hooper（2007）的研究还指出了社交临场感在采用线上小组策略时对于促进社区发展的潜力[④]。在这种情况下，注册后的学生经常登录自己的在线空间，讨论自己的职业生活，建立同学情谊，发展团体凝聚力。例如，一个学习者会通过每周一次的线上会议积极比较"与他人的持续联系"。类似的功能，在腾讯 QQ 软件中每天连续聊天会出现小火苗的标识，QQ 群里讲话最多的人也会获得特殊标识。这些充满活力的、灵活的联系方式给学生提供了发展社交关系的机会，有助于解决老师提出的问题，并使学习者感到他们是在一个安全可靠的环境中学习。

值得注意的是，线上小组中社交临场感的发展也存在潜在障碍。比如，学习者对其他阅读了帖子但没有对在线讨论做出贡献的人表示沮丧和烦恼，这也就是常说的"搭便车"现象。因为在线讨论缺乏对于参与情况进行的评估，所以那些积极参与的学习者没有获得任何额外的分数，会感到愤愤不平（Peacock and Hooper，2007）[⑤]。Smith（2008）的研究进一步加深了人们对这方面的理解，他认为小组学习需要平衡两种相互对立的"担忧"[⑥]。首先，是对"去个性化"（与群体融合）的担忧，即与他人相处通常需要顺从和抑制个性，但这么做可能最终会导致群体依赖。其次，担心自我表达会导致孤立和与群体的疏远。他认为，在线群体中尤其如此，"在线交

[①] Kehrwald B. Being online: Social presence as subjectivity in online learning[J]. London Review of Education, 2010, 8(1): 40–41.

[②] Oztok M, Brett C. Social presence and online learning: A review of the research[J]. Journal of Distance Education, 2011, 25(3): 5–6.

[③] Ke F. Examining online teaching, cognitive, and social presence for adult students[J]. Computers & Education, 2010, 55(2): 816.

[④] Peacock S, Hooper J. E-learning in physiotherapy education[J]. Physiotherapy, 2007, 93(3): 223.

[⑤] 同④。

[⑥] Smith R O. Adult learning and the emotional self in virtual online contexts[J]. New directions for adult and continuing education, 2008, 120: 35–43.

流的本质加剧了个人与群体之间的斗争，挫伤了学习者处理冲突的能力，即使小组成员想要突出自己的贡献，也常常不知如何通过计算机文档来做到这一点"（Smith，2008）①。

在探究社区框架中，Garrison重新诠释了社交临场感的第三时代，从"群体中的个体"到"个体中的群体"。关注重点的改变源于他担心过多关注社交临场感中的"情感"可能不利于社交临场感的发展。Garrison（2011）认为，学生加入线上社区的主要原因是学习特定的学科知识，而不一定是为了发展个人关系②。他指出，当学习者认同一个群体而不是与特定的个人成员建立联系时，社交临场感就会得到增强。为了支持这种观点，Garrison借鉴了英国SIDE（Social Identity Model of Deindividuation Effects，去个体化效应的社会认同模型）心理学家Rogers和Lea（2005）的研究："如果社交临场感的预期结果是赋予群体更好的沟通和协作能力，那么群体将在群体成员认同群体的程度上更有效地工作，从而使群体更具凝聚力，该群体也将对其成员产生更大的影响力③。"

虽然篇幅有限，无法详细回顾Rogers和Lea（2005）的研究成果，但本书总结了他们的一些发现，这些发现基于虚拟世界中社交临场感的重新概念化，不再受限于模拟"面对面"交互的必要性④。在对20个群体的研究中，他们得出这样的结论：社交临场感是通过关注合作群体层面的共享社会身份来实现的，而不是仅仅建立个人关系。研究者们认为，在整个群体发展过程中，重点应该放在将整个群体联系在一起的共同群体身份上，从而确保每个群体成员在他们的脑海中都清楚地掌握群体的认知表征（Rogers and Lea，2005）⑤。

这种有重点的关注有助于缓解在线环境中缺乏视觉线索的问题，因为群体信息可以通过基于文本的消息轻松传达，而人际关系经常需要丰富的媒介。Rogers和Lea（2005）认为，个人的人际沟通实际上可能会破坏群体互动，尤其是在群体互动

---

① Smith R O. Adult learning and the emotional self in virtual online contexts[J]. New directions for adult and continuing education, 2008, 120: 36.

② Garrison D R. E-learning in the 21st century: A community of inquiry framework for research and practice[M]. New York: Routledge, 2011: 33.

③ Rogers P, Lea M. Social presence in distributed group environments: The role of social identity[J]. Behaviour & information technology, 2005, 24(2): 153.

④ Rogers P, Lea M. Social presence in distributed group environments: The role of social identity[J]. Behaviour & information technology, 2005, 24(2): 151-158.

⑤ Rogers P, Lea M. Social presence in distributed group environments: The role of social identity[J]. Behaviour & information technology, 2005, 24(2): 154.

的早期阶段[①]。至关重要的是，人们相信，当群体有一个强烈的进行交流的目的时，群体在网上表现得最好。

Rogers 和 Lea（2005）[②] 的研究为群体中社交临场感的发展提供了重要的借鉴，这与 Peacock 和 Hooper（2007）[③] 的研究结论正好相反，后者认为社交临场感首先应该强调个人情感及个人与群体的联系，然后才是发展人际关系。尽管还有其他研究，比如 Salmon（2011）反驳不强调个人关系建设和情感发展的观点[④]。但是，Rogers 和 Lea（2005）的研究工作最初是源于群体行为，并不着重考虑个人特征因素，为社交临场感的复杂、虚幻和不断发展的本质提供了进一步的见解[⑤]。这些见解再次揭示了在线学习中的社会性和认知性之间难以取得平衡（Baxter and Haycock，2014；Ke，2010）[⑥][⑦]。一些学习者也认为，在学术论坛上发布社交帖子是不合适的，虽然只能算作一种干扰。

值得注意的是，也有学者对社交临场感持反对意见。在 Annand（2011）的研究中，他质疑社交临场感在认知临场感发展及深度学习中的必要性[⑧]。在专门阅读社交临场感和探究社区相关研究的文献后，他声称"社交临场感的价值值得怀疑"。他指出，在 Ke（2010）的研究中，学生对社交临场感持矛盾心理，认为这是一种奖励，而不是"成为一名成功的在线学生所必须具备的东西，也不是所期望的东西"（Ke，2010）[⑨]。

Annand（2011）[⑩] 的观点也值得深思：

"结构化的学习材料，及时的、非连续的、一对一的师生沟通，以及提高学习者个人属性和努力的教学重点，可能是高等教育中有效在线学习的最佳方案。

[①] Rogers P, Lea M. Social presence in distributed group environments: The role of social identity[J]. Behaviour & information technology, 2005, 24(2): 156.

[②] Rogers P, Lea M. Social presence in distributed group environments: The role of social identity[J]. Behaviour & information technology, 2005, 24(2): 151-158.

[③] Peacock S, Hooper J. E-learning in physiotherapy education[J]. Physiotherapy, 2007, 93(3): 218-228.

[④] Salmon G. E-moderating: The key to online teaching and learning[M]. 2nd ed. Abingdon: Routledge, 2011.

[⑤] 同②。

[⑥] Baxter J A, Haycock J. Roles and student identities in online large course forums: Implications for practice[J]. The International Review of Research in Open and Distributed Learning, 2014, 15(1): 32-34.

[⑦] Ke F. Examining online teaching, cognitive, and social presence for adult students[J]. Computers & Education, 2010, 55(2): 815.

[⑧] Annand D. Social presence within the community of inquiry framework[J]. International Review of Research in Open and Distributed Learning, 2011, 12(5): 40-56.

[⑨] Ke F. Examining online teaching, cognitive, and social presence for adult students[J]. Computers & Education, 2010, 55(2): 816.

[⑩] Annand D. Social presence within the community of inquiry framework[J]. International Review of Research in Open and Distributed Learning, 2011, 12(5): 49.

有限的基于群体的协作也许能够独特地发展某些人际交往能力,但对于必要的综合知识的掌握或实现其他有价值的高阶学习成果可能没有贡献。"

这些观点也再次强调了社交临场感的高度复杂性和多面性。

二、对于社交临场感分析的结论和展望

首先,本节的目的是讨论探究社区理论中社交临场感的演进、发展与辩论。与Kehrwald(2008)的观点一样,笔者也希望在线学习者能够继续在"中介社会"(如通过社交媒体软件与他人进行沟通)中取得成功,包括参与高度互动的在线课程、进行富有成效的团队协作及成为在线学习社区的成员[1]。这种观点也许与Garrison的主张有些许差别。因为2011年,在借鉴了Rogers和Lea(2005)[2]的研究后,Garrison(2011)决定重新构建社交临场感,将群体的发展置于个人之上[3]。在对社交临场感的重新关注中,Garrison倾向于不以情感因素来突出社交临场感,这与当前许多对社交临场感的研究有所不同(Cleveland-Innes and Campbell,2012)[4]。

其次,本书对社交临场感的讨论是以Oztok和Brett(2011)的三阶段(时代)模型为框架的,其特点是一个多方面的、不断发展的概念,反映了新兴的技术进步和教育实践[5]。虽然每个时代都加深了对社交临场感的理解,但也不得不承认,前一个时代提出的问题仍然需要解决。

虽然Garrison对探究社区理论的看法否认了媒体对社交临场感的影响(Garrison认为这是一个外生变量),但笔者的观点与该研究领域的其他学者一致,认为媒体的作用是显著的。笔者在国内外教育刊物中发表的文章,也对社交媒体和在线学习的关系问题进行了实证分析,相关的部分研究贡献会在本书第六章呈现。事实上,许多教育研究也都含蓄地承认媒体对社交临场感有重大影响,并认识到媒介环境中的社交临场感应该与面对面线下学习中的社交临场感有很多共同点。比如,Swan和

---

[1] Kehrwald B. Understanding social presence in text-based online learning environments[J]. Distance Education, 2008, 29(1): 92.

[2] Rogers P, Lea M. Social presence in distributed group environments: The role of social identity[J]. Behaviour & information technology, 2005, 24(2): 151-158.

[3] Garrison D R. E-learning in the 21st century: A community of inquiry framework for research and practice[M]. New York: Routledge, 2011: 39.

[4] Cleveland-Innes M, Campbell P. Emotional presence, learning, and the online learning environment[J]. International Review of Research in Open and Distributed Learning, 2012, 13(4): 269-292.

[5] Oztok M, Brett C. Social presence and online learning: A review of the research[J]. Journal of Distance Education, 2011, 25(3): 1-10.

Shih（2005）^①及 Kehrwald（2008）^②对于社交临场感的观点一致，认为它反映了"在线环境中人们的素质，通过人们对语言、媒体和通信工具的使用来传达"，这也正和 Oztok 和 Brett（2011）^③所提出的第二个时代的特征类似。

再次，虽然群体认同在以社区为基础的在线学习社交临场感的发展中是必不可少的，但它只是一个因素。鉴于目前有些研究强调学习者对在线学习分组可能产生挫败感，笔者认为情感问题的淡化和社交智力（Interpersonal Intelligence，包括与人交往且能和睦相处的能力，比如理解别人的行为、动机和情绪）的发展是特别相关的，这种挫败感可能会通过改善人际关系得到缓解。

在对社交临场感的批判性分析中可以清楚地看到，这是一个高度复杂且颇具争议的概念，尽管研究人员已经从不同的角度对其进行了探索，但仍然没有达成共识（Oztok and Brett，2011）^④。缺乏共同理解可能会影响社交临场感在支持学习和教学的中介环境中的发展，因为"未经探索的假设"是由教师和研究人员提出的（Kehrwald，2008）^⑤。未来大家仍然可以对社交临场感的概念作进一步讨论。

最后，还需要进一步的研究来加深对学生在线互动行为的理解，特别是要发现为什么一些学习者在以社区为基础的协作式在线学习中，进行互动能够或多或少地收到成效；为什么一些学习者需要更多的社交交流，而另一些学习者则需要更少的社交交流；为什么一些学习者认为社交临场感是必不可少的，而另一些学习者则认为这只是一种"奖励"（Ke，2010）^⑥。有可能是较短的时间内有些学习者在线互动的方式发生了变化（Boston et al.，2009）^⑦，也有可能是人们对社交临场感在社区内建立社会关系或在线互动方面起重要的促进作用知之甚少（Oztok et al.，2013）^⑧。大家在

---

① Swan K, Shih L F. On the nature and development of social presence in online course discussions[J]. Journal of Asynchronous learning networks, 2005, 9(3): 115-136.

② Kehrwald B. Understanding social presence in text-based online learning environments[J]. Distance Education, 2008, 29(1): 99.

③ Oztok M, Brett C. Social presence and online learning: A review of the research[J]. Journal of Distance Education, 2011, 25(3): 1-10.

④ Oztok M, Brett C. Social presence and online learning: A review of the research[J]. Journal of Distance Education, 2011, 25(3): 5.

⑤ 同②。

⑥ Ke F. Examining online teaching, cognitive, and social presence for adult students[J]. Computers & Education, 2010, 55(2): 816.

⑦ Boston W, Díaz S R, Gibson A M, et al. An exploration of the relationship between indicators of the community of inquiry framework and retention in online programs[J]. Journal of Asynchronous Learning Networks, 2009, 13(3): 67-83.

⑧ Oztok M, Zingaro D, Makos A. What social capital can tell us about social presence[J]. British Journal of Educational Technology, 2013, 44(6): E203-E206.

未来的研究中也可以对这些问题展开进一步讨论。

第二节 关于认知临场感中反思的讨论

探究社区理论将学习者的私人（内部）和公共（外部）世界结合在一起，即拒绝任何形式的二元思维——社会和个人都不能单独存在，也不是对方的子集（Garrison，2011）[1]。探究社区理论的目的是在支持性的社会环境中促进个人知识重构并创造有意义的个人体验。认知临场感涉及通过批判性思维（Critical Thinking）促进知识环境的发展，包括反思和话语合作。反思与学习者的私人世界（思想）相关，而话语与公共活动相关。

一、杜威对于反思的观点

反思是一种独立的认知活动，与批判性思维、学习者认知结构及其情绪相关。约翰·杜威认为，反思性思维涉及"在头脑中翻转一个主题，并对其进行认真和连续的思考"（Dewey，1933）[2]。特别强调要通过实验检查有问题的情况，对想法进行测试，以深思熟虑和有意图的方式做事（Dewey，1933）[3]。Akbari（2007）[4]则把反思定义为"用理性、科学的方案取代冲动行为"，具体包括三个要素。

（1）专注。针对一个特定的主题。

（2）深思熟虑。根据证据为自己的立场找到理由，包括"从不同的方面和不同的角度来审视一个主题，这样就不会忽视任何重要的东西，就像一个人可以把一块石头翻过来看看它隐藏的一面是什么样子，或者被它掩盖的是什么"（Dewey，1933）[5]。

---

[1] Garrison D R. E-learning in the 21st century: A community of inquiry framework for research and practice[M]. New York: Routledge, 2011: 10.

[2] Dewey, J. How we think: A restatement of the relation of reflective thinking to the educative process[M]. Boston: D. C. Heath, 1933: 3.

[3] Dewey, J. How we think: A restatement of the relation of reflective thinking to the educative process[M]. Boston: D. C. Heath, 1933: 100.

[4] Akbari R. Reflections on reflection: A critical appraisal of reflective practices in L2 teacher education[J]. System, 2007, 35(2): 192-207.

[5] Dewey, J. How we think: A restatement of the relation of reflective thinking to the educative process[M]. Boston: D. C. Heath, 1933: 57.

（3）方法论。学习者持怀疑态度，然后继续探索潜在的解决方案，收集大量的事实和想法，在得出结论之前进行分析。

上述观点与探究社区理论的认知临场感的概念产生共鸣，但是，有些学者对杜威的反思性思维的概念提出了担忧。对于杜威来说，反思始于"需要解释、识别或放置的震惊或中断"（Dewey，1933）[1]；思维起源于双重、犹豫、困惑的状态；这是解决问题的要求……是整个反思过程中的稳定和引导因素（Dewey，1933）[2]。尽管在很多情况下，情况可能确实如此，但是也有特例，就像"在日常生活中，既不引起怀疑也不需要暂停的情况"常常发生（Hébert，2015）[3]。例如，最常见的情况之一，"无聊感"并没有被特别认为是反思性思维的刺激物。

此外，杜威的著作很少考虑价值观，除非它们专门支持学习者寻找适当的解决方案（Ecclestone，1996）[4]。因此，在有关反思和"自我"的概念化中，反思通常源于不确定性和怀疑，但这将由学习者和个人优先顺序驱动。例如，这方面可以侧重于专业实践的常规性检查，并且很可能包括对道德和价值观的审查。

二、舍恩对于反思的观点

唐纳德·舍恩（Donald Schön）对杜威的观点持强烈批评态度，认为"知识可以通过系统的学习获得"（Hébert，2015）[5]，并认为实证主义的知识方法只适合解决简单的问题（Eraut，1995）[6]。对于舍恩来说，反思是直观且个性化的（Akbari，2007）[7]。他指出，比起科学知识，专业人员通过实践发展的"特殊专业知识"或"艺术的、直觉的过程"（Schön，1983）[8]对于他们来说更有效，并用于"独特的、不确

---

[1] Dewey, J. How we think: A restatement of the relation of reflective thinking to the educative process[M]. Boston: D. C. Heath, 1933: 9.

[2] Dewey, J. How we think: A restatement of the relation of reflective thinking to the educative process[M]. Boston: D. C. Heath, 1933: 11.

[3] Hébert C. Knowing and/or experiencing: A critical examination of the reflective models of John Dewey and Donald Schön[J]. Reflective Practice, 2015, 16(3): 364.

[4] Ecclestone K. The reflective practitioner: Mantra or a model for emancipation?[J]. Studies in the Education of Adults, 1996, 28(2): 146-161.

[5] Hébert C. Knowing and/or experiencing: A critical examination of the reflective models of John Dewey and Donald Schön[J]. Reflective Practice, 2015, 16(3): 363.

[6] Eraut M. Schon Shock: A case for refraining reflection-in-action?[J]. Teachers and teaching, 1995, 1(1): 10.

[7] Akbari R. Reflections on reflection: A critical appraisal of reflective practices in L2 teacher education[J]. System, 2007, 35(2): 192-207.

[8] Schön D A. The reflective practitioner: How professionals think in action[M]. New York: Basic Books, 1983: 49.

定的和冲突的实践情境"（Schön，1987）①。

根据 Schön（1987）② 和 Moon（1999）③ 的说法，许多职业似乎在没有任何支持理论的情况下也能很好地应对，但在关键方面与其他标准专业的知识模式有所不同，同时是严格的。从业者在采取行动时并不会过多地借鉴所支持的理论，而是会借鉴在实践中发展起来的特定于情境的理论。舍恩区分了基于研究的专业知识和行动中的知识，他指出：专业领域合格从业者的知行合一特征与学校所教授的专业知识并不相同；在任何给定情况下，两种知识的关系应被视为一个允许争论的问题（Schön，1987）④。

在行动中获得认知是一种自动完成的实践过程（Eraut，1995），舍恩将其与公开可见到的身体行动（如骑自行车）或私人行为（如资产负债表的即时分析）进行了比较⑤。他认为，此类行为通常很难用口头表达出来（Schön，1987）⑥。通过经验发展起来的隐性行动知识通常允许从业者"凭本能或直觉"对情况做出适当的反应（Hébert，2015）⑦。然而，也有一些事情，往往是在界定不清的情况下，原本可能是例行情况的情况，后来被认为是有问题的（Eraut，1995）⑧。当实践者在执行行动时将他们的意识带入行动，行动中的反思就发生了（Schön，1987）⑨。

此外，舍恩等其他学者还批评了杜威关于反思时间的观点，指出"反思与行动脱节"。舍恩认为，在杜威的模型中，学习者似乎经历了一段怀疑的时刻，"退后一步"，然后反思，接着再回到原来的情况。相比之下，舍恩的"反思实践者"似乎是在行动中进行反思，舍恩将其称为"行动当下的"，是一段时间内随着环境的变化而变化，在此期间仍然可以对当前的情况做出改变，依靠思维去"重塑"正在做的事

---

① Schön D A. Educating the reflective practitioner: Toward a new design for teaching and learning in the professions[M]. SanFrancisco: Jossey-Bass, 1987: 22.

② Schön D A. Educating the reflective practitioner: Toward a new designfor teaching and learning in the professions[M]. SanFrancisco: Jossey-Bass, 1987.

③ Moon, J. Reflection in learning and professional development[M]. Abindgon: Routledge, 1999: 41.

④ Schön D A. Educating the reflective practitioner: Toward a new design for teaching and learning in the professions[M]. San Francisco: Jossey-Bass, 1987: 41.

⑤ Eraut M. Schon Shock: A case for refraining reflection-in-action?[J]. Teachers and teaching, 1995, 1(1): 9-22.

⑥ Schön D A. Educating the reflective practitioner: Toward a new design for teaching and learning in the professions[M]. San Francisco: Jossey-Bass, 1987: 25.

⑦ Hébert C. Knowing and/or experiencing: A critical examination of the reflective models of John Dewey and Donald Schön[J]. Reflective Practice, 2015, 16(3): 364.

⑧ Eraut M. Schon Shock: A case for refraining reflection-in-action?[J]. Teachers and teaching, 1995, 1(1): 13.

⑨ Schön D A. Educating the reflective practitioner: Toward a new design for teaching and learning in the professions[M]. San Francisco: Jossey-Bass, 1987: 29.

情（Schön，1987）[①]。

事实上，舍恩的观点也确实符合实际情况，因为在职业实践中的很多场合，遇到问题时并没有时间先离开，然后反思，接着再返回那个场合。Wilson（2008）提供了一些例子，如医疗手术期间的意外发现或律师对新证据的反应[②]。Wilson指出，与其凭直觉做出反应，不如有意识地考虑正在发生的事情和行为的有效性，以及是否有其他选择（Wilson，2008）[③]。当然，从业者是否总是在实际参与行动时进行反思也受到质疑（Bleakley，1999）[④]。

对于行动中的反思，Eraut（1995）也许提供了答案。他并不认为老师对课堂上的情况立即做出反应是反思，而更类似于元认知[⑤]。相比之下，课程中较短的停顿，也许是老师在教室里观察学生，类似于授课中的暂停，可以让学生对刚讲授的内容进行反思。他的结论是："反思承担的关键功能越多，将其描述为处于行动中就越不合适。"对此，Cowan（2006）的观点则是，行动中的反思是"捕捉当时的想法"或事件发生后的想法[⑥]。

在学术讨论中，尽管反思是一个有争议的术语，但我们对反思的定义还是应该采取务实的态度，将其定义为一种有目的、有重点和深思熟虑的活动，与复杂的思维和学习形式相关，涉及对参考框架（一组思想、条件或假设，决定了如何处理、感知或理解某事物）的评估、知识和学习过程。通常，它是由震惊或不寻常的事情引起的，但在某些情况下，这可能只是生活的常态。

三、穆恩的反思五阶段模型

穆恩（Moon）提出一个五阶段学习和反思模型（图4-1），他认为反思涉及一种复杂的思考和学习形式，其中自我质疑的学习者开始操纵意义，最终导致学习者评估他们的参考框架、他们自己的知识的性质和学习过程（Moon，1999）[⑦]。

[①] Schön D A. Educating the reflective practitioner: Toward a new design for teaching and learning in the professions[M]. San Francisco: Jossey-Bass, 1987: 26.

[②] Wilson J P. Reflecting-on-the-future: A chronological consideration of reflective practice[J]. Reflective Practice, 2008, 9(2): 179.

[③] 同②。

[④] Bleakley A. From reflective practice to holistic reflexivity[J]. Studies in higher education, 1999, 24(3): 315-330.

[⑤] Eraut M. Schon Shock: a case for refraining reflection-in-action?[J]. Teachers and teaching, 1995, 1(1): 14.

[⑥] Cowan J. On becoming an innovative university teacher: Reflection in action [M]. McGraw-Hill Education (UK), 2006.

[⑦] Moon, J. Reflection in learning and professional development[M]. Abingdon: Routledge, 1999: 153.

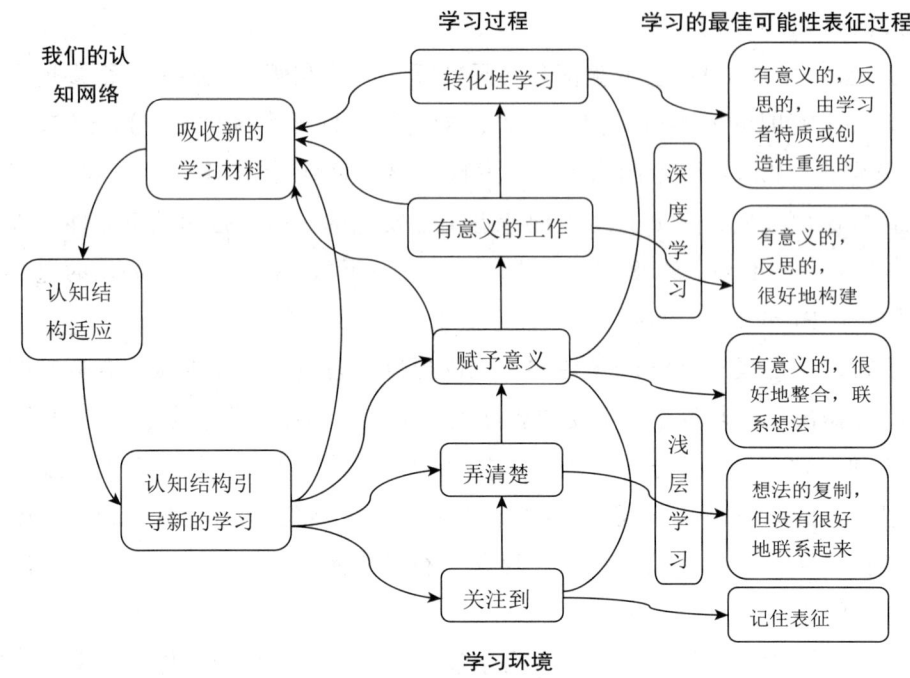

图 4-1 五阶段学习和反思模型

资料来源：穆恩的五阶段学习和反思模型图（Moon，1999）。[1]

图 4-1 显示的是穆恩提出的"通过反思"深化学习的五个阶段。其中，该模型的前两个阶段侧重于通常与浅层学习相关的学习材料的排序、组织和链接，因此不包括在反思的讨论范畴。第三阶段是"赋予意义"，指的是理解、解释或赋予某事物意义的过程。在该阶段，新的学习材料被学习者吸收到当前的理解中。反思在支持这种类型的学习中将发挥较小的作用（Moon，1999）[2]。第四阶段是"有意义的工作"。学习者参与有意义的工作，以探索、组织和创造更好的意义——穆恩将其称为"认知管家（Cognitive Housekeeping）"。学习者使用当前能够理解的材料去思考事物，直到完成新的学习内容。反思在支持学习者重新访问、学习、建构、总结、整合和处理想法与材料中发挥着关键作用。此阶段通常涉及整理事实和想法作为论证中的证据。"认知管家——重新审视知识和理解"是这一过程的重要组成部分（Moon，1999）[3]。第五阶段是"转化性学习"，也可以称为变革性学习（Transformative Learning）。这个阶段涉及学习者对其参照框架（一组思想、条件或

---

[1] Moon, J. Reflection in learning and professional development[M]. Abingdon: Routledge, 1999: 154.
[2] Moon, J. Reflection in learning and professional development[M]. Abingdon: Routledge, 1999: 143.
[3] Moon, J. Reflection in learning and professional development[M]. Abingdon: Routledge, 1999: 139.

假设，决定了如何处理、感知或理解某事物）、自己与他人知识的性质，以及学习和自我认知过程的评估。在这种情况下，学习者对知识的表述展示了他们对知识及其相关功能的批判性概述（Moon，1999）[1]。显然，这个阶段要求学习者进一步探索和拓展他们的假设、信念、行为和个人经历。

当人们反思自己的失败经历时，有时会害怕与他人分享这段经历（Peacock et al.，2010）[2]。因此，内部反思性对话是学习者将反馈客观化，并限制其负面情绪影响的一种方式（Peacock et al.，2010b：198）[3]。学习者会将反思作为一种学习工具，重新考虑可能以零碎的、通常不相关的方式学到的想法、思想和见解，以加深他们的学习。值得注意的是，一个特定的事件或经历可能促使他们回到早期阶段（如大学阶段）学到的想法，"仔细考虑"最初学到的内容（Moon，1999）[4]。

在Peacock等（2010）的第二个案例研究中，物理治疗专业的研究生被要求在两年的学习期间维护一个自己的博客[5]。在最终的评估中，他们必须重新审视自己的反思，并确定和规划未来就业第一年的重点学习要求。在某些情况下，学习者使用这种评估来汇集无数不相关的想法、经验，以及形成性和总结性的反馈、学习，然后用它们来加深自己的理解并确定未来自己所要发展的领域。这样的实践过程代表了对反思的理解，通常学习者在特定的背景下专注于对自己的理解，这些理解源于自我怀疑和不确定性。

Cowan（2006）曾提出"堆肥反思（Composting Reflection）"的比喻[6]。对于学习者来说，"堆肥反思"需要他们"挖掘"其已经拥有的东西，并将其翻转，让一些新鲜空气进入，然后将其铺在地上，观察它们是如何发展的。正如Cowan所假定的那样，在"堆肥反思"中，触发因素仅仅是对学习者可能已经反思过的一系列杰出的经验、想法、问题和可能性的认识，或者可能是再次遇到这些经验、想法、问题和可能性的意识，但他们可能永远不会继续跟进进行充分反思。

---

[1] Moon, J. Reflection in learning and professional development[M]. Abingdon: Routledge, 1999: 146.

[2] Peacock S, Morss K, Scott A, et al. Using ePortfolios in higher education to encourage learner reflection and support personalised learning. In Technology-supported environments for personalized learning: Methods and case studies[M]. Hershey: IGI Global, 2010: 192.

[3] Peacock S, Morss K, Scott A, et al. Using ePortfolios in higher education to encourage learner reflection and support personalised learning. In Technology-supported environments for personalized learning: Methods and case studies[M]. Hershey: IGI Global, 2010: 198.

[4] Moon, J. Reflection in learning and professional development[M]. Abingdon: Routledge, 1999: 149.

[5] 同[2]。

[6] Cowan J. On becoming an innovative university teacher: Reflection in action [M]. New York: McGraw-Hill Education, 2006.

四、学习者的反思

Peacock 等（2010）提出，并非所有学习者都会自然地进行反思，尤其是那些信心和经验较少的学习者[①]。反思的质量随学习者水平的提高而提高。当然，在某些情况下，有些学生可能从来没有进行过反思，而其他人"天生"愿意反思。或者，一些学生不具备反思的技能或能力，而另一些学生则不喜欢反思的过程，往往在完成学业后才开始理解反思的目的及其在后续职业发展中的作用（Peacock et al., 2010）[②]。因此，人们普遍认为学习者需要被指导如何开展有关反馈的内部反思对话，这将作为自我评价的出发点（Peacock et al., 2012）[③]。在某些情况下，学习者会避免反思，或者只能算是表面上的参与。穆恩（1999）也断言，学习者的参与确实可能与他们的认识论发展有关，学习者只有完全承认学习的好处后，才愿意进行学习后的反思[④]。

五、对于认知临场感中反思分析的结论和展望

本节结合探究社区理论研究领域多名学者的观点，重点讨论了反思的概念。进行批判性分析的目的是鼓励开发一种更复杂、更细致的反思和认知临场感发展的方法。作为不同但相互关联的概念，我们可以认为认知临场感中包含反思，以促进线上的个人和小组学习。与 Rose（2013）的观点一样，本书也认为反思和认知临场感是相似但不同的认知活动，两者都不是另一个的子集[⑤]。因为如果将反思视为认知临场感的子集，会错误地认为它只是利用较少的高级认知能力，在智力上努力添加麻烦。

此外，在讨论反思的过程中，可能许多人会觉得，这一过程讨论的不就是"实

[①] Peacock S, Gordon L, Murray S, et al. Tutor response to implementing an ePortfolio to support learning and personal development in further and higher education institutions in Scotland[J]. British Journal of Educational Technology, 2010, 41(5): 839.

[②] Peacock S, Morss K, Scott A, et al. Using ePortfolios in higher education to encourage learner reflection and support personalised learning. In Technology-supported environments for personalized learning: Methods and case studies[M]. Hershey: IGI Global, 2010: 205.

[③] Peacock S, Scott A, Murray S, et al. Using feedback and ePortfolios to support professional competence in healthcare learners[J]. Research in Higher Education Journal, 2012, 16: 5.

[④] Moon, J. Reflection in learning and professional development[M]. Abindgon: Routledge, 1999: 173.

[⑤] Rose E. On reflection: An essay on technology, education, and the status of thought in the 21st century[M]. Berkeley: Canadian Scholars' Press, 2013: 35.

践出真知"的思想,马克思不是早就提出过吗?之所以这里会回顾和讨论"实践出真知","真知"是怎样产生的,是边实践边产生,还是实践后再思考才产生?其最重要的学术目的是,希望不同"批评家"的观点能带给我们对于"认知"的新的启发。

第三节 以学生为中心的协作学习视角下的教学临场感

本节的重点是加深对教学临场感的理解,并提出进一步值得探索的研究领域。教学临场感由三个范畴组成:直接指导、设计和组织以及促进话语(Garrison,2001)[①]。这些范畴都会在本节进行分析。

一、以学生为中心的学习

以学生为中心的学习(Student-centred Learning,SCL)不仅要求教师,而且也要求学生审视自己在学习互动中的角色和责任,这种方法在许多教育文献中得到提倡。以学生为中心的学习的核心是进行学习环境的设计,支持学生作为对自己的学习和技能发展负责的个人的中心地位(Peacock et al.,2010)[②]。以学生为中心的学习要求学生成为"自己学习"的积极参与者,通过沟通和协作与他人互动,而不是成为追求个人知识获取的"独立"学习者(Sfard,1998)[③]。Beard(2009)提出的"教育家、设计师、建筑师、编舞家、动画师、培训师和辅导员"在目前的教育话语中比较常见,用于描述以学生为中心的学习中教师所扮演的角色[④]。类似地,King(1993)也用格言的修辞说法描述教师:"身边的向导""舞台上的智者"[⑤]。以学生为中心的学习特别强调承认学习者有不同的风格、学习方法、能力和技能。以

---

① Garrison D R, Anderson T, Archer W. Critical thinking, cognitive presence, and computer conferencing in distance education[J]. American Journal of distance education, 2001, 15(1): 7–23.

② Peacock S, Morss K, Scott A, et al. Using ePortfolios in higher education to encourage learner reflection and support personalised learning.In Technology-supported environments for personalized learning: Methods and case studies[M].Hershey:IGI Global, 2010: 186.

③ Sfard A. On two metaphors for learning and the dangers of choosing just one[J]. Educational researcher, 1998, 27(2): 6.

④ Beard C. Transforming the student learning experience: A pedagogic model for everyday practice[J]. Hospitality, Leisure, Sport and Tourism Network, 2009: 1–17.

⑤ King A. From sage on the stage to guide on the side[J]. College teaching, 1993, 41(1): 30–35.

学生为中心的学习的优点很多，能提高学生的参与度、动机、信心和协作学习的主动性（Nagaraju et al.，2013）[①]。心理层面和内部对话是支持以学生为中心的学习的基础。

高等教育对以学生为中心的学习的理解及后续的在线教学实施手段是多种多样的。在传统的教学方式中，大学一年级的老师可能会先在教学中采取某种说教的方式，但这并不代表着当今所理解的以学生为中心的学习的辅导方式。这种方法影响了学习成果、学习环境和学习评估的设计与实施，与促进同伴协助学习和独立学习的目的背道而驰。例如，如果在虚拟学习环境中，老师提供检查学习材料所使用的存储库，然后要求学生创建的讲座摘要必须经过老师审阅，通过后才能发布到虚拟学习环境的一般讨论区。这种做法的重点在于，学生获得所需的教学内容都是老师提供的，这明显成为一种以老师为中心的学习方法（Peacock and Hooper，2007）[②]。

因此，教师应该转变角色，可以提倡学生在学习的设计和组织中承担责任，但这种方法并不容易被所有学生接受（Akyol，2013）[③]。一些学习者，尤其是大学生，对高等教育和线上学习的期望持保守态度，他们将高等教育视为一种信息收集活动（Saunders and Klemming，2003）[④]。有些学生热衷于使用虚拟学习环境作为获取信息的"一站式商店"，但首先需要得到老师的认可（Peacock and Hooper，2007）[⑤]，否则他们对于将在线领域作为与同伴互动的平台并不感兴趣（Swan and Shih，2005）[⑥]。而且，也并非所有学生都了解反思在高等教育中的作用，有的学生仍然希望采用更具说教性的线上教学方法（Peacock et al.，2010）[⑦]。

在以学生为中心的学习中，教师的作用源于50多年前美国教育家罗杰斯于1969年出版的《学习的自由》（*Freedom to Learn*）一书中提出的观念。罗杰斯致力于在

[①] Nagaraju C, Madhavaiah G, Peter S. Teacher-centred learning and student-centred learning in English classroom: The teaching methods realizing the dreams of language learners[J]. International Journal of Scientific Research and Reviews, 2013, 2(3): 129.

[②] Peacock S, Hooper J. E-learning in physiotherapy education[J]. Physiotherapy, 2007, 93(3): 219.

[③] Akyol Z, Garrison D R. Educational communities of inquiry: theoretical framework, research and practice[M]. Hershey: IGI Global, 2013: 30.

[④] Saunders G, Klemming F. Integrating technology into a traditional learning environment: Reasons for and risks of success[J]. Active learning in higher education, 2003, 4(1): 85.

[⑤] Peacock S, Hooper J. E-learning in physiotherapy education[J]. Physiotherapy, 2007, 93(3): 225.

[⑥] Swan K, Shih L F. On the nature and development of social presence in online course discussions[J]. Journal of Asynchronous learning networks, 2005, 9(3): 128.

[⑦] Peacock S, Morss K, Scott A, et al. Using ePortfolios in higher education to encourage learner reflection and support personalised learning. In Technology-supported environments for personalized learning: Methods and case studies[M]. Hershey: IGI Global, 2010: 205.

追求以学生为中心的教学过程中，彻底改变教师的角色。10 年后，他证明了这种改变的有效性。罗杰斯认为，人类有一种自然的学习倾向，当学生认为授课主题与他们的特定目的相关时，就会发生有意义的学习行为。当学生负责任地参与学习过程，选择自己的方向，发现自己的学习资源，提出自己的学习问题，决定自己的行动方针，然后接受这些决定的后果时，学习就会得到促进。接下来，在学习中的独立性、创造力和自力更生，都会与自我批评和自我评价交织在一起。罗杰斯还认为，教师的辅助型作用应该包括设定学习团体的初始氛围，帮助激发个人和团体的学习目标，努力组织好学习任务并提供尽可能广泛的学习资源，将自己视为一种可供学习团体利用的灵活资源。逐渐地，教师就成为学习的参与者，而非主导者（Rogers，1983）[①]。

二、教师和学生在教学临场感中的角色探讨

1. 教学临场感中教师的角色

Garrison 表示，导师（Instructor）在任何场合、任何时刻始终是一个关键性的角色，负责管理和监督整个学习过程。如果学习不只是非正式的或偶然的一次学习经历，那么总是需要导师或辅导员对学习经历进行组织、塑造和评估（Garrison，2011）[②]。

Garrison 不接受以学习为中心的学习这一术语，并强烈反驳"身边的向导"的概念（Garrison，2011）[③]。他认为，这种术语和概念贬低了教师的作用，导致"教育体验的潜在扭曲，这种体验病态地专注于以学生为中心，而排除了教学方法和学科专家的影响"。他认为，为了获得成功的教育成果，必须有一位"建筑师"提供学科方向和专业知识。如果没有经验丰富、负责任的教师的专业知识，教学临场感是不可能实现的，这些教师可以识别值得学习的想法和概念，提供教学秩序，组织学习活动，指导讨论，提供额外的信息来源，诊断错误的想法，并在必要时参与其中。这些都是直接的和主动的干预措施，支持有效且高效的学习体验（Garrison，

---

① Rogers C R. Freedom to learn[M]. New York: Macmillan, 1983.
② Garrison D R. E-learning in the 21st century: A community of inquiry framework for research and practice[M]. New York: Routledge, 2011: 83.
③ Garrison D R. E-learning in the 21st century: A community of inquiry framework for research and practice[M]. New York: Routledge, 2011: 59.

2011）①。

Garrison 批评那些将责任和控制权交给学生的人，他担心这会"违反教育经验的意图和完整性，耽误促进批判性和建设性的学习过程"。他更喜欢"以学习为中心的教学"一词，强调重点必须是具有教育意义和社会价值的学习，并能够深受教师的影响，而不仅仅是学习者随意决定的内容（Garrison，2011）②。因此，Garrison 断言，"教育社群因其正式的领导而与众不同，也就是说，社群的学术和社会发展必须受到监督和管理"（Garrison，2013）③。这种理念的代表是 Garrison 教学临场感的第一个范畴——直接指导。通过提供学术领导和分享学科知识，"直接指导"超越了"促成话语"：需要学科专家主动诊断问题并解决误解。因此，尽管有研究表明"促成话语"和"直接指导"两个教学临场感指标可以结合起来（Shea et al.，2006）④，但Garrison 反对这样的观点，他认为，尽管教育体验必须鼓励全面和开放地参与，但导师必须提供学科专业知识，以免失去"适当的教育和知识氛围"（Garrison，2011）⑤。然而，为了缓解教师的责任压力，他提出了另一个结论："教学临场感必须是探究社区理论的一个组成部分，而不是外部权威职能。为了确保真正的基于探究的方法，随着学习过程有进度地开展，所有参与者必须或多或少地分担责任"（Garrison，2011）⑥。

2. 教学临场感中学生的角色

教学临场感（而不是辅导临场感）涉及教学社群所有成员的积极参与，学生在其中也可以影响其学习内容和方式。因此，Garrison 认为，"如果线上学习是一个协作的建构主义过程，那么学生必须对学习的内容和学习方式产生一定的影响"（Garrison，2011）⑦。而且 Garrison 也多次称，教学临场感不是一种"外部权威职能"

---

① Garrison D R. E-learning in the 21st century: A community of inquiry framework for research and practice[M]. New York: Routledge, 2011: 60.

② Garrison D R. E-learning in the 21st century: A community of inquiry framework for research and practice[M]. New York: Routledge, 2011: 54.

③ Garrison D R. Theoretical foundations and epistemological insights of the community of inquiry[M]. Hershey: IGI Global, 2013: 3.

④ Shea P, Li C S, Pickett A. A study of teaching presence and student sense of learning community in fully online and web-enhanced college courses[J]. The Internet and higher education, 2006, 9(3): 175-190.

⑤ Garrison D R. E-learning in the 21st century: A community of inquiry framework for research and practice[M]. New York: Routledge, 2011: 59.

⑥ Garrison D R. E-learning in the 21st century: A community of inquiry framework for research and practice[M]. New York: Routledge, 2011: 86.

⑦ Garrison D R. E-learning in the 21st century: A community of inquiry framework for research and practice[M]. New York: Routledge, 2011: 57.

（Garrison，2011）[1]，而是其中一些参与者"随着学习进程的发展或多或少地"承担共同责任（Garrison，2011）[2]。当然，这种临场感也是"最受教师控制的"（Garrison，2001）[3]。在学习开始之前，教师就可以在探究社区框架的设计中做出结构性决策，允许学习者在学习过程中有足够的灵活性进行更改（Garrison，2011）[4]。遗憾的是，Garrison 在先前的研究中，几乎没有提到学生该如何去做，所有教学临场感指标的示例都是有关教师的。

Akyol 和 Garrison（2011）在元认知方面开展的研究工作为学生在教学临场感中的潜在作用提供了更深的见解[5]。他们认为，探究社区的每个参与者都应承担教学临场感的责任，这些责任包括贡献知识、监督探究过程和积极调节探究的进展。Akyol 和 Garrison 的第二个元认知构念是认知监控，重点关注学习者对思维和学习过程的考虑。学习者不仅回顾他们的学习过程，而且回顾他们对任务、进展和努力的评估。"承担教学临场感的责任使学生能够在参与讨论时反思彼此的贡献，以及他们对实现预期目标的进度的贡献"（Akyol and Garrison，2011）[6]。尽管此类研究工作更多地关注对学生的学习管理，而不是关注以学生为中心的教学或定向学习，但其确实以有限的方式说明了学生在教学临场感中起到的一些具体作用。

三、设计和组织教学临场感的在线学习环境

在探究社区框架中，"设计和组织"也是教学临场感的关键范畴之一（图 4-2）。Garrison 将"设计"与"组织"区分开来："设计"是指教师在探究社区开始之前做出的决定，而"组织"则侧重于教学期间的决定（主要由教师做出）（Garrison，2011）[7]。Garrison 与合著者 Vaughan 和 Cleveland-Innes（2013）始终坚称"教师最终

---

[1] Garrison D R. E-learning in the 21st century: A community of inquiry framework for research and practice[M]. New York: Routledge, 2011: 54.

[2] Garrison D R. E-learning in the 21st century: A community of inquiry framework for research and practice[M]. New York: Routledge, 2011: 86.

[3] Garrison D R, Anderson T, Archer W. Critical thinking, cognitive presence, and computer conferencing in distance education[J]. American Journal of distance education, 2001, 15(1): 7-23.

[4] Garrison D R. E-learning in the 21st century: A community of inquiry framework for research and practice[M]. New York: Routledge, 2011: 57.

[5] Akyol Z, Garrison D R. Assessing metacognition in an online community of inquiry[J]. The Internet and higher education, 2011, 14(3): 183-190.

[6] Akyol Z, Garrison D R. Assessing metacognition in an online community of inquiry[J]. The Internet and higher education, 2011, 14(3): 184.

[7] Garrison D R. E-learning in the 21st century: A community of inquiry framework for research and practice[M]. New York: Routledge, 2011: 57.

对教育体验的设计和交付拥有控制权和责任"[1]。然而，如果如此，教学临场感中的设计又是以何种方式融入以学生为中心的学习？

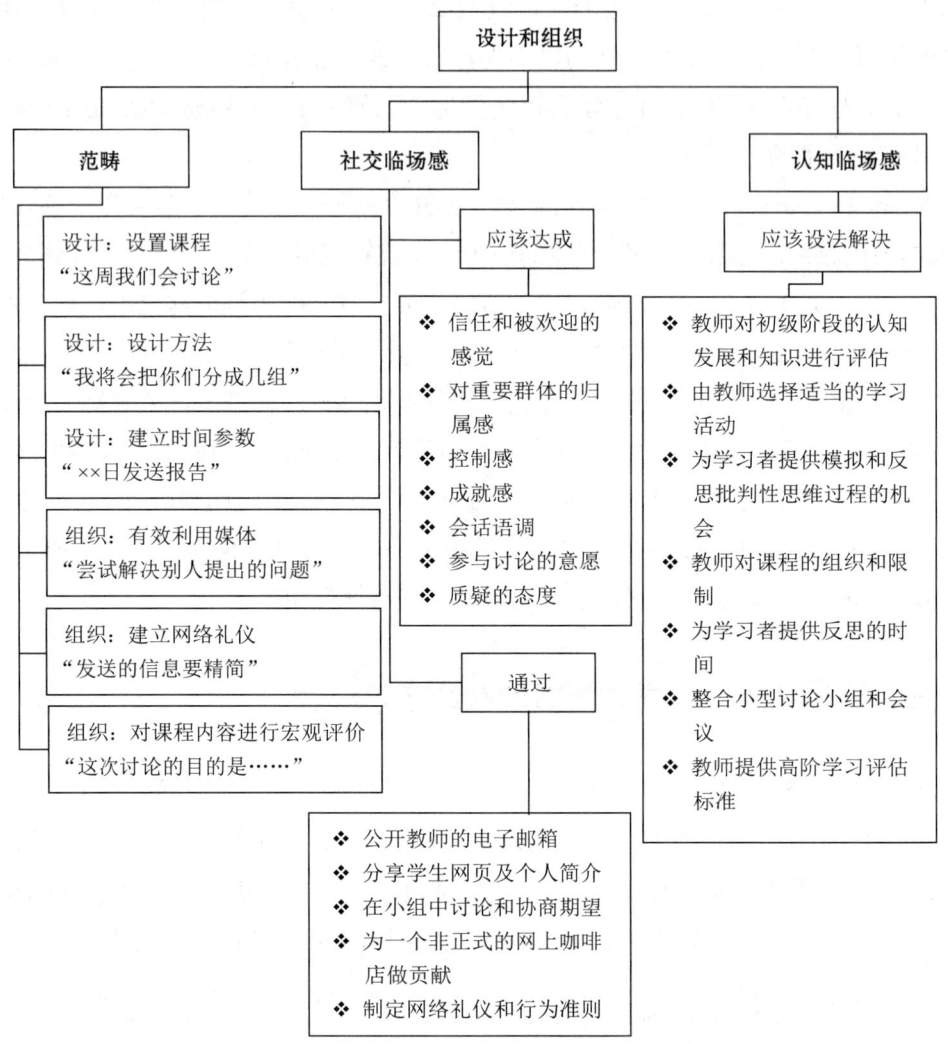

图4-2　教学临场感中"设计和组织"范畴对社交临场感和认知临场感的影响

资料来源：E-learning in the 21st century: A community of inquiry framework for research and practice（Garrison，2011：56-58；86-92）[2]。

在线学习环境中以学生为中心的学习，其课程设计的核心是学习者的各种不同

---

[1] Vaughan N D, Cleveland-Innes M, Garrison D R. Teaching in blended learning environments: Creating and sustaining communities of inquiry[M]. Athabasca: Athabasca University Press, 2013: 19.

[2] Garrison D R. E-learning in the 21st century: A community of inquiry framework for research and practice[M]. New York: Routledge, 2011.

的想法、偏好、背景、能力、兴趣、技能、动机及个人和该学科特定的经历（尤其是在线学习的经历），他们将这些经历带到技术支持的学习环境中。

因此，正如Zembylas等（2008）指出的，在设计学习环境时，至关重要的是考虑在线学习的情感方面[①]。Beetham（2013）也提到，可访问性、包容性和广泛的参与有利于一种以学习者差异为出发点，而不是以不便为出发点的设计精神[②]。因此，在Beetham（2013）[③]提出的在线学习的设计模型中，线上学习的早期阶段通常包含导师活动，以反映学习者的差异及其对设计的影响。此外，鼓励学习者积极参与线上学习反馈的方法，其主要驱动因素首先是承认学习者对反馈的概念认知、偏好和经验非常不同（Peacock et al., 2012）[④]。

Laurillard在研究中使用了"为学习而设计"这一术语，与"教学设计"和"教育设计"等其他用词相比，这一术语强调了对学习者的关注。本书也同意她的观点，即老师应该寻求"创造环境和条件，让学生发现自己有了学习的动力和能力"（Laurillard，2012）[⑤]。因此，以学生为中心的学习的设计通常从为学习者提供指导活动开始，鼓励他们在老师的支持下，在选定的领域设定自己的目标。学习者负责组织内容、生成示例、提出问题和解决问题。

虽然以学生为中心的学习的设计以学习者为中心，但是Laurillard（2012）设计的模型也描述了一系列影响课程设计的其他环境因素，包括课程目标、预期的学习成果和物流[⑥]。此外，教师的技能、经验、知识和观念也会对课程设计产生显著影响。尽管许多教师愿意并且希望接受技术在学习中提供的支持，但他们在技术介导的学习环境中实施以学生为中心的学习的能力将与个人技能、理解力、认知和信心密切相关。

在对Peacock等（2010）的研究中，一些经历了线上教学的教师表示："你年纪越大，这些IT知识就越难学，这对于我们来说没什么问题，要知道……这是生活的一部分，但对于那些可能还没有准备好接受技术的人来说，我认为这可能更

[①] Zembylas M, Theodorou M, Pavlakis A. The role of emotions in the experience of online learning: Challenges and opportunities[J]. Educational Media International, 2008, 45(2): 108.

[②] Beetham H. "Designing for active learning in technology-rich contexts". Rethinking pedagogy for a digital age: Designing for 21st century learning[M]. London: Routledge, 2013: 36.

[③] Beetham H. "Designing for active learning in technology-rich contexts". Rethinking pedagogy for a digital age: Designing for 21st century learning[M]. London: Routledge, 2013: 55-72.

[④] Peacock S, Scott A, Murray S, et al. Using feedback and ePortfolios to support professional competence in healthcare learners[J]. Research in Higher Education Journal, 2012, 16: 6.

[⑤] Laurillard D. Teaching as a design science[M]. Abingdon: Routledge, 2012.

[⑥] Laurillard D. Teaching as a design science[M]. Abingdon: Routledge, 2012: 65.

难……"①因此，一些教师在使用电子文件夹的同时也仍然会采用纸质版进行备份。一些教师不仅对学习技术和应用技术缺乏信心，而且对支撑这些技术背后的方法和原理也缺乏信心。比如，有的教师虽然鼓励学生使用电子档案袋（ePortfolio）进行反思，但由于学生对反思的理解有限，却并没有使用电子档案袋（Peacock et al.，2010）②。即便美国西北评价协会早在1990年就对档案袋做出了定义：一种有目的性的学生作品的集合，该集合必须包括学生参与选择的档案内容、内容选择的标准、判断价值高低的标准及学生自我反思的证据。这种技术知识的缺乏可能会导致教师将相关技术的实施视为一项繁重的任务。

作为探究社区框架中教学临场感的一部分，"设计"与上述内容也有相似之处。Garrison承认教师可能会发现，基于线上技术重新设计学习环境与传统的面对面线下课堂截然不同，线上教学的技术要求更高（Garrison，2011）③。人们还认识到，新的在线环境对于学生来说将具有挑战性，因此需要时间来适应"书面沟通"（线上文本信息）的普及化、参与在线探究社群的新要求，以及更具协作性的线上学习方法（Garrison，2011）④。

因此，并不是所有的学生都能在线上学习环境中感到舒适，他们需要了解规则和礼仪（Garrison，2011）⑤。此外，"设计"尤其关注教师在学习活动之前所做的事情：教学任务的开发、课程的选择及教学活动的决策。这些事情中，又尤其强调要选择适当的学习活动（如小组作业），由教师判断是否适合特定的认知活动，并希望鼓励学生在讨论中承担更多责任（Garrison，2011）⑥。当然，如果把责任全部留给教师，可能又造成了教学临场感中师生角色的"紧张关系"。所以，Garrison还补充到，如果线上学习是一个协作建构主义过程，那么学生必须对学习内容和学习方式产生

---

① Peacock S, Morss K, Scott A, et al. Using ePortfolios in higher education to encourage learner reflection and support personalised learning. In Technology-supported environments for personalized learning: Methods and case studies[M]. Hershey: IGI Global, 2010: 198.

② Peacock S, Gordon L, Murray S, et al. Tutor response to implementing an ePortfolio to support learning and personal development in further and higher education institutions in Scotland[J]. British Journal of Educational Technology, 2010, 41(5): 839.

③ Garrison D R. E-learning in the 21st century: A community of inquiry framework for research and practice[M]. New York: Routledge, 2011: 56.

④ Garrison D R. E-learning in the 21st century: A community of inquiry framework for research and practice[M]. New York: Routledge, 2011: 86.

⑤ Garrison D R. E-learning in the 21st century: A community of inquiry framework for research and practice[M]. New York: Routledge, 2011: 89.

⑥ Garrison D R. E-learning in the 21st century: A community of inquiry framework for research and practice[M]. New York: Routledge, 2011: 90.

一定的影响（Garrison，2011）[①]。在探究社区框架中，有一种方法是让学生参与，通过小组活动赋予他们权力，重点是建立和维持学习社群，以确保实现预期的教学目标（Garrison，2011）[②]。

四、促成话语

人们普遍承认，在网上讨论中发挥指导性和有影响力的促进作用十分重要（Jézégou，2010；Shea and Bidjerano，2009）[③][④]。有些学习者表示，导师的意见至关重要，因为讨论的质量会因引导者提出的问题而明显改变（Peacock and Hooper，2007）[⑤]。这种观点与 Ke（2010）的研究结论一致：学习者认为快速反馈对于在线学习至关重要，完美的导师应该是"永不睡觉——周六晚上、周日早上仍然准时发帖、回帖"的人[⑥]。

"促成话语"作为教学临场感的三个范畴之一，侧重于表示在线社区中对话、讨论的便利性。教师应提供在线讨论的指导方针，这些指导方针将创建和维护社交临场感，并进一步促进认知临场感的发展。教师始终有责任保持对"讨论"的高质量贡献，重点突出且适当（Garrison，2011）[⑦]。图4-3展示了教师如何利用 Garrison 在其2011年著作中的示例来促进社交临场感。

[①] Garrison D R. E-learning in the 21st century: A community of inquiry framework for research and practice[M]. New York: Routledge, 2011: 57.

[②] Garrison D R. E-learning in the 21st century: A community of inquiry framework for research and practice[M]. New York: Routledge, 2011: 58.

[③] Jézégou A. Community of inquiry in e-learning: A critical analysis of Garrison and Anderson model[J]. Journal of Distance Education/Revue de l'Education à Distance, 2010, 24(3): 1–18.

[④] Shea P, Bidjerano T. Community of inquiry as a theoretical framework to foster "epistemic engagement" and "cognitive presence" in online education[J]. Computers & Education, 2009, 52(3): 551.

[⑤] Peacock S, Hooper J. E-learning in physiotherapy education[J]. Physiotherapy, 2007, 93(3): 223.

[⑥] Ke F. Examining online teaching, cognitive, and social presence for adult students[J]. Computers & Education, 2010, 55(2): 814.

[⑦] Garrison D R. E-learning in the 21st century: A community of inquiry framework for research and practice[M]. 2nd ed. New York: Routledge, 2011: 58.

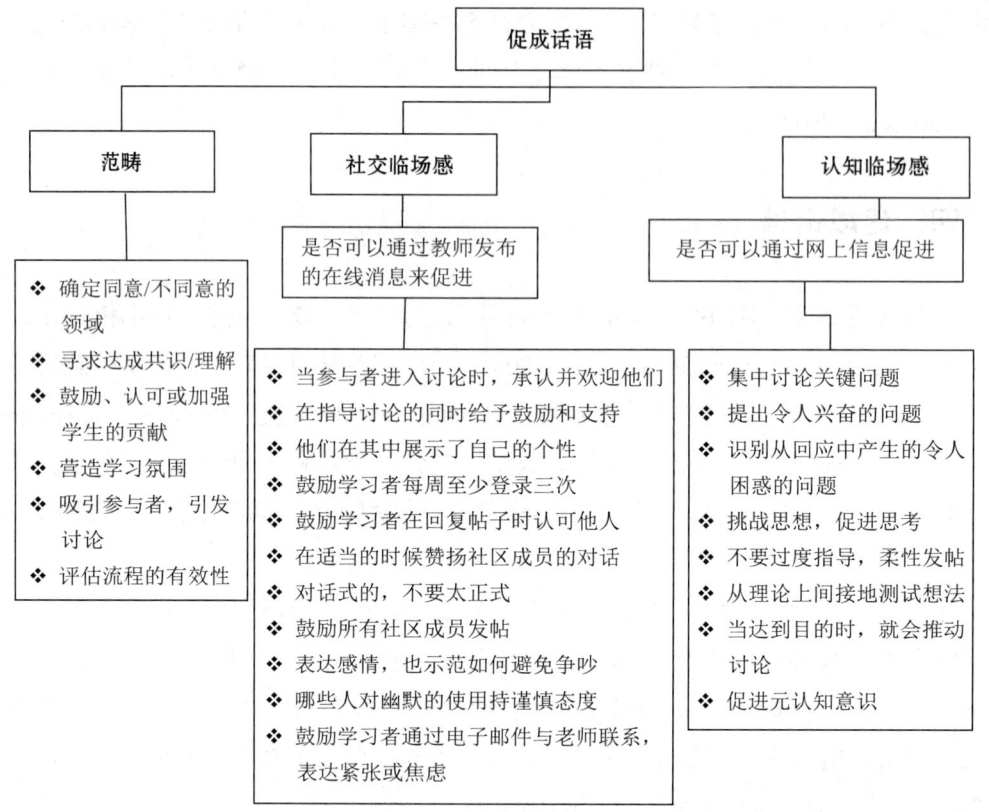

图 4-3 教学临场感中"促成话语"范畴对社交临场感和认知临场感的影响

资料来源：E-learning in the 21st century: A community of inquiry framework for research and practice（Garrison，2011）[1]。

Baxter 和 Haycock（2014）认为，学习者参与在线讨论的程度可以表明他们在学习中取得进步的能力[2]。Akyol 和 Garrison（2011）也指出，"有效的持续对话"对保持兴趣、动机和参与至关重要，能够构建个人意义，并通过谈判塑造和确认相互理解[3]。随后的知识建构的质量取决于特定类型的对话——有目的的、批判性的和包容性的，以实现高质量的学习。对于学生来说，在线环境中的"促成话语"对于提供支持、增加动机和加深对学习材料的参与至关重要（Peacock and Hooper，2007）[4]。

---

[1] Garrison D R. E-learning in the 21st century: A community of inquiry framework for research and practice[M]. New York: Routledge, 2011.

[2] Baxter J A, Haycock J. Roles and student identities in online large course forums: Implications for practice[J]. The International Review of Research in Open and Distributed Learning, 2014, 15(1): 21.

[3] Akyol Z, Garrison D R. Assessing metacognition in an online community of inquiry[J]. The Internet and higher education, 2011, 14(3): 186.

[4] Peacock S, Hooper J. E-learning in physiotherapy education[J]. Physiotherapy, 2007, 93(3): 218-228.

教师在以学生为中心的学习中的存在，特别是在在线讨论参与中的角色塑造，是要确保学生不会因为信息的数量而感到不知所措。这些显然是基本要做到和必须做到的，就像向学生介绍该学科的基本概念一样（Shea and Bidjerano，2010）[1]。教师参与度的高低通常与学生对在线讨论（包括同龄人发帖）的作用和价值的看法有关，并且可能体现了学生对学习的满意度和感知情况（Swan and Shih，2005）[2]。

　　事实上，早在1999年，Hara和Kling（1999）[3]就指出，教师缺乏即时反馈和含糊不清的指导是学生沮丧的主要原因。然而，研究表明，在促进在线讨论方面，教师所付出的努力仍不够充分（Shea et al.，2010）[4]。Dirkx（2008）指出的另一个复杂问题是，过高的教学临场感可能会引发学习者强烈的情绪反应，而太低的教学临场感也可能会引发强烈的情绪反应。因此，对于教师来说，"促成话语"需要不断地微调[5]。

　　Garrison认为，"促成话语"既涉及话语又涉及反思，它们都是批判性思维结构的一部分，不能分开（Garrison，2013）[6]。然而，如图4-3所示，大多数教学临场感的指标都侧重于强调教师的作用。虽然一些信息可以来自学生，但更多的信息，特别是在在线社区的早期阶段，显然是来自教师。当然，Garrison也建议在没有辅导者的情况下，学生以小组为单位私下进行学习反思，然后学生再向全班汇报。

　　内部对话和外部对话是以学生为中心的学习的核心。内部对话是"安静反省的机会，可以提供另一种有用的自我检查的途径"（Peacock et al.，2010）[7]。Rose（2013）也持同样的观点，她认为在21世纪的生活中，暂停"日常生活的疯狂活动"并不是浪费时间，这是一个允许综合新信息，反思现有知识，发展新问题和可能性

---

[1] Shea P, Bidjerano T. Learning presence: Towards a theory of self-efficacy, self-regulation, and the development of a communities of inquiry in online and blended learning environments[J]. Computers & education, 2010, 55(4): 1722.

[2] Swan K, Shih L F. On the nature and development of social presence in online course discussions[J]. Journal of Asynchronous learning networks, 2005, 9(3): 124.

[3] Hara N, Kling R. Students' frustrations with a web-based distance education course[J]. First Monday, 1999, 4(12): 6.

[4] Shea P, Bidjerano T. Learning presence: Towards a theory of self-efficacy, self-regulation, and the development of a communities of inquiry in online and blended learning environments[J]. Computers & education, 2010, 55(4): 1722.

[5] Dirkx J M. The meaning and role of emotions in adult learning[J]. New directions for adult and continuing education, 2008(120): 7-18.

[6] Garrison D R. Theoretical foundations and epistemological insights of the community of inquiry[M]. Educational communities of inquiry: Theoretical framework, research and practice. IGI Global, 2013: 2.

[7] Peacock S, Morss K, Scott A, et al. Using ePortfolios in higher education to encourage learner reflection and support personalised learning. In Technology-supported environments for personalized learning: Methods and case studies[M]. Hershey: IGI Global, 2010: 190.

的时代[1]。改变可能是好事，也可能是坏事，但是终归需要思考的空间。如果合适，"反思然后行动"可以产生一个有价值的替代方案。Peacock 等（2012）研究中的第二个案例就是一个例子，学生反思自己的排练记录，然后形成一个反思日记。"他们必须独自开展自己的工作"，这为学生提供了独立成长的机会[2]。

此外，由值得信赖的他人推动或提示的形式进行的外部对话可以加强反思，尤其是作为"实现有意义的和深刻的自我理解、自我认知的手段"（Peacock et al.，2010）[3]。与朋友、同事、教师和专业导师进行讨论和反思可能会刺激学习者的学习、进一步的反思和潜在的变革性学习（Brockbank et al.，2017）[4]。然而，学习者并不总是愿意利用潜在机会就反思活动本身进行外部对话，因为这是一种涉及深层情感的高度个人化和隐私行为，正如 Peacock 等（2010）在研究教师对电子档案袋系统的安全和隐私的担忧时所表明的那样[5]。通常，学生只会信任自己的老师就其反思活动进行的一对一的外部对话（Peacock et al.，2010）[6]。

五、对于教学临场感分析的结论和展望

教师在设计学习活动中的重要性是显而易见的，他们有助于学生获得更高水平的认知临场感和满意度（Shea and Bidjerano，2010）[7]。Ke（2010）[8]也指出，为了给学生创建一个探究社区，我们首先应该产生具有支持性特征的有效教学临场感，以加强在线学习环境中认知临场感和社交临场感的出现。然而，正如 Garrison 所说，很

---

[1] Rose E. On reflection: An essay on technology, education, and the status of thought in the 21st century[M]. Berkeley: Canadian Scholars' Press, 2013: 31.

[2] Peacock S, Murray S, Dean J, et al. Exploring tutor and student experiences in online synchronous learning environments in the performing arts[J]. Creative Education, 2012, 3(7): 1276.

[3] Peacock S, Morss K, Scott A, et al. Using ePortfolios in higher education to encourage learner reflection and support personalised learning. In Technology-supported environments for personalized learning: Methods and case studies[M]. Hershey: IGI Global, 2010: 190.

[4] Brockbank A, McGill I, Beech N. Reflective learning in practice[M]. London : Routledge, 2017.

[5] Peacock S, Gordon L, Murray S, et al. Tutor response to implementing an ePortfolio to support learning and personal development in further and higher education institutions in Scotland[J]. British Journal of Educational Technology, 2010, 41(5): 844.

[6] Peacock S, Morss K, Scott A, et al. Using ePortfolios in higher education to encourage learner reflection and support personalised learning . In Technology-supported environments for personalized learning: Methods and case studies[M]. Hershey: IGI Global, 2010: 202.

[7] Shea P, Bidjerano T. Learning presence: Towards a theory of self-efficacy, self-regulation, and the development of a communities of inquiry in online and blended learning environments[J]. Computers & education, 2010, 55(4): 1723.

[8] Ke F. Examining online teaching, cognitive, and social presence for adult students[J]. Computers & Education, 2010, 55(2): 818.

少有研究涉及教学临场感（Garrison，2011）[①]。

本章小结

本章的目的是希望能结合相关研究，以批判性的思维，进一步理解探究社区理论模型中的临场感。

从本章的批判性分析可以看出，社交临场感已经被证明是一个高度复杂和多方面的结构。尽管Garrison强调"群体认同"在社交临场感发展中的重要性，但本章的研究结论表明，所有的因素，如媒体的影响、个人学习者的技能、学生对线上教学的理解和感知，在线上教学的发展和维护中都同等重要，尤其是在专业课程中更是如此。此外，本书对探究社区理论中"情感弱化"的观点质疑，因为许多新兴的研究表明，学生对在线学习（尤其是协作学习）有强烈的情感反应。虽然元认知可能有助于改善这种情况，但自我调节学习也可以发挥重要作用。

强调小组学习而非个人学习的特点再次出现在对认知临场感的回顾中。批判性思维特别依赖于小组互动和对话。反思并非认知临场感的一个子集，对反思的理解侧重于它在学习中的作用，特别是源于自我的学习，以及对未来自我发展的作用。情感和学习者观念是反思的重要组成部分。我们可以将认知临场感和反思理解为不同但相互关联的概念，鼓励个人和小组学习，也鼓励自主学习。

根据对以学生为中心的教学的理解，本书质疑了教学临场感结构中的紧张关系。尽管Garrison强调了教学中学生的重要性，但在教学临场感的三个范畴中，对学生所起到的作用几乎没有具体说明。对话的规划是探究社区理论的核心，尤其是专注于支持内在思维。此外，内部对话（安静的内心思考时刻）至关重要，尤其是在协作在线学习中。

在本章对探究社区相关重要文献讨论和分析的基础上，本书将在下一章界定"艺术临场感"，对探究社区框架进行改进。

参考文献

[1] Kehrwald B. Understanding social presence in text-based online learning environments[J]. Distance Education, 2008, 29(1): 89-106.

[2] Oztok M, Brett C. Social presence and online learning: A review of the research[J]. Journal of Distance Education, 2011, 25(3): 1-10.

[①] Garrison D R. E-learning in the 21st century: A community of inquiry framework for research and practice[M]. New York: Routledge, 2011: 61.

[3] Fung Y. Collaborative online learning: Interaction patterns and limiting factors[J]. Open Learning: The Journal of Open, Distance and e-Learning, 2004, 19(2): 135–149.

[4] Kehrwald B. Being online: Social presence as subjectivity in online learning[J]. London Review of Education, 2010, 8(1): 39–50.

[5] Gunawardena C N, Zittle F J. Social presence as a predictor of satisfaction within a computer-mediated conferencing environment[J]. American journal of distance education, 1997, 11(3): 8–26.

[6] Boston W, Díaz S R, Gibson A M, et al. An exploration of the relationship between indicators of the community of inquiry framework and retention in online programs[J]. Journal of Asynchronous Learning Networks, 2009, 13(3): 67–83.

[7] Kim J J. Developing an instrument to measure social presence in distance higher education[J]. British Journal of Educational Technology, 2011, 42(5): 763–777.

[8] Swan K, Shih L F. On the nature and development of social presence in online course discussions[J]. Journal of Asynchronous learning networks, 2005, 9(3): 115–136.

[9] Annamalai N, Tan K E. Social presence of the Community of Inquiry (COI) model on an online narrative writing platform via Facebook[J]. Malaysian Journal of ELT Research, 2014, 10(2): 1–18.

[10] Garrison D R. E-learning in the 21st century: A community of inquiry framework for research and practice[M]. New York: Routledge, 2011.

[11] Short J, Williams E, Christie B. The social psychology of telecommunications[M]. London: Wiley, 1976.

[12] Rourke L, Anderson T, Garrison D R, et al. Methodological issues in the content analysis of computer conference transcripts[J]. International journal of artificial intelligence in education, 2001, 12(1): 8–22.

[13] Peacock S, Hooper J. E-learning in physiotherapy education[J]. Physiotherapy, 2007, 93(3): 218–228.

[14] Peacock S, Murray S, Dean J, et al. Exploring tutor and student experiences in online synchronous learning environments in the performing arts[J]. Creative Education, 2012, 3(7): 1269–1280.

[15] Shea P, Bidjerano T. Community of inquiry as a theoretical framework to foster "epistemic engagement" and "cognitive presence" in online education[J]. Computers & Education, 2009, 52(3): 543–553.

[16] Baxter J. Who am I and what keeps me going? Profiling the distance learning student in higher education[J]. International Review of Research in Open and Distributed Learning, 2012, 13(4): 107–129.

[17] Garrison D R, Vaughan N D. Blended learning in higher education: Framework, principles, and guidelines[M]. New York: John Wiley &Sons, 2008.

[18] Gunawardena C N, Zittle F J. Social presence as a predictor of satisfaction within a computer-

mediated conferencing environment[J]. American journal of distance education, 1997, 11(3): 8-26.

[19] Ke F. Examining online teaching, cognitive, and social presence for adult students[J]. Computers & Education, 2010, 55(2): 808-820.

[20] Smith R O. Adult learning and the emotional self in virtual online contexts[J]. New directions for adult and continuing education, 2008, 120: 35-43.

[21] Rogers P, Lea M. Social presence in distributed group environments: The role of social identity[J]. Behaviour & information technology, 2005, 24(2): 151-158.

[22] Salmon G. E-moderating: The key to online teaching and learning[M]. Abingdon: Routledge, 2011.

[23] Baxter J A, Haycock J. Roles and student identities in online large course forums: Implications for practice[J]. The International Review of Research in Open and Distributed Learning, 2014, 15(1): 20-40.

[24] Annand D. Social presence within the community of inquiry framework[J]. International Review of Research in Open and Distributed Learning, 2011, 12(5): 40-56.

[25] Cleveland-Innes M, Campbell P. Emotional presence, learning, and the online learning environment[J]. International Review of Research in Open and Distributed Learning, 2012, 13(4): 269-292.

[26] Oztok M, Brett C. Social presence and online learning: A review of the research[J]. Journal of Distance Education, 2011, 25(3): 1-10.

[27] Oztok M, Zingaro D, Makos A. What social capital can tell us about social presence[J]. British Journal of Educational Technology, 2013, 44(6): E203-E206.

[28] Dewey J. How we think: A restatement of the relation of reflective thinking to the educative process[M]. Boston: D. C. Heath, 1933.

[29] Akbari R. Reflections on reflection: A critical appraisal of reflective practices in L2 teacher education[J]. System, 2007, 35(2): 192-207.

[30] Hébert C. Knowing and/or experiencing: A critical examination of the reflective models of John Dewey and Donald Schön[J]. Reflective Practice, 2015, 16(3): 361-371.

[31] Ecclestone K. The reflective practitioner: Mantra or a model for emancipation?[J]. Studies in the Education of Adults, 1996, 28(2): 146-161.

[32] Eraut M. Schon Shock: A case for refraining reflection-in-action?[J]. Teachers and teaching, 1995, 1(1): 9-22.

[33] Schon D A. The reflective practicioner: How professionals think in action[M]. New York: Basic Books, 1983.

[34] Schön D A. Educating the reflective practitioner: Toward a new design for teaching and learning in the professions[M]. San Francisco: Jossey-Bass, 1987.

[35] Moon J. Reflection in learning and professional development[M]. Abingdon: Routledge, 1999.

[36] Brockbank A, McGill I, Beech N. Reflective learning in practice[M]. London: Routledge, 2017.

[37] Wilson J P. Reflecting-on-the-future: A chronological consideration of reflective practice[J]. Reflective Practice, 2008, 9(2): 177-184.

[38] Bleakley A. From reflective practice to holistic reflexivity[J]. Studies in higher education, 1999, 24(3): 315-330.

[39] Peacock S, Morss K, Scott A, et al. Using ePortfolios in higher education to encourage learner reflection and support personalised learning. In Technology-supported environments for personalized learning: Methods and case studies[M]. Hershey: IGI Global, 2010.

[40] Peacock S, Gordon L, Murray S, et al. Tutor response to implementing an ePortfolio to support learning and personal development in further and higher education institutions in Scotland[J]. British Journal of Educational Technology, 2010, 41(5): 827-851.

[41] Cowan J. On becoming an innovative university teacher: Reflection in action [M]. New York: McGraw-Hill Education, 2006.

[42] Peacock S, Scott A, Murray S, et al. Using feedback and ePortfolios to support professional competence in healthcare learners[J]. Research in Higher Education Journal, 2012, 16: 1-23.

[43] Rose E. On reflection: An essay on technology, education, and the status of thought in the 21st century[M]. Berkeley: Canadian Scholars' Press, 2013.

[44] Garrison D R, Anderson T, Archer W. Critical thinking, cognitive presence, and computer conferencing in distance education[J]. American Journal of distance education, 2001, 15(1): 7-23.

[45] Sfard A. On two metaphors for learning and the dangers of choosing just one[J]. Educational researcher, 1998, 27(2): 4-13.

[46] Beard C. Transforming the student learning experience: A pedagogic model for everyday practice[J]. Hospitality, Leisure, Sport and Tourism Network, 2009: 1-17.

[47] King A. From sage on the stage to guide on the side[J]. College teaching, 1993, 41(1): 30-35.

[48] Nagaraju C, Madhavaiah G, Peter S. Teacher-centred learning and student-centred learning in English classroom: The teaching methods realizing the dreams of language learners[J]. International Journal of Scientific Research and Reviews, 2013, 2(3): 125-131.

[49] Akyol Z, Garrison D R. Educational communities of inquiry: theoretical framework, research and practice[M]. Hershey: IGI Global, 2013.

[50] Saunders G, Klemming F. Integrating technology into a traditional learning environment: Reasons for and risks of success[J]. Active learning in higher education, 2003, 4(1): 74-86.

[51] Rogers C R. Freedom to learn[M]. New York: Macmillan, 1983.

[52] Garrison D R. Theoretical foundations and epistemological insights of the community of inquiry[M]. Hershey: IGI Global , 2013: 1-11.

[53] Shea P, Li C S, Pickett A. A study of teaching presence and student sense of learning community in

fully online and web-enhanced college courses[J]. The Internet and higher education, 2006, 9(3): 175-190.

[54] Akyol Z, Garrison D R. Assessing metacognition in an online community of inquiry[J]. The Internet and higher education, 2011, 14(3): 183-190.

[55] Vaughan N D, Cleveland-Innes M, Garrison D R. Teaching in blended learning environments: Creating and sustaining communities of inquiry[M]. Athabasca: Athabasca University Press, 2013.

[56] Zembylas M, Theodorou M, Pavlakis A. The role of emotions in the experience of online learning: Challenges and opportunities[J]. Educational Media International, 2008, 45(2): 107-117.

[57] Beetham H. Designing for active learning in technology-rich contexts[M]. Rethinking pedagogy for a digital age: Designing for 21st century learning. 2nd ed. London: Routledge, 2013.

[58] Laurillard D. Teaching as a design science[M]. Abingdon: Routledge, 2012.

[59] Jézégou A. Community of inquiry in e-learning: A critical analysis of Garrison and Anderson model[J]. Journal of Distance Education/Revue de l'Education à Distance, 2010, 24(3): 1-18.

[60] Shea P, Bidjerano T. Learning presence: Towards a theory of self-efficacy, self-regulation, and the development of a communities of inquiry in online and blended learning environments[J]. Computers & education, 2010, 55(4): 1721-1731.

[61] Hara N, Kling R. Students' frustrations with a web-based distance education course[J]. First Monday, 1999, 4(12): 6.

[62] Dirkx J M. The meaning and role of emotions in adult learning[J]. New directions for adult and continuing education, 2008(120): 7-18.

第五章　艺术临场感视域下的探究社区模型研究

> 👉 **本章导读**
>
> 　　有关讨论艺术在学习中起到重要作用的研究文献广泛存在，但却很少有关于艺术和美学如何支持和改善在线学习环境的研究。
>
> 　　本章首先回顾了国内外文献中有关在教学中使用艺术的研究和理念，以及艺术教学法与通用学习设计理论所倡导价值之间的联系；其次，介绍了创意艺术治疗师的培训如何使用艺术教学法，阐述了其中成功的教学案例和教学研究能够给其他课程应用艺术所带来的借鉴；再次，简要分析了探究社区框架三维度模型的不足和改进之处，界定了"艺术临场感"，强调了其在线上学习环境中的重要性；最后，通过一些真实的教学案例对"艺术临场感"进行了情境化描述，展示了在线学习环境中艺术方法的运用策略。
>
> 　　2020年的新冠疫情迫使我们迅速调整教学方式，希望本章提出的策略在未来线下、线上混合环境中的课程设计、教学和实践中仍然能够发挥作用，鼓励教学灵活性、幽默感和批判性思维，并提高不同类型学习者的参与积极性。

第一节　教育中的艺术与美学

一、艺术在教育中的价值

　　近代以来，随着世界其他国家有关美育的诸种理论和观念传入中国，中国知识界有了关于美育的诸种概念，人们开始在中华优秀传统文化的土壤中探寻美育的资源（谢敏峰，2023）[①]。党和国家也非常重视美育教育。习近平总书记指出，"做好美育工作，要坚持立德树人，扎根时代生活，遵循美育特点，弘扬中华美育精神，让祖国青年一代身心都健康成长"[②]。在中共中央办公厅、国务院办公厅发布的《关于全面加强和改进新时代学校美育工作的意见》中，对新时代学校美育提出了总体要求、作出了部署，要求"弘扬中华美育精神，以美育人、以美化人、以美培元，把美育纳入各级各类学校人才培养全过程，贯穿学校教育各学段，培养德智体美劳全面发展的社会主义建设者和接班人"。

美育是审美教学与美感教学的结合，通过教育提升学生认识美、理解美、欣赏美、创作美的能力，是新时代培养德、智、体、美、劳全面发展的社会主义建设者和接班人的重要着力点，也在"立德树人"方面发挥着独特的、不可替代的作用。其中，艺术是美育最集中、最典型的形态。

艺术可以为教师和学生提供多种表达形式，包括声音/音乐、动作/舞蹈、戏剧/表演、视觉、文学和媒体艺术等，并能培养学生的感知、观察、倾听、思考、团队合作等技能（Clapp and Edwards，2013）[③]。事实上，杜威（Dewey，1934）很早就提出了艺术对教育的价值，他认为学习是通过人生经历进行的，而艺术体验加深了人们的反思，让人们更愿意将理论与实践融合在一起[④]。杜威认为，艺术家能够"积极地将景观、事件、关系和思想内化，然后在他们的艺术中外化出来"，从而产生新的视角和可能性（Goldblatt，2006）[⑤]。艺术家将价值从一个经验领域转移到另一个经验领域，将其附着于日常生活的物体上，并通过富有想象的洞察力赋予这些物体以意义。因此，艺术作为生活体验和潜在体验的象征，随着每一次互动而不断变化，最终给人们提供了多种视角。从心理学的角度来看，人在与客观环境的互动和交往中，至少存在两种心理活动：一种是有意识的心理活动，即主体对客体的主动认识和理性认识，可以被称为"生活体验"；另一种是无意识的心理活动，是主体对客体的不自觉认识，属于人们潜意识层面的一种非理性的、无特定思维目标的心理活动，可以被称为"潜在体验"。这种无意识的体验状态或已形成潜意识记忆的体验经历，

[①] 谢敏峰.寻求美育的特殊规律[N].中国教育报，2023-06-29.

[②] 习近平.做好美育工作弘扬中华美育精神　让祖国青年一代身心都健康成长[N].人民日报，2018-08-31（1）.

[③] Clapp E, Edwards L. Expanding our vision for the arts in education[J]. Harvard Education Review. 2013, 83(1): 5-14.

[④] Dewey J. Art as experience[M]. Carbondale: Southern Illinois University Press, 1934.

[⑤] Goldblatt P. How John Dewey's theories underpin art and art education[J]. Education and culture, 2006, 22(1): 17-34.

教师可以进行"刻意的"指引，让学生继续挖掘，激活学生记忆中点滴印象，指导学生将这些印象合理加工，即可有效地转化为创意性的成果（如学生过去的一些经历，将其丰富化，写成作文或论文）。

杜威的观点影响了当时和后续人们关于学习方式的观念。例如，Jung 于 1935 年提出了积极想象（Active Imagination）的概念，即通过视觉化、书面、口头叙述和绘画等方式表达思想、图像和信念（Jung，2015）[①]。从学习的角度来看，积极的想象力通过促进潜在的思想、感觉和欲望之间的新的关系来指导有意识的身体，从而创造了思想和身体的"桥梁"（Semetsky，2012）[②]。在杜威的思想基础上，Bruner（1966）描述了一种学习过程，这种学习过程在动作表征（行动）、图像表征（真实情况的图像）和象征再现之间往复变化[③]。此外，在教育中使用艺术可以鼓励社交情感参与，整合不同的观点，甚至促进对传统上不涉及艺术的学科的探究。例如，Sutherland（2000）探索了将艺术和非语言方法整合到传统的"核心课程"（如数学课）中，有助于掌握课程知识[④]。Thibodeau 和 Boroditsky（2011）的研究也表明，象征性、隐喻性和诗意思维可以塑造论证能力[⑤]。正如 Webster 和 Wolfe（2013）[⑥]在《哈佛教育评论》中写到的那样：

"艺术教学法使学生能够在探索一切与自己有关的、自己能感受和理解到的客观事物时，建立起与自己头脑中原有的'想象'之间的关系。这种'风景式'的欣赏不是指教师可以将其作为'额外'的奢侈品，而是我们认为艺术方面对于学习经验至关重要，教师可以帮助学生建立一些重要的知识关联。"

1973 年，Freire（2021）以批判的视角，为我们理解艺术在教育中的价值作出了重要贡献[⑦]。他将法典编纂描述为"收集本地的信息和生活经验，以创建真实情境的视觉形象，然后利用这些形象来产生批判性思维和辩论"。Boal（1979）通过亲历学习（Enactive Learning，通过反应结果获得的学习）进一步发展了 Freire 的思想，他的研究要求参与者积极地去搜寻、应用和反思信息，而不是被动接受，他把信息作

---

① Jung C G. Jung on active imagination[M]. Princeton: Princeton University Press, 2015.
② Semetsky I. Jung and educational theory[M]. Hoboken, NJ: Wiley-Blackwell, 2012.
③ Bruner, J. S. Toward a theory of instruction[M]. Cambridge, MA: Harvard University Press, 1966.
④ Sutherland F L. Earthquakes and Volcanoes[M]. New York: Reader's Digest, 2000.
⑤ Thibodeau P H, Boroditsky L. Metaphors we think with: The role of metaphor in reasoning[J]. PloS one, 2011, 6(2, e16782): 1–11.
⑥ Webster R S, Wolfe M. Incorporating the aesthetic dimension into pedagogy[J]. Australian Journal of Teacher Education (Online), 2013, 38(10): 21–33.
⑦ Freire P. Education for critical consciousness[M]. London: Bloomsbury Publishing, 2021.

为学习和开拓思维的手段[1]。

Lorde（1984）将艺术，尤其是诗歌，视为学习和反学习（选择性地抛弃那些过时的竞争力）的自由认识论[2]。正如她所写："诗歌不是奢侈品。它是我们确实存在的重要需求……诗歌是帮助我们给无名之物命名以便思考的方式。我们的希望和恐惧的最远外部视野是由我们的诗歌铺就的，从我们日常生活的经验岩石中雕刻而成。"Hooks（1994）也广泛地写到了她在教育中使用表达性写作、讲故事、基于艺术的体验及个人思考在课堂中的作用，将教育视为情感和人际自由的实践[3]。

二、艺术与通用学习设计理论

艺术在教育中被用来与不同类型的学习者进行互动，并更全面地包容他们（Simmons and Hicks，2006）[4]。Bloom（1956）[5]在学术界广泛使用的学习分类方法涉及情感领域，而 Gardner（2000）[6]的多元智能理论包括了音乐节奏、视觉空间和身体运动等多种认知方式。最近，通用学习设计理论关注情感与学习的关系及教学材料中文本的主导性。通用学习设计理论强调需要多种参与、多种表达和多种呈现的方式，以便学生在"获取和理解信息、展示他们的知识以及增强动机和坚持力"方面有多种途径可供选择。而艺术通过增强社交情感应对技能和自我意识来支持这些目标，使学生能够找到适当的需求与资源之间的平衡，以保持努力学习的状态，促进协作和自我调节（Farrington et al.，2019）[7]。

很明显，学习的艺术维度涉及高阶思维技能、想象力、创造力、学习的自我调节、人际互动、情感和社交参与的强大组合。鉴于有关艺术在教育中重要性的丰富见解，我们有必要审视艺术在创意艺术治疗师培训中的整合方式，其中艺术被视为感知、认知、调节和表达生活经验的方式。

---

[1] Boal A. Theater of the oppressed[M]. London: Pluto Press, 1979.
[2] Lorde A. The Master's Tools Will Never Dismantle the Master's House. Sister Outsider: Essays and Speeches[M]. Ed. Berkeley, CA: Crossing Press, 1984.
[3] Hooks B. Teaching to transgress: Educating as the practice of freedom[M]. New York, NY: Routledge, 1994.
[4] Simons H, Hicks J. Opening doors: Using the creative arts in learning and teaching[J]. Arts and Humanities in Higher Education, 2006, 5(1): 77-90.
[5] Bloom, Benjamin S, et al. Taxonomy of Educational Objectives[M]. New York: Longman, 1956.
[6] Gardner H E. Intelligence reframed: Multiple intelligences for the 21st century[M]. London: Hachette UK, 2000.
[7] Farrington C A, Maurer J, Aska McBride R R, et al. Arts education and social-emotional learning outcomes among K-12 students[J]. University of Chicago Consortium on School Research, 2019: 1-47.

第二节 创意艺术治疗师培训中的艺术教学法

艺术治疗师是一类专业人士,他们通过艺术手段来帮助人们解决心理问题,提升心理健康。艺术治疗师通常会运用绘画、音乐、舞蹈和戏剧等艺术形式,帮助人们处理和解决心理问题,改善心理健康。艺术治疗师的工作内容非常丰富,他们不仅需要掌握各种艺术手段,还需要了解人类心理和精神健康的知识。在工作中,艺术治疗师需要观察和倾听客户的需求,了解他们的心理问题,然后制定个性化的治疗方案。在治疗过程中,艺术治疗师还需要与客户进行沟通和交流,帮助其更好地理解和表达自己的情感和体验。

虽然有些人可能会认为"创意艺术治疗师"涉及的应该是"治疗师和被治疗者"相关的医学领域,但本书不关注这方面的内容。但从艺术治疗师的工作内容和工作技巧可以发现,很多有趣的艺术手段是完全可以被借鉴到教育领域的。一些改善心理健康、缓解紧张情绪(如日常学习压力,或者线上学习时的不安)的方法不仅迎合本书第二章和第三章讨论的通用学习设计理论,而且对于改善教师与学生之间的沟通效果,帮助学生表达自己的学习诉求和体验也会提供有价值的借鉴。

近些年虽然关于研究艺术在创意艺术治疗师(Creative Arts Therapists)的教学和培训中如何运用的文献不多,但数量仍然在不断增加。值得一提的是,文献不仅包括面对面的线下教学,还包括线上教学的研究,这给我们提供了更丰富的借鉴。其中比较多的研究是关注艺术创作在艺术治疗教育中的重要性。

一、艺术治疗教育中艺术创作的运用

在非支持性的教育、组织和实践的背景下,Wix(1996)探讨了艺术治疗教育计划中工作室的布置方法和意义,他针对艺术治疗教育者展开了调查,调查涉及将艺术工作室的要求与实习结合到他们的教育课程中,以及将艺术纳入教育计划的效果[①]。调查结果发现,工作室为艺术创作和艺术治愈提供了绝佳场所。类似地,Cahn(2000)也探讨了艺术创作在艺术治疗教育中的作用,并提出了一种以工作室为基础的教育模式,作为探索硕士阶段艺术治疗课程中将"艺术"与"治疗"分开讲授的

---

① Wix L. The art in art therapy education: Where is it?[J]. Art Therapy, 1996, 13(3): 174-180.

一种可能的途径[①]。

Deaver 和 McAuliffe（2009）[②] 及 Fish（2008）[③] 探讨了艺术创作在监督和实习培训中的运用。其中，Deaver 和 McAuliffe（2009）使用了定性多案例的研究方法，探讨了 4 名艺术治疗专业学生和 4 名咨询专业学生在实习期间对视觉日志的反应[④]。而 Fish（2008）认为，图像制作是艺术治疗监督（保证艺术治疗管理有效进行）的常见组成部分，但其使用尚未得到正式评估[⑤]。于是他提出了形成性评价（指在教学过程中为了解学生的学习情况，及时发现教学中的问题而进行的评价）研究，用于调查学生对艺术监督的反应。定量和定性数据表明，人们普遍认为艺术监督是一种有用的方法。后续 Deaver（2012）还通过一项混合研究，考察了北美艺术治疗硕士研究生教育中基于艺术的教学方法的使用，得出了关于哪些课程是基于艺术的方法（如课堂上的个人艺术创作、双人或小组艺术创作、作为课程作业的学生艺术项目、视觉日志和作为论文重点的学生艺术创作）而被采用，分析了基于艺术的学习策略的功能、好处和缺陷，强调了在课程中持续使用艺术的教育方法对于学生个人和专业发展的重要性[⑥]。

还有一些研究讨论了教学研究中基于艺术的评估方法。比如，Julliard 等（2000）认为，基于艺术的课程评估可以作为丰富的信息来源，让教师了解课程如何影响学生的教育历程并实现其目标[⑦]。在舞蹈/动作治疗中，舞蹈被看作知识的源泉（Capello，2007）[⑧]，也是培训者精神和身体成长的手段（Federman，2011；Payne，2004）[⑨][⑩]。而作为一名舞蹈/动作治疗（Dance/Movement Therapy）教育者，Young 教学生如何识别自己的动作模式，如何临床评估被治疗者的动作，以及如何创建促

---

① Cahn E. Proposal for a studio-based art therapy education[J]. Art Therapy, 2000, 17(3): 177-182.

② Deaver S P, McAuliffe G. Reflective visual journaling during art therapy and counselling internships: A qualitative study[J]. Reflective Practice, 2009, 10(5): 615-632.

③ Fish B J. Formative evaluation research of art-based supervision in art therapy training[J]. Art therapy, 2008, 25(2): 70-77.

④ 同②。

⑤ 同③。

⑥ Deaver S P. Art-based learning strategies in art therapy graduate education[J]. Art Therapy, 2012, 29(4): 158-165.

⑦ Julliard K N, Gujral J K, Hamil S W, et al. Art-based evaluation in research education[J]. Art Therapy, 2000, 17(2): 118-124.

⑧ Capello P P. Dance as our source in dance/movement therapy education and practice[J]. American Journal of Dance Therapy, 2007, 29: 37-50.

⑨ Federman D J. Kinaesthetic change in the professional development of dance movement therapy trainees[J]. Body, Movement and Dance in Psychotherapy, 2011, 6(3): 195-214.

⑩ Payne H. Becoming a client, becoming a practitioner: Student narratives of a dance movement therapy group[J]. British Journal of Guidance & Counselling, 2004, 32(4): 511-532.

进康复和健康的动作干预。Young（2012）认为，身为教育者应该扩展动作技巧的"资源库"，这样能够提高教学效果，更好地培养未来的舞蹈/动作治疗师[1]。此外，在音乐治疗的课程中，音乐治疗实习生也首先被要求学习主要乐器使用、打击乐技巧、作曲和即兴创作等一系列音乐能力，然后才将这些技能应用于音乐治疗的情境中（Goodman，2011）[2]。Knight 和 Matney（2012）强调了如何提升功能性打击乐技能的教学价值，具体方法是在传授给音乐治疗专业学生这些技能的同时，提供情境化的教学环境[3]。后续 Knight 和 Matney（2014）还指出，音乐治疗文献中很少出现"教学法"一词，建议由于缺乏该领域的实证研究，有必要进一步研究未来音乐治疗师的培训[4]。

除了舞蹈和音乐，也有一些研究是关于戏剧治疗教育的。作为一个领域，戏剧治疗是一个混合体，它最明显地指两门学科——戏剧和心理治疗，需要两者共通的原则和技术。在简要讨论了这个相对年轻的领域的跨学科性质之后，Landy（1982）提出了训练戏剧治疗师的四部分教育模型[5]。这种方法将强调戏剧治疗师在戏剧和心理治疗方面的技能。后续很多学者又在四部分教育模型基础上进行了拓展，提出了更多的以戏剧为基础的学习形式融入教学的方法（Landy，2005）[6]，包括使用现有戏剧角色和独白来了解临床诊断（McMullian and Burch，2017）[7]，在戏剧治疗师的临床监督中具体体现客户和治疗师之间的互动（Landy et al.，2012）[8]，以及将情境、心理动力学、亲历学习与体验活动相结合（Butler，2017a）[9]。

此外，Butler（2015）撰写了关于在戏剧治疗课堂中使用戏剧练习的文章，并断言这种方法在戏剧治疗教育中是必要的，戏剧治疗教育必须让学生参与"持续地体

---

[1] Young J L. Bringing my body into my body of knowledge as a dance/movement therapy educator[J]. American Journal of Dance Therapy, 2012, 34: 141-158.

[2] Goodman K D. Music therapy education and training: From theory to practice[M]. Springfield: Charles C Thomas Publisher, 2011.

[3] Knight A, Matney B. Music therapy pedagogy: Teaching functional percussion skills[J]. Music Therapy Perspectives, 2012, 30(1): 83-88.

[4] Knight A, Matney B. Percussion pedagogy: A survey of music therapy faculty[J]. Music Therapy Perspectives, 2014, 32(1): 109-115.

[5] Landy R J. Training the drama therapist—A four-part model[J]. The Arts in Psychotherapy, 1982, 9(2): 91-99.

[6] Landy R J, McLellan L, McMullian S. The education of the drama therapist: In search of a guide[J]. The Arts in Psychotherapy, 2005, 32(4): 275-292.

[7] McMullian S, Burch D. I am more than my disease: An embodied approach to understanding clinical populations using Landy's Taxonomy of Roles in concert with the DSM-5[J]. Drama Therapy Review, 2017, 3(1): 29-44.

[8] Landy R, Hodermarska M, Mowers D, et al. Performance as art-based research in drama therapy supervision[J]. Journal of applied arts & health, 2012, 3(1): 49-58.

[9] Butler J D. Re-examining Landy's four-part model of drama therapy education[J]. Drama Therapy Review, 2017, 3(2): 75-86.

验—反思—实践，而不仅仅是认知反思"①。他的定性研究还指出，在不让培训学生变成治疗对象的情况下，培养学生认识到从事治疗工作的复杂性，以及基于艺术的实践学习的重要性（Butler，2017b）②。

二、创意艺术治疗和在线学习

2020年以前，只有少数的文献探讨如何对创意艺术治疗师进行线上教学，但随着新冠疫情的全球性暴发，线上学习更加受到重视，相关研究成果也开始迅速增加。在早期的研究中，Vega和Keith（2012）聚焦于音乐治疗课程的线上学习范围③。他们研究发现，许多接受调查的音乐治疗教育工作者收到并回复了关于在线学习的询问，这表明人们对将音乐治疗适应在线和远程环境的兴趣日益增长。这项初步的调查研究提供了音乐治疗在线学习状况的一个快照，截至该研究发表的日期，尚未存在完整的在线音乐治疗培训计划。

LaGasse和Hickle（2017）使用混合研究的方法比较了学生对社群感知和音乐治疗师学习的感知，学生样本被分为线上学习和线下住校学习两组④。定量研究结果发现，线上学习和线下住校学习的学生在社群感知方面没有显著差异。定性数据则表明，教师的存在、同伴互动和多种在线工具对于在线课程的学员来说，在营造社群意识方面很重要。在线学生对成绩的感知在统计上的得分显著高于住校学生，研究人员将其归因于在线学生在该领域有更多的经验，因此在学习过程中投入更多。该研究的缺陷是没有使用定性或定量的方法来检验音乐或美学在社群感知或学习观念中的作用。

Beardall等（2016）概述了一个全面的混合低居住制（Low-residency，跟Part-time的课程有些类似，为了方便有些学生可能无法长期待在学校学习而设置，所以是一个可能有部分线下内容，但绝大多数授课方式与地点比较灵活的、全日制的课程）的培训发展计划，用于培训舞蹈/动作治疗师⑤。作者描述了其试图发展一种"在

---

① Butler J D. Playing with reflection in drama therapy education[M]. Rotterdam: Sense Publishers, 2015.
② Butler J D. The complex intersection of education and therapy in the drama therapy classroom[J]. The Arts in Psychotherapy, 2017, 53: 28-35.
③ Vega V P, Keith D. A survey of online courses in music therapy[J]. Music Therapy Perspectives, 2012, 30(2): 176-182.
④ LaGasse A B, Hickle T. Perception of community and learning in a distance and resident graduate course[J]. Music Therapy Perspectives, 2017, 35(1): 79-87.
⑤ Beardall N, Blanc V, Cardillo N J, et al. Creating the online body: Educating dance/movement therapists using a hybrid low-residency model[J]. American Journal of Dance Therapy, 2016, 38: 407-428.

线临场感体验",以作为学生和教师在在线环境中创建和维持身体和情感临场感的方式。他们通过一系列明确的活动,比如布置事先录制的和同步的舞蹈练习任务,以及教师"倾听和观察学生的语言和非语言线索,并及时谨慎地做出回应",来为舞蹈／动作学生创造机会,去信任他们的"身体感受",减轻线上学习带来的不便。作者在文章中用很大篇幅阐述他们所使用的一系列同步和异步工具来进行教学、讨论和布置作业的情况,这对于其他有兴趣开发或改进创意艺术治疗师在线学习或线上、线下混合学习的人可能会很有帮助。

鉴于此,Blanc(2018)进行了现象学的初步研究,更深入地探讨了这个概念[①]。她提出了基于艺术的反应(Arts-based Responses)与动作及认知学习之间分层参与的重要性。她提供了这些分层任务的示例,并指出进一步研究体验式临场感和利用艺术创造有意义的在线学习环境的重要性。Sajnani 等(2020)提供了一所大学向混合式授课模式转变以进行表达治疗法培训的经验,概述了在线创意艺术治疗师教育学中的最佳实践[②]。这些实践可以以"SPECTRAA"作为缩写,各个字母依次代表师生联系(Student-Faculty Contact)、及时反馈(Prompt Feedback)、有效利用技术(Effective Use of Technology)、沟通期望(Communication of Expectations)、完成任务的时间(Time on Task)、尊重多样化的能力和学习风格(Respect for Diverse Abilities and Learning styles)、主动式学习(Active Learning)及艺术和体验式临场感(Aesthetic and Embodied Presence)。

Pilgrim 等(2020)公布了对莱斯利(Lesley)大学首个低居住制(Low-Residency)戏剧治疗学群体的研究结果[③]。这项现象学研究调查了该群体的学习体验,发现利用技术和艺术表达的虚拟方法创造身体感知、教学联系和人际关系的体验至关重要。该研究还发现,在线上、线下混合式课程的在线教学环节中,有几位学生开始转向其他教学媒介。此外,该研究报告称,该项目最重要的价值在于批评一些课程的教师缺乏关系建立和沟通方面的能力。这篇文章对于解决教师如何在课程设计和教学中培养艺术临场感以支持关系建立和艺术创作,从而减轻学生在在线学习环境中面临的困难具有重要贡献。

Feniger-Schaal 等(2022)意识到新冠疫情导致了前所未有的在线治疗的转变,

---

① Blanc V. The experience of embodied presence for the hybrid dance/movement therapy student: A qualitative pilot study[J]. The Internet and Higher Education, 2018, 38: 47–54.

② Sajnani N. Digital interventions in drama therapy offer a virtual playspace but also raise concern[J]. Drama Therapy Review, 2020, 6(1): 3–6.

③ Pilgrim K, Ventura N, Bingen A, et al. From a distance: Technology and the first low-residency drama therapy education program[J]. Drama Therapy Review, 2020, 6(1): 27–48.

尤其是对创造性艺术疗法（一种在治疗关系中有意使用视觉艺术、戏剧、音乐、舞蹈和诗歌的医疗保健专业）产生了重大影响[1]。研究者调查了新冠疫情如何影响创意艺术治疗师的临床实践，以及在22~86岁的1206种创造性艺术疗法（92%为女性）的国际样本中，在线实践的特征。该研究的受访者分别完成了封闭式和开放式的问题，提供了在在线实践中什么可行、什么不可行的例子。研究结果表明，创造性自我效能感在缓冲治疗师计算机舒适度对其在线临床实践感知差异的影响中起着有意义的作用。治疗师对自己能力的自信积极地促进了其对在线练习的适应。总体而言，研究结果指出了创意艺术治疗师向在线实践过渡的必然。

在最新的一篇研究中，Korman-Hacohen等（2023）也注意到了长久以来新冠疫情大流行带来的不确定性、焦虑和不稳定。在教育框架内，许多艺术治疗师需要迅速转向在线工作[2]。这种突然的转变挑战了他们的技能和职业信心，并构成了增加职业倦怠的风险因素。于是，该研究分析了当地政府在危机最严重的时期提供的30小时远程艺术治疗课程，该课程提供了在线教学技能的相关指导，降低了教育系统中艺术治疗师倦怠的风险。对于该课程的分析涉及四个主要领域：课程参与者对课程的期望、课程参与者的收获和见解、课程参与者的反馈和建议、现场应用。总的来说，在课程结束时，参与者报告说他们在远程艺术治疗形式中看到了更多的可能性。

综上所述，艺术治疗师能够通过绘画、音乐、舞蹈、戏剧等艺术手段解决人们的心理问题，提升心理健康水平。这些技巧若运用到教育行业，也能帮助学生提升心理健康水平，减小学习压力。更重要的是，关于艺术在创意艺术治疗师的线上教学和培训中的运用技巧，也给其他学科的线上教学提供了宝贵的借鉴。

第三节　艺术临场感视域下探究社区模型的改进

对于在线学习实践的指导，比较成功的基础理论之一就是探究社区模型（Community of Inquiry Model，COIM）。探究社区模型的最大特点是整合了三个能够让学习者得到成功学习体验所需的"临场感（Presences）"（Garrison and Cleveland-

---

[1] Feniger-Schaal R, Orkibi H, Keisari S, et al. Shifting to tele-creative arts therapies during the COVID-19 pandemic: An international study on helpful and challenging factors[J]. The Arts in psychotherapy, 2022, 78: 101898.

[2] Korman-Hacohen S, Regev D, Roginsky E. Outcomes of professional training in online arts therapies in the education system[J]. International Journal of Art Therapy, 2023, 28(3): 135-141.

Innes，2005）①。此外，探究社区模型强调教育体验的重要性，超越了仅仅掌握学习内容或认知参与的层面。它的提出是为了应对在以文本为基础的教学环境中创造一种强烈的社区（Community）意识的挑战（Garrison et al.，2001）②。本节对探究社区模型中的教学临场感、社交临场感和认知临场感进行简要回顾，并对该模型提出需改进之处。

一、探究社区模型的三个维度

1. 教学临场感

教学临场感是对一个人认知的设计、促进和指导的过程，目的是实现个人意义并得到具有教育价值的学习成果"（Anderson et al.，2001）③。在传统的面对面课堂环境中，教学临场感是直观的，使教师和学生可以通过非语言线索进行有效交流，但是在线环境中的教学临场感则需要进行特别的设计和策划。Glazier（2016）开展了一项关于线上课堂的研究，探讨在线上课堂中建立融洽关系的策略，目的是提高学生的学习成功率，方法包括提供视频更新、个人邮箱地址和对学生作业的个性化评论④。研究发现，那些能通过与老师建立融洽关系和交流方式的学生，可以获得更高的成绩并保持更低的退课率。

2. 社交临场感

社交临场感特别强调的是，在计算机作为沟通媒介的背景下，环境能够促进"即时性"的程度。正如Rourke等（2007）所描述的，社交临场感包括口头交流和非语言交流，可以增加教师和学生的亲密度和互动性；社交临场感通过在学习者社群中激发、容忍和支持批判性的思想来认知目标，能够让学习者感知到社交和情感上的投入，以促进学习（Rourke et al.，2007）⑤。社交临场感被认为是学生满意度的一

---

① Garrison D R, Cleveland-Innes M. Facilitating cognitive presence in online learning: Interaction is not enough[J]. The American Journal of Distance Education, 2005, 19(3): 133-148.

② Garrison D R , Anderson T, Archer W. Critical thinking, cognitive presence, and computer conferencing in distance education[J]. The American Journal of Distance Education, 2001, 15(1): 7-23.

③ Anderson T, Liam R, Garrison D R, & Archer, W. Assessing teaching presence in a computer conferencing context[J]. Journal of the Asynchronous Learning Network, 2001, 5(2): 1-18.

④ Glazier R A. Building rapport to improve retention and success in online classes[J]. Journal of Political Science Education, 2016, 12(4): 437-456.

⑤ Rourke L, Anderson T, Garrison D R, & Archer, W. Assessing social presence in asynchronous text-based computer conferencing[J]. International Journal of E-Learning & Distance Education, 2007, 14(2): 50-71.

个关键预测因子，在 Gunawardena 和 Zittle（1997）的研究中，学生学习满意度 60% 的驱动因素来自社交临场感[1]。Sung 和 Mayer（2012）确定了社交临场感的五个维度，即"社交尊重（如及时回应）、社交分享（如共享信息或表达信念）、开放思维（如表达一致意见或接受积极反馈）、社交身份（如被称呼姓名）、亲密（如分享个人经历）"，这五个维度对学生的成功和满意度有积极影响[2]。值得注意的是，也有学者认为社交临场感不需要作为探究社区模型中的一个独立存在，并对其内涵进行了批判（Annand，2011）[3]。

3. 认知临场感

探究社区模型的第三个维度是认知临场感。Garrison 等（2001）认为，认知临场感是培养批判性思维技能的学习环境的基础[4]。虽然它受学习者掌控，但也在很大程度上是由学习经历中的互动引导的。认知临场感的根本原则是参与实际的探究过程，以及"在任何特定配置的探究社群中，参与者能够通过持续的交流进行意义建构的程度"（Garrison et al.，1999）[5]。

此外，Garrison 和 Cleveland-Innes（2005）认为，认知临场感依赖于整个教学经历中所发生互动的质量，建议教师提供明确的教学活动的期望和结构安排，执行与预期教学目标相一致的评估，并选择可管理的和适当的在线教学内容[6]。

正如 Garrison 等（1999）所阐述的，认知临场感促进了学生通过探索和意义建构来解决出现在学习中的问题[7]。这里所说的"意义建构"，来自意义建构理论（Sense-Making Theory），该理论形成于 20 世纪 60 年代，由布伦达·德尔文（Brenda Dervin）于 1972 年提出。该理论的核心内容是信息不连续性、人的主体性以及情境对信息渠道和信息内容选择的影响。意义建构理论认为，信息研究应由"来源强

---

[1] Gunawardena C N, Zittle, F J. Social presence as a predictor of satisfaction within a computer-mediated conferencing environment[J]. The American Journal of Distance Education, 1997, 11(3): 8-26.

[2] Sung E, Mayer R E. Five facets of social presence in online distance education[J]. Computers in Human Behavior, 2012, 28(5): 1738-1747.

[3] Annand D. Social presence within the community of inquiry framework[J]. The International Review of Research in Open and Distributed Learning, 2011, 12(5): 40-56.

[4] Garrison D R, Anderson T, Archer W. Critical thinking, cognitive presence, and computer conferencing in distance education[J]. The American Journal of Distance Education, 2001, 15(1): 7-23.

[5] Garrison D R, Anderson T, Archer W. Critical inquiry in a text-based environment: Computer conferencing in higher education[J]. The internet and higher education, 1999, 2(2-3): 87-105.

[6] Garrison D R, Cleveland-Innes M. Facilitating cognitive presence in online learning: Interaction is not enough[J]. The American Journal of Distance Education, 2005, 19(3): 133-148.

[7] Garrison D R, Anderson T, Archer W. Critical inquiry in a text-based environment: Computer conferencing in higher education[J]. The internet and higher education, 1999, 2(2-3): 87-105.

调"转向"使用者强调"。这种转向,将信息寻求与信息使用视作一种沟通实践的模式。

二、探究社区模型的缺陷

探究社区模型本质上是一种简化论的思想,通过对学习社区的组成部分进行剖析,供有兴趣确保完整学习体验的教师和教学设计师进行讨论与分析。就其全面性而言,仍不断有学者探讨该模型的缺陷或者是否有其他的"临场感"存在。Lam(2015)[1]及Shea和Bidjerano(2010)[2]意识到探究社区模型缺乏对学习者的明确关注,通过实证调查研究提供了充分的论据。Vladimirschi(2012)探讨了全球线上学习社群中教师多元文化效能,指出探究社区模型有必要考虑跨文化的影响[3]。Cleveland-Innes和Campbell(2012)提出有必要将"情感临场感(Emotional Presence)"作为社交临场感的一部分,进一步扩展该理论模型[4]。类似地,Kang等(2007)提出了"情绪临场感",认为"情绪(Emotion)"是在线学习的一个关键因素,需要进行特别关注[5]。在回顾了以往有关情绪临场感测量工具的相关研究后,该研究以418名大学生为研究对象,验证了情绪临场感的维度。具体来讲,情绪临场感由感知、表达和管理这三个主要构念组成。

早先Reeves(2006)在其研究中提出过"代理临场感",与经常被忽略的学习者的主观能动性有关,主观能动性强调学习者自我调节的发展。后续也有学者建议

---

[1] Lam J. Collaborative learning using social media tools in a blended learning course[C]. Hybrid Learning: Innovation in Educational Practices: 8th International Conference, ICHL 2015, Wuhan, China, July 27-29, 2015, Proceedings 8. Springer International Publishing, 2015: 187-198.

[2] Shea P, Bidjerano T. Learning presence: Towards a theory of self-efficacy, self-regulation, and the development of a communities of inquiry in online and blended learning environments[J]. Computers & education, 2010, 55(4): 1721-1731.

[3] Vladimirschi V. Exploratory Study of Cross-Cultural Engagement in the Community of Inquiry: Instructor Perspectives and Challenges[C]. E-Learn: World Conference on E-Learning in Corporate, Government, Healthcare, and Higher Education. Association for the Advancement of Computing in Education (AACE), 2012: 1942-1947.

[4] Cleveland-Innes M, Campbell P. Emotional Presence, Learning, and the Online Learning Environment[J]. International Review of Research in Open & Distance Learning, 2012, 13(4): 269-292.

[5] Kang M, Kim S, Park S. Developing an emotional presence scale for measuring students' involvement during e-learning process[C]. Ed Media+ Innovate Learning. Association for the Advancement of Computing in Education (AACE), 2007: 2829-2832.

将"代理临场感"作为探究社区模型框架中的第四个维度[①]。而 Beardall 等（2016）[②]和 Blanc（2018）[③]则呼吁将"自身临场感"纳入探究社区模型框架中，以强调身体感知和情感参与的重要性，特别是在培训舞蹈治疗师方面。国内学者对于探究社区模型的研究大多是基于该模型内部维度关系的探讨。比如，贾利锋和李海龙（2016）利用 Sakai 网络虚拟教学平台上在线学习的 614 名本科生数据，检验临场感对在线学习者学习认知的影响[④]。杨璨（2020）基于探究社区模型，提出了"线上+线下"的混合教学模式[⑤]。

此外，近年来发表的在线教育的相关文献多数偏离了先前"临场感"的讨论范畴，更强调教学实践和学习目标的相关性、教学内容的重要性、学习目标与内容之间的联系，以及教学方法和教学工具的丰富性，例如，多种多媒体来源（包括音频、视频和文本）在项目中进行个体和协作表达的机会、多种学习反思的方法（包括写作、播客和视频）等（Kumar, et al., 2019）[⑥]。

三、界定"艺术临场感"

教学经验表明，在线学习的"艺术临场感"提高了探究社区模型中三个维度的效果。例如，熟练地使用图像、声音、音乐、视频和音频日志及临场发挥，为教师和学生提供了多种方式来沟通和表达自己（教学临场感），开放式的探讨能让学习者参与知识的理解（认知临场感）及交流互动（社交临场感）。

通过把艺术和审美运用到教学中，学习往往能产生丰富的讨论和对话，特别是当学生遇到感兴趣的话题（如餐饮文化课程讨论学生的家乡特色菜，播放烹饪的视频和提供菜肴的图片）。事实上，Parrish（2009）将艺术体验描述为"高度的、沉

---

① Reeves T C. How do you know they are learning? The importance of alignment in higher education[J]. International Journal of Learning Technology, 2006, 2(4): 294-309.
② Beardall N, Blanc V, Cardillo N J, et al. Creating the Online Body: Educating Dance/Movement Therapists Using a Hybrid Low-Residency Model[J]. American Journal of Dance Therapy, 2016, 38(2): 1-22.
③ Blanc, V. The experience of embodied presence for the hybrid dance/ movement therapy student[J]. The Internet and Higher Education, 2018, 38: 47-54.
④ 贾利锋, 李海龙. 基于混合方式的虚拟学习研究 [J]. 创新科技, 2016（1）: 75-78.
⑤ 杨璨.基于探究社区模型的"线上+线下"混合式教学模式研究[J].广西广播电视大学学报, 2020, 31(5): 50-55.
⑥ Kumar S, Martin F, Budhrani K, et al. Award-winning faculty online teaching practices: Elements of award-winning courses[J]. Online learning, 2019, 23(4): 160-180.

浸式的、特别有意义的体验",并且它们"对我们来说很重要"[①]。虽然艺术教学法在提高学生在线学习兴趣方面有出色的表现,但这并不意味着基于文本的反馈不能构建有效的学习社群,而是一些"艺术手段"的效果可能更好。Kumar等（2019）也已经证明了利用多感官学习环境的技术可以增加在线学生的社群感[②]。例如,一项关于在线学习中异步音频反馈的研究发现,音频反馈在传达细微差别方面比基于文本的反馈更有效。反馈的效果与学生"感觉"所增加的学习社群参与和学习互动有关,与所增加的可下载学习内容有关,还与学生能够感知到的教师关怀有关（Ice et al.,2007）[③]。在这项研究中,当提供音频评论时,学生参与学习应用内容的可能性是只提供文本评论时的3倍,这表明学生对课程内容的参与度更高。由此,本书提出了艺术临场感的定义,并在下一节提出如何将其应用于在线学习环境以改善学习体验的对策建议。

"艺术临场感"包含了高级思维技能、想象力、创造力、自我调节学习、人际互动和情感、社会情感参与等,涉及符号、隐喻和多感官技术的动态相互作用,以促进复杂的、突发的、情感方面有困难的对话得以实现。教学中注意使用主动的、标志性的、象征性的、具体化的和其他能够影响感官的策略,可以培养学习者的开放性思维、联系性思维、灵活性思维和批判性思维,从而促进教学对话。"艺术临场感"可以体现在教学方法中,嵌入在面对面课程、混合教学和在线课程设计中,包括应用在各种课程活动和课程作业中,甚至在学生与学生之间都可以营造"艺术促进交流"的使用氛围。

综上所述,本课题在"艺术临场感"视角下,与第三章所提出的通用学习设计支持的价值观及高校课程设计理念相联系,构建新的探究社区理论模型,模型的概念如图5-1所示。

---

① Parrish P E. Aesthetic principles for instructional design[J]. Educational Technology Research and Development, 2009, 57(4): 511-528.
② Kumar S, Martin F, Budhrani K, et al. Award-winning faculty online teaching practices: Elements of award-winning courses[J]. Online learning, 2019, 23(4): 160-180.
③ Ice P, Curtis R, Phillips P, et al. Using asynchronous audio feedback to enhance teaching presence and students' sense of community[J]. Journal of Asynchronous Learning Networks, 2007, 11(2): 3-25.

第五章 艺术临场感视域下的探究社区模型研究

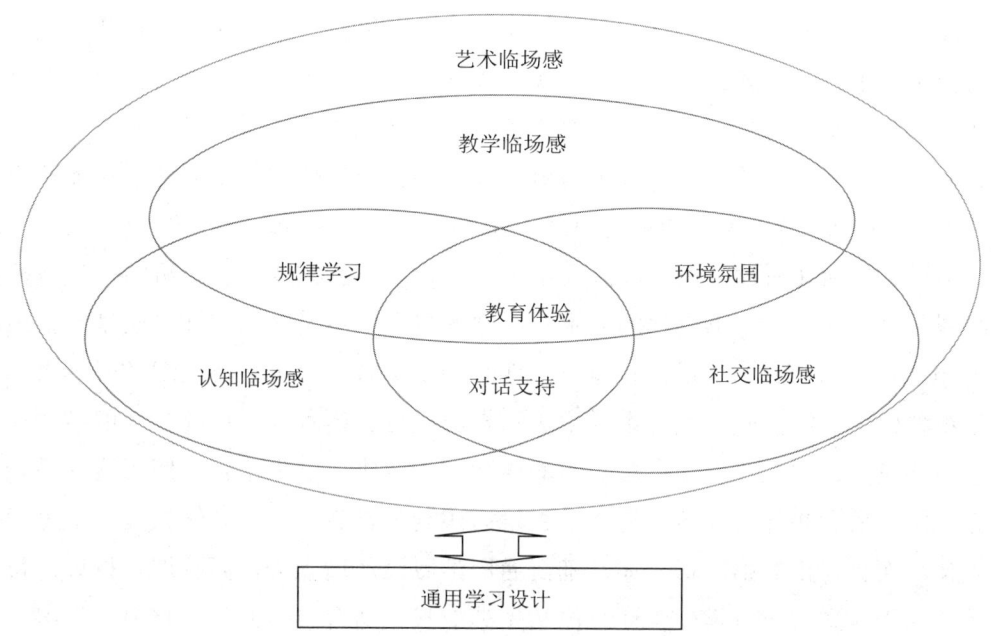

图 5-1 艺术临场感视域下的探究社区模型概念
资料来源：笔者根据相关资料整理绘制而成。

由图 5-1 可知，新的探究社区模型的四个维度既存在区别，也存在相互联系。

首先，保持认知临场感与教学临场感之间相互协调的关键因素是"规律学习"，即在线上教学期间，除了提供足够的、丰富的学习材料（如 PPT 课件、阅读材料、相关链接、慕课推荐等）保证学生能随时进行异步学习，也要规律性地维持原先的课程时间计划（可以使用各种在线学习软件和平台，如智慧树、学习通、钉钉、腾讯会议等），保证学生按时上课并在课堂中及时地思考与互动。

其次，保持认知临场感与社交临场感之间相互协调的关键因素是"对话支持"，即在线上学习期间，无论是同步学习还是异步学习，教师一定要尽可能及时地给予学生反馈，解答学生疑问。对于所布置的课后作业和任务，教师也要做到百分之百地给予批改和反馈意见。这方面的网络和设备技术支持也有很多，如腾讯 QQ、微信等国内常见的线上对话交流软件，前面提到的智慧树、学习通等在线学习平台，博客、优酷、微博、电子邮件等其他分享沟通平台。幸运的是，当今时代人与人之间的线上沟通不一定非要依赖台式电脑，方便的智能手机作为移动端提供了随时随地接收和发送信息的便利。

再次，保持教学临场感与社交临场感之间相互协调的关键因素是环境氛围，这方面的因素是线上学习的核心难点，依赖于技术和设备的支持、教师的技巧及学生的兴趣之间的协调与配合。幸运的是，随着社交媒体在日常生活中的普及，人们已经适应了线上交流方式，甚至对于有些高校学生来说，线上手机交流会比线下见面沟通在感觉上更为舒适和顺畅（本书第八章的调查研究会具体阐述这些发现）。虽然有些人会觉得"玩手机"造成了与他人面对面交流机会的减少，导致线下社交场合中难以适应等问题，但这些问题并不是本书主要研究和讨论的范畴。

最后，如前文所述，探究社区模型只是一种基本的框架，它剖析的是学习社区的组成部分。因此，本书提出的艺术临场感的概念并不是在探究社区模型框架内作为第四个独立的领域。相反，新冠疫情期间的线上教学通过解构在线学习（大二和大三本科生）和混合式（大一本科生）的学习过程，笔者发现探究社区模型明显缺失了一些东西，即在线教学方法实施的成功与否取决于学生是否有使用这种在线学习方式的动机和兴趣。显然，将艺术手段运用到日常教学中，必然会提升学生的学习兴趣。而且，正如第三章所述，基于通用学习设计理念进行高校课程设计，目的正是使课程能适合所有学生，让每位学生都能找到适合自己的学习材料、学习方法和学习工具。这也就是为什么在通用学习设计理念与探究社区理论在线上学习的相关研究与实践中，应该是相互促进的关系（如图5-1双向箭头所示）。

随着艺术在教学方法中的灵活运用及计算机技术的进一步发展，未来的线上教学也许会比线下教学更加便利和流畅。

第四节 在线课程设计中融入艺术临场感的实践建议

本节提供了从国内外的高校教师及笔者自己设计和讲授课程的实践经验中提取的若干生动、真实的教学案例，阐述如何在在线课程设计中融入艺术的教学手段。这些示例展示了在认知临场感、社交临场感和教学临场感方面如何实现艺术临场感。具体的实践建议包括必要的教育机构和技术支持，表情符号和幽默教学风格的应用，多感官技术支持的即兴表演，反思性、协作性的艺术创作和故事讲述等。

一、通过技术支持培养艺术临场感

人们生活在一个以视觉为主导的经济环境中，情感表达、生活体验和内容分享很多都是通过动画、视频（短视频）和生物识别技术（"扫脸"识别、指纹识别、声音识别和AI绘图等）等进行传达的。尽管传统的教学设计在技术方面存在不足，但最近的教学设计文献却普遍强调艺术体验的价值。随着人们捕捉和分享图像及视频的能力日益普及，教师在在线学习方面的能力也得到了转变（Nakamura，2009）[①]。现在，人们可以轻松地将艺术临场感融入在线教学和混合教学中，这直接得益于随处可以使用的技术，这些技术可以轻松地进行音频录制、视频录制、图像共享和实时交互。如今的学习者可以轻松地拍照或录制视频，并通过越来越多的社交媒体平台与他人共享这些多媒体内容。如果教育机构提供的工具能够支持这些功能（如在教学平台中提供微信、QQ 等外部分享链接），他们还可以在教学体验中进行个人分享。更有意义的是，这些分享不是常见的生活分享或娱乐分享，而是学习分享，对培养学习氛围和增进他人的学习动机可能作出很大的贡献。

因此，本书建议在关键的教育平台上进行投资，或者建立隶属国家或地方教育委员会的教育平台，这些平台与国家监管的学习管理系统集成，支持学生和教师将多媒体资源无缝链接地集成到学习过程中。功能方面可以借鉴的软件或平台有很多，比如以下几款。

（1）Voicethread。一款语音识别工具，可以将语音转换成文字，并添加标签、注释等元素，用于记录会议内容、整理笔记等。

（2）Kaltura。一款基于 Flash 技术的在线视频编辑工具，最主要的特点是能支持多人协作编辑，Kaltura 上处理的视频媒体可以通过网页内嵌代码输出到 Blog 或者个人网页上。

（3）FaceTime。智能地分辨出说话人的声画，并且进行强调表现，比如在多人视讯中，某个人正在讲话，软件就会强调某人的视讯框，视讯框的形式也会更加多样。同时，新增的人像模式也能够虚化背景从而突出视频者。腾讯会议软件也有类似的功能。

（4）LiveText。具有可以识别图片里的文字并实时转译功能，如黑板上的文字、广告中的信息、花字等都可以通过该软件去捕捉里面的信息。目前支持英语、中文、法语、德语、意大利语、西班牙语及葡萄牙语。

（5）智慧树网。隶属上海卓越睿新数码科技股份有限公司，是全球大型的学分课程运营服务平台。服务的会员学校超 3000 所，已有超 1.6 亿人次大学生通过智慧树网跨校修读并获得学分。智慧树网帮助高校会员实现跨校课程共享和学分互认，完成跨校选课修读。线上结合线下的多种教学过程互动，让学生在积极参与中沟通、

[①] Nakamura K. The significance of Dewey's aesthetics in art education in the age of globalization[J]. Educational theory, 2009, 59(4): 427–440.

协作、批判、表达。

当然，类似的网站、平台和软件还有很多，每位学习者根据使用习惯都有多种选择，例如，笔者在新冠疫情期间主要使用的线上教学平台就是智慧树网。这类工具还可以进一步集成到地方或高校的学习管理系统中，设计直观的用户界面，让学生能够轻松选择和使用。随着软件工具和平台不断进行功能性和适用性升级，教师和学生在使用这些工具时几乎不需要额外的技术专业知识，只需提供简单的操作流程说明即可。

此外，当学习者和教师具备基本的在线沟通的技术技能和艺术手段时，在线环境也将得到极大改善。例如，学习者和教师需要注意录制视频时的环境和背景，以确保它不会分散注意力。使用静态的背景就是一个好方法，它既可以保证视频录制者的隐私，也可以避免动态变化的背景让学习者转移注意力。虚拟背景的功能在很多会议平台得到使用，例如，腾讯会议提供了很多可供下载的虚拟背景图。同样，他们需要基本的画面构图方向，以确保捕捉到关键的视觉数据，并且需要基本的音频知识，以确保音频对于教学听众来说是合适的。最后，对于艺术临场感的承诺应该贯穿在线学习平台的用户界面设计始终。从教师的角度来看，一个精心设计、直观易用的界面传达了对即将展开学习的学生的关心，努力改善在线学习环境，而这就需要培养艺术临场感。

二、通过表情符号和幽默培养社交临场感

从面对面教学转向线上教学环境时，最大的挑战之一是创造即时性的氛围和情感参与的机会。学习过程中可能出现各种各样的情绪，包括激发学习动力的积极情绪、增强创造性思维的积极情绪，以及不能见到真实同学的消极情绪、对未来不确定的消极情绪等。如果管理不当，可能会削弱学习效果，影响学习过程。Meyer 和 Jones（2012）认为技术可能阻碍学习过程中的情感参与，以及更重要的整体学习过程的参与方式[①]。他们指出："例如，电子邮件阻碍了个人准确地感知他人情绪状态的机会，因为无法看到或感受到对方，从而减弱了共情。"这也可以被解释为"网络去抑制效应"或者"网言无忌效应"（Online Disinhibition Effect）。"网言无忌效应"是人们在网络上交流时特有的现象。不同于人们在现实生活中面对面的交流，人们在

---

① Meyer K A, Jones S J. Do Students Experience "Social Intelligence", Laughter, and Other Emotions Online?[J]. Journal of asynchronous learning networks, 2012, 16(4): 99-111.

网络中会感觉自由，变得更加肆无忌惮，并且更倾向于无视各种社会约束或社交禁忌。也就是说，沟通者在网上会更诚实坦率地表达自我，他们变得不那么谨慎，也较少进行自我监控。

事实上，在新冠疫情期间，笔者一直进行线上、线下随时切换的混合式教学，在线上课堂讲课过程中也发现被授课学生出现类似的情况。比如，有的学生说自己是边吃饭边听课，有的学生说自己是边坐车边听课，还有的学生可能仅仅是"挂机"而并没有听课。而这些真实情况却是在课后，笔者与学生沟通时对方"肆无忌惮"地说出来的。当然，教师可以通过不定时签到或线上即时互动来考查学生是否真正在线听课，但同时考查所有学生的时间成本和技术难度却很大。更重要的是，听课也许并不是关键所在，达成学习目标才是最重要的，至于学习者是在何种状态下听课、学习并完成最终的课程考核，也许应该给予他们空间上和时间上足够的自由。

在线学习中可以使用表情符号、表情图标和其他形式的情感表达来提升社交临场感。正如 Dunlap 等（2016）所写的那样：人们弥补非语言行为和情感参与缺失的一种方式是使用表情符号和其他形式的情感表达[①]。例如，人们使用"：-）"表示他们快乐或微笑。当在基于文本的多媒体通信（如电子邮件、论坛、短信、社交网络）中使用时，表情符号可以作为非语言行为和线索的文本提示，旨在以高效、直接和透明的方式传达意图和情感。

表情符号可以促进学生之间的微妙交流，可以用来在虚拟课堂中注入幽默感，为教师和学生提供在学习方面的身体和情感方面的提示。例如，学习累了，或者不开心，可以用"￣へ￣"表示。Orr（2010）也建议在进行线上教学时使用表情符号，以及通过文本"敲字"来对身体或情感方面的状态进行描述[②]。此外，Meyer 和 Jones（2012）总结了在线课程中使用幽默的方式，认为学习中的幽默可以帮助学生增加参与学习的动力、与他人学习互动的动力，享受学习的积极性，增强学习社群中的联系，以及给学习社群"注入活力"[③]。他们认识到，线上学习中的"笑声"比面对面环境更少见，因此呼吁人们更好地去了解学生上网时情绪表达的方式，包括开心、悲伤和愤怒是如何传达给他人的。Goodboy 等（2015）提出了"教学幽默加工"理论，认为与课程内容相关的幽默可能具有激励作用，而其他类型的幽默可能会分散注意

---

① Dunlap J C, Bose D, Lowenthal P R, et al. What sunshine is to flowers: A literature review on the use of emoticons to support online learning[J]. Emotions, technology, design, and learning, 2016: 163–182.

② Orr P P. Distance supervision: Research, findings, and considerations for art therapy[J]. The Arts in Psychotherapy, 2010, 37(2): 106–111.

③ Meyer K A, Jones S J. Do Students Experience "Social Intelligence", Laughter, and Other Emotions Online?[J]. Journal of asynchronous learning networks, 2012, 16(4): 99–111.

力，甚至干扰学习[1]。Rourke 等（1999）讨论了幽默和情感表达的重要性，认为它们可以帮助教师建立适合在线学习的社交临场感[2]。

从技术角度来看，为了增加"幽默元素"，在线教学平台需要投资于允许使用表情符号和头像的用户界面。这还意味着在线教育可能需要建立个性化的学习环境（如手机、平板电脑等），以便用户使用个性化的情感技术和"库存"进行交流（Dabbagh and Kitsantas，2012）[3]。这些"库存"的来源非常广泛，包括个人从网络下载的静态图（bmp、jpg、jpeg 格式等）、动态图（gif 格式等），与其他同伴线上沟通时存储他人的"库存"，或从一些网站下载的已经预先制作好的表情包，如几年前比较热门的"阿狸表情包"。

除了这些"成品"图像或符号，一些能够制作贴图的软件也提供了更多个性化的选择。如软件 Bitmoji 是一款个性化表情符号 App，允许用户创建自己的虚拟形象，该软件还提供各种各样的表情、动作和场景，使用户能够以自己的方式表达情感和思想，并且还可以在各种社交媒体上与朋友分享（Dabbagh and Kitsantas，2012）[4]。Sajnani（2020）就曾经使用 Bitmoji 探索并创建了 Landy 关于戏剧治疗中的角色、反面角色和指导者的概念[5]。当然，如果不愿意使用这些个性化的软件，或者平时习惯使用的教学平台不具备图像展示的功能，一些传统的表情符号也仍然能够表达情感。

学生通常都喜欢创造和分享，因此在在线课堂中使用这些有趣的交流方式，能提高他们的学习兴趣。在在线学习中培养情感即时性（快速表达情感）和幽默感的机会，始于初期沟通和布置作业时教师所设定的基调，并通过教师的示范来实现。在教学实践中推动在线学习时，笔者发现在学期初期通过示范使用表情符号或文本去描述非语言的情感线索，有助于后续学生在在线学习平台上更广泛地采用情感线索进行交流。

当学生上一门新课或大一年级新生第一次上课时，他们常常需要一个"破冰活动"。这是因为学生经常是带着先入为主的学习观念来到教室的，这些观念对他们

---

[1] Goodboy A K, Booth-Butterfield M, Bolkan S, et al. The Role of Instructor Humor and Students' Educational Orientations inStudent Learning, Extra Effort, Participation, and Out-of-Class Communication[J]. Communication Quarterly, 2015, 63(1): 44–61.

[2] Rourke L, Anderson T, Garrison D R, et al. Assessing social presence in asynchronous text-based computer conferencing[J]. The Journal of Distance Education/Revue de l'ducation Distance, 1999, 14(2): 50–71.

[3] Dabbagh N, Kitsantas A. Personal Learning Environments, social media, and self-regulated learning: A natural formula for connecting formal and informal learning[J]. The Internet and higher education, 2012, 15(1): 3–8.

[4] Dabbagh N, Kitsantas A. Personal Learning Environments, social media, and self-regulated learning: A natural formula for connecting formal and informal learning[J]. The Internet and higher education, 2012, 15(1): 3–8.

[5] Sajnani N . Digital interventions in drama therapy offer a virtual playspace but also raise concern[J]. Drama Therapy Review, 2020, 6(1): 3–6.

来说很难被放弃。几乎所有的教育者都遇到过不情愿的学习者，他们拒绝参与课堂学习，课堂上没有什么能帮助他们摆脱"保护壳"（Chlup and Collins，2010）[①]。教育工作者通常会寻找旨在建立融洽关系的教学策略，帮助学生相互了解，消除紧张、陌生感、相互之间的隔阂、相处时的尴尬，使学生快速熟悉学习环境，快速进入学习状态，融入整个教学班，为每个人都创造感到舒适的教室学习环境。而"破冰环节"顾名思义，就是以各种活动方式"打破僵局"，帮助学生相互了解并开始交谈，缓解人与人之间的压抑或紧张情绪，建立信任。教师作为"破冰者"应鼓励所有人参与进来（Goodyear et al.，2001）[②]。除了方便教师简单地了解学生的名字外，"破冰环节"还可以为课堂带来幽默感，为同学们建立融洽的关系，有助于提高学生的参与度，增加学生学习的持久性，并最终提高学生的学习成绩。

线下的教室里"破冰环节"可能仅仅是口头表述，但线上课堂提供了使用全方位、多感官技术进行互动的绝佳机会。例如，教师可以布置一个"签到"或自我介绍的任务，要求学生上传一段文字，并附带一个视频、卡通形象、照片、舞蹈、歌曲、漫画或诗歌，以展示他们是谁，或者为什么选择参加这门课程。再如，可以在线上同步课堂开始时要求学生通过视频发出声音、做出动作，以展示他们对课程作业的观点和感受。班级成员展示了各种各样的动作、声音和情感，表现出一定程度的压力。当他们看到班级中其他人和自己同样发出这些声音、做出同样的动作时，许多人都会突然爆发出笑声，并通过语言表达出他们与其他同学的联系更加紧密了。这种身体感知和情感表达都能推动投入性游戏的展开，学生也能更好地参与到线上课堂的学习中。

事实上，教师应先通过艺术化的自我介绍来做一个"颇具冒险精神的"尝试，以增强在线教学临场感和社交临场感。毕竟，对于不熟悉的事物，每个人都可能害羞或者担心失败、做不好，但如果教师"抛砖引玉"一下，也许会收获意想不到的效果。让教师参与到同样的艺术性的学习任务中可以培养出一种教师和学生之间的信任感。正如 Lowenthal 和 Dunlap（2010）所建议的，教师与学生之间距离所产生的障碍可能"淡化甚至消除在线教师的人性化——他们的情感、幽默、同情和共鸣[③]。这些人性化品质，通过个人分享建立起来，帮助学生对教师产生信任和联系，

[①] Chlup D T, Collins T E. Breaking the ice: Using ice-breakers and re-energizers with adult learners[J]. Adult Learning, 2010, 21(3-4): 34-39.

[②] Goodyear P, Salmon G, Spector J M, et al. Competences for online teaching: A special report[J]. Educational Technology Research and Development, 2001: 65-72.

[③] Lowenthal P R, Dunlap J C. From pixel on a screen to real person in your students' lives: Establishing social presence using digital storytelling[J]. The Internet and Higher Education, 2010, 13(1-2): 70-72.

这是培养社交临场感的基础"。他们在课程中使用教师的自我披露（通过坦率地表达个人感受或个人过去的经验和经历的方式，诱导并引起学生心理的自我开放并进一步表露真实想法）、数字化讲故事（一种使用数字媒体，如图像、声音和视频来讲述故事的方法，通常以个人叙事或社区故事为主题），以及贯穿各个学习任务的实验促进了更深入、更有意义的社交临场感，并减少了许多在线学习者常常表现出的孤立感。

将幽默融入在线课程，有助于激励学生更多地参与讨论，有助于营造积极的学习环境（Anderson，2011）[1]。Bacay（2006）还指出，幽默可以在学生之间建立联系，深化其对学习的好奇心和渴望，帮助学生记忆关键的学习信息，帮助他们容忍"困难"或造成心情"挫败"的学习材料[2]。Stambor（2006）的研究也表明，幽默对心理和生理都有好处，有助于学生学习[3]。当在线讲授潜在的心理负荷高的主题时，刻意选择一些包含幽默感的教学材料和教学方法可能特别有效。魏钧等（2010）通过质化研究，总结出了 23 种教学幽默技能，这些技能可以创造愉悦的教学氛围[4]。当然，幽默和情感表达都是根植于文化的，教师应以批判性和跨文化的视角来使用幽默这一工具，并关注差异性和社会规范。

三、通过即兴表演培养教学临场感

教学通常被认为是一种创造性的表现。虽然教学水平与教学效果（如学生成绩）的比较最初是为了强调教师要具备创造力，但它们却与当代对照本宣科式教学的改革努力联系在一起。脚本式教学与强调课堂协作的建构主义、探究式和对话式教学方法相对立。为了深入了解这些方法，我们必须修改"教学即表演"的比喻：教学应该是即兴表演。将教学设想为即兴创作，突出了有效课堂实践的协作性和突发性，有助于我们理解课程材料与课堂实践的关系，并说明为什么教学是一种创造性的艺术（Sawyer，2004）[5]。而这种创造性表演的观点，Lessinger 和 Gillis（1976）也表示

---

[1] Anderson D G. Taking the "distance" out of distance education: A humorous approach to online learning[J]. Journal of Online Learning and Teaching, 2011, 7(1): 74-81.

[2] Bacay S C. Humour in the classroom-A dose of laughter won't hurt[J]. Triannual newsletter by the Centre for Development of Teaching and Learning, 2006, 10(1): 1-3.

[3] Stambor Z. How laughing leads to learning[J]. Monitor on Psychology, 2006, 37(6): 62.

[4] 魏钧,李吏豫,蔡安雅.教学幽默的质化研究——北京高校第六届青年教师教学基本功比赛案例研究[J]. 现代教育技术，2010，20（8）：67-69,74.

[5] Sawyer R K. Creative teaching: Collaborative discussion as disciplined improvisation[J]. Educational researcher, 2004, 33(2): 12-20.

赞同，他们认为，教学最好可以通过表演中的隐喻（用一种事物暗喻另一种事物）来展示[①]。类似地，Timpson 和 Tobin（1982）也指出，"教学表演"中的角色、情感、具象、声音、表达和游戏等方面对培养学生的想象力和好奇心至关重要[②]。

在线环境中，教师更容易变成一个没有面孔、没有生气的虚拟体，表达出的内容很少能够激发和丰富学习环境。在远程教育刚产生时，可能学习者认为能满足异地性学习就已经"很幸福"了。然而随着技术的进步，如今的学习者对于与教师和同伴互动的期望也发生了转变。Page 等（2007）注意到了用户期望的转变，他们表示，"学习者不希望在不同的媒体中保持被动角色……他们希望积极参与和情感投入，操作学习对象，并期待一定程度的情感和互动"[③]。事实上，我们也可以观察到，在在线教学和线上、线下混合教学中，学习者对与教师进行真实互动或者通过各种媒体进行互动的期望增加了。融入即兴表演，可以避免在线环境中的呆板表达。虽然预先录制的讲座、预先编写的教材及严格安排的在线讨论和互动是常态，但这并不是说结构化的实践没有用处。正如 Sawyer（2004）所指出的，纪律性创新涉及重复惯例和即兴互动之间的相互作用[④]。

在实际的在线教学中，艺术临场感包括各种策略。明确学习者的期望和时间安排很重要，但不应排除抓住即兴教学创作的机会，以保持学习者热情和参与度的高涨。例如，在某个课程设计中，教师可以制定一个时间表，每周按顺序安排一名学生作为指定材料的班级讨论领导者，该学生要负责在规定的时间内发布问题供同学们回答。通过让学生自己提出而不是教师提出问题，这种课程模式保持了一种"新鲜感"。这种方法还赋予了多样观点的重要性，鼓励教师以即兴的方式回应以文本材料为主的讨论流程。再如，教师可以邀请学生根据每周的阅读材料创作一个"艺术性"的答案，并将其作为对该周指定阅读材料中课后问题的参考意见。这种"艺术性"的答案指的是除了文本的参考意见，还可以创作短视频、图画或者实物。根据课程的主题，教师可能会添加与每周教学内容相关的其他文章、视频、艺术创作或新闻信息，确保每年重复讲授的课程都能以焕然一新的教学目的和内容展开。

通过同步视频教学进行现场即兴表演可以提高线上课程参与度。使用像 Periscope、

[①] Lessinger L M, Gillis D. The Who, What, how and why of "Teaching as Performing Art" [M]. Columbia: University of South Carolina, 1976.

[②] Timpson W M, Tobin D N. Teaching as performing: A guide to energizing your public presentation[M]. Upper Saddle River: Prentice Hall, 1982.

[③] Page T, Hepburn M, Lehtonen M, et al. Emotional and aesthetic factors of virtual mobile learning environments[J]. International Journal of Mobile Learning and Organisation, 2007, 1(2): 140-158.

[④] Sawyer R K. Creative teaching: Collaborative discussion as disciplined improvisation[J]. Educational researcher, 2004, 33(2): 12-20.

YouTube Live、Facebook Live、腾讯会议、哔哩哔哩、抖音和小红书这样的平台，学生能够立即参与课程内容互动。一位大学教师曾每月举办"8号创建日（Create on the 8th）"活动，让在校生和其他线上学习者形成社群并进行互动。这些活动涉及在平台空间进行直播，校园内的学生参与艺术创作、写作、唱歌和朗诵自己的诗歌，其他学生则可以线上参与（Beardall，2016）[①]。因此，笔者建议教师尝试运用艺术和多感官技术的方式进行课程设计，这样可能会为吸引线上学习者提供新的可能性。

四、通过艺术创作和故事讲述培养认知临场感

反思性、协作性的艺术创作和故事讲述可以增强认知临场感。艺术可以鼓励学生参与实践，在实践中实现个人经历与所呈现、应用和反思的学习材料的对话。例如，在线上课程中，每周拍摄视频讲座不仅可以为该周的学习主题和文献阅读提供框架思路，还可以将个人经历与学习反思结合起来。下面列举三个教学案例对此进行说明。

教学案例 1

> 有一个关于艺术治疗课程的教学案例讨论了音乐的作用。在该门课程中的一个教学模块里，教师给学生讲述了一个关于她祖母的简短故事。她的祖母在去世几个月前一直身体不适，于是她在祖母床边演奏音乐，使祖母不再无休止地沉浸在身体的痛苦中，而是对时间和空间有了更好的感知，缓解了祖母的情绪和不适感。与学生分享这个故事提供了一个具体的真实的案例，展示了老龄化、音乐和疼痛的交叉动力学，增强了教师在线上的社交临场感，鼓励学生将自己学习到的教学材料理解得更有意义。学生被邀请分享关于自己与音乐相关的故事，多名学生除了上传文字叙事，还额外上传了视频或音频剪辑内容。

教学案例 2

> 在另一门关于全球心理健康背景下讨论创伤和康复的课程中，教师要求学生（所有学生都是医疗保健提供者或人道主义援助专家）制作一段视频，用

---

① Beardall N, Blanc V, Cardillo N J, et al. Creating the Online Body: Educating Dance/Movement Therapists Using a Hybrid Low-Residency Model[J]. American Journal of Dance Therapy, 2016, 38(2): 1–22.

来交流他们如何为创造康复环境作出贡献。尽管最初有些不理解,但学生最终几乎一致表示,创建视频的任务是该门课程最优秀的方面之一。学生表示,选择和编辑图像、声音和视频片段的创作过程促进了他们对这一重要主题的反思。

教学案例 3

笔者在讲授一门旅游管理专业课程《餐饮文化与运营管理》时,给每位学生布置了一项作业,作业要求如下文所述。

每位同学制作一个 PPT,该演示文稿应符合以下要求:介绍"某国家或某地区的餐饮文化";介绍的内容可以包括该国家或地区的饮食习惯、特色食物、特色饮料、特色宴会等;演示文稿的容量至少 20 页,可配合视频或其他展示材料,注意注明班级、学号和姓名;每位演讲者的展示时间为 10 分钟,演讲表现将计入平时成绩。

很多学生都是选择自己家乡的餐饮文化作为作业内容进行展示。普遍的方法是使用电脑播放 PPT(图 5-2),并通过投影设备在教室里给其他同学进行投影展示,也有学生从一些平台或网站收集了相关的视频材料进行展示。

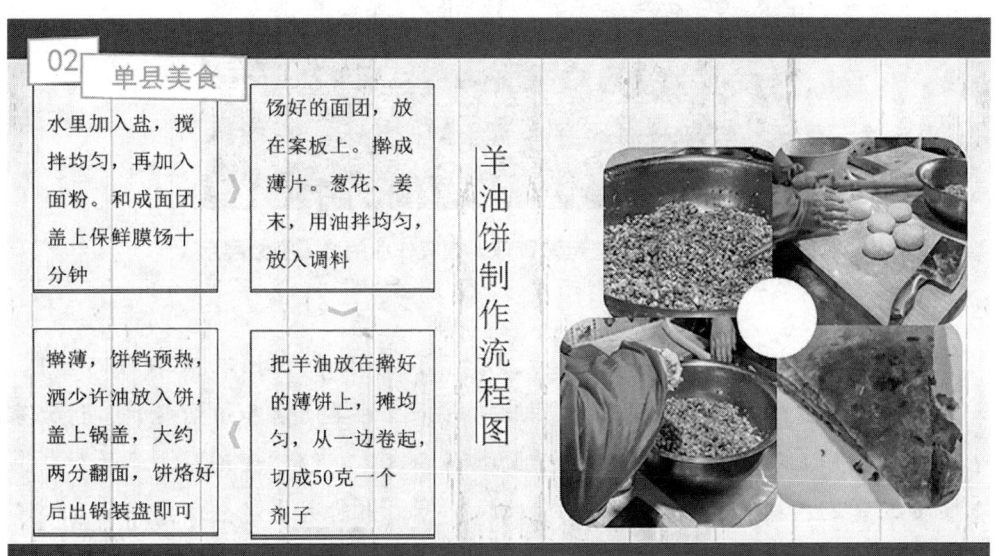

图 5-2 《餐饮文化与运营管理》课程作业的个人 PPT 展示

资料来源:笔者在实际教学中收取的学生作业。

其中,最受关注和欢迎的一个作业是这样展示的,那名学生特意回了一趟自己的家乡，通过收集素材拍摄了一个 vlog（博客的一种类型，全称是 video blog 或 video log，意思是视频记录，强调时效性，以影像代替文字或相片，可以用于写个人网志，并上传与网友分享），vlog 的内容包括她的家乡风景、当地一个著名餐馆的外景、所介绍菜品的制作过程等（图 5-3）。

图 5-3 《餐饮文化与运营管理》课程作业的个人视频展示 1
资料来源：笔者在实际教学中收取的学生作业。

此外，她还播放了另一个视频，展示了该 vlog 的制作过程（图 5-4）。之后，她还特意给全班同学准备了作业中所介绍的羊油饼和吊炉烧饼，供大家品尝。这个作业展示不仅包含了演示文稿和多媒体视频"理论"方面的材料，更重要的是还包括了品尝食品的"实践"环节，当时引发了全班广泛的参与、互动和讨论。

图 5-4 《餐饮文化与运营管理》课程作业的个人视频展示 2
资料来源：笔者在实际教学中收取的学生作业。

除了个人的艺术创作，多人协作性的艺术创作也能促进学生在在线课堂中的认知联系，而教师应该在整个课程中为其提供机会。一般来说，小组任务为学生提供了与同伴合作的机会，允许学习者共同解决问题（Fink，2013）[①]。小组任务培养了学习者的社交技能、口头交流能力、个人责任感、群体关系处理能力及相互依赖的分工意识，而这些能力都可以通过融入艺术临场感来更好地支持在线教学（Kaufman et al.，1997）[②]。事实上，教学设计与实施的一部分工作是给学习者提供机会来提高他们的认知能力，同时让认知能力与社交能力和情绪方面的能力相辅相成地提升，而这些都可以通过运用艺术临场感来增强。

从实施的角度来看，为了使团队合作学习的效果更好，教师应尽早分配学习团队，以便让学生按预期计划共同完成或分工完成特定任务。在理想情况下，团队合作任务应该进行阶梯式设计，定期开展检查，并在两个检查阶段之间留出足够的时间供小组讨论和推进他们的集体工作，或者教师可以根据作业任务共同创作的策略对学生进行指导（Paulus，2005）[③]。如果最终产品是学术论文或基于文本的作业，那么将作品最终成果的一部分以视觉形式呈现，可以有效地支持学习者展示其对艺术

---

① Fink L D. Creating significant learning experiences: An integrated approach to designing college courses[M]. San Francisco, CA: John Wiley & Sons, 2013.

② Kaufman D, Sutow E, Dunn K. Three approaches to cooperative learning in higher education[J]. Canadian Journal of Higher Education, 1997, 27(2/3): 37-66.

③ Paulus, T M. Collaborative and cooperative approaches to online group work: The impact of task type[J]. Distance education, 2005, 26(1): 111-125.

临场感的运用。下面用一个教学案例来做说明。

在一门线上、线下混合教学的课程中，教师布置了一个有关文化素养的小组作业。在面对面的线下教学住校期间，整个教学班被划分成若干由2~4名学生组成的小组，教师要求每个小组于学期后期在线上展示他们的最终作品。在这个任务中，小组成员首先选择一部涉及文化素养主题的电影或电视节目，并被要求通过对影视节目所属文化的历史、概念、共同参照、符号和价值观的理解给出自己的批判性分析。然后，他们被要求通过共同创作一个艺术作品（音乐、图像或视频等）来整合并展示他们的观点，并使用 Voicethread（本节对该平台进行了介绍，它使学生能够在单一平台上呈现他们的艺术作品、幻灯片和口头演示）在15分钟内展示他们的艺术作品。其他学生能够在该平台上留下对这个艺术作品的语音评论，从而增强了学生之间的课堂互动。

例如，一个小组将他们的演示重点放在人们从跨文化交流中可能获得和可能失去的东西。其中，一名小组成员先创作了一件视觉艺术作品，在没有对作品进行任何解释的情况下，将其电子版发送给下一个成员。下一个成员观看了这件视觉艺术作品，根据自己对原始影视节目和他们对收到的视觉艺术作品的理解拍摄了一段舞蹈视频。最后，两名成员观看了这段舞蹈视频，并根据原始影视节目和他们组员的视觉艺术作品创作出了自己的诗歌作为反馈。在他们的 Voicethread 演示中，这个小组上传了三件艺术作品，然后描述了他们每个人的创作意图、他们如何看待组员的作品，以及在听到其他人从他们的艺术创作中得出了什么样的观点时，产生的分歧、惊喜或新的学习感悟。

这项作业要求学生不仅要参与，而且要通过艺术手段创造性和协作性地制作出作品，从而提高了学习材料的利用率，促进了学习社群的形成。在课程评估中，学生经常强调这个作业任务是一种新的将个人理解与艺术创作两个过程交织在一起的方式，也是一个与其他学生联系的机会。

本章小结

艺术应该在教育培训中发挥重要作用，它在线上学习环境中尤其重要，这是因为在缺乏面对面接触的情况下，学生多感官参与学习活动会具有更好的效果。

因此，面对面学习和在线学习环境都应该加强对艺术和美学元素的重视。在线下课堂教学和在线网络教学中更深入地整合艺术，也可以鼓励学生在实践中保持其独特的审美感知能力，特别是在以口头或文本为主的环境中。同时，整合各种符号的传达方式也可以增加不同类型学习者的学习机会。尽管本章部分教学案例和艺术手段来自创意艺术治疗的教育领域,但身为教育工作者就应该从各专业汲取灵感,为优秀的教学方法与手段不断地开创新的思路。因此,艺术临场感不应仅限于明确涉及艺术的课程;相反,应该在任何学科领域的设计、教学和传授知识中都考虑艺术临场感。在远程教育的背景下,有意识地关注在线教育和学习中的艺术临场感,可以帮助学生减轻课堂脱离感并增强现有的认知临场感、社交临场感和教学临场感。

此外,我们相信,在这个以社会距离为标志的新时代,每个人都需要培养艺术临场感。至关重要的是,我们要继续创新创造和维持整体的、多感官学习环境的方式,并从教育者、从业者、学生和我们所服务的人的角度进行评估。这也正如通用学习设计理念所提出的:要关注不同类型学习者的需求,提供包容性的教学方法。

参考文献

[1] 谢敏峰. 寻求美育的特殊规律 [N]. 中国教育报, 2023-06-29.

[2] 习近平. 做好美育工作弘扬中华美育精神 让祖国青年一代身心都健康成长 [N]. 人民日报, 2018-08-31(01).

[3] Clapp E, Edwards L. Expanding our vision for the arts in education[J]. Harvard Education Review. 2013, 83(1): 5-14.

[4] Dewey J. Art as experience[M]. Carbondale: Southern Illinois University Press, 1934: 1925-1953.

[5] Goldblatt P. How John Dewey's theories underpin art and art education[J]. Education and culture, 2006, 22(1): 17-34.

[6] Jung C G. Jung on active imagination[M]. Princeton: Princeton University Press, 2015.

[7] Semetsky I. Jung and educational theory[M]. Hoboken, NJ: Wiley-Blackwell, 2012.

[8] Bruner J S. Toward a theory of instruction[M]. Cambridge, MA: Harvard University Press, 1966.

[9] Sutherland F L. Earthquakes and Volcanoes[M]. New York: Reader's Digest, 2000.

[10] Thibodeau P H, Boroditsky L. Metaphors we think with: The role of metaphor in reasoning[J]. PloS one, 2011, 6(2, e16782): 1-11.

[11] Webster R S, Wolfe M. Incorporating the aesthetic dimension into pedagogy[J]. Australian Journal of Teacher Education (Online), 2013, 38(10): 21-33.

[12] Freire P. Education for critical consciousness[M]. London: Bloomsbury Publishing, 2021.

[13] Boal A. Theater of the oppressed[M]. London: Pluto Press, 1979.

[14] Lorde A. The Master's Tools Will Never Dismantle the Master's House. Sister Outsider: Essays and Speeches[M]. Ed. . Berkeley, CA: Crossing Press, 1984.

[15] Hooks B. Teaching to transgress: Educating as the practice of freedom[M]. New York, NY: Routledge, 1994.

[16] Simons H, Hicks J. Opening doors: Using the creative arts in learning and teaching[J]. Arts and

Humanities in Higher Education, 2006, 5(1): 77-90.

[17] Bloom, Benjamin S, et al. Taxonomy of Educational Objectives[M]. New York: Longman, 1956.

[18] Gardner H E. Intelligence reframed: Multiple intelligences for the 21st century[M]. London: Hachette UK, 2000.

[19] Farrington C A, Maurer J, Aska McBride R R, et al. Arts education and social-emotional learning outcomes among K-12 students[J]. University of Chicago Consortium on School Research, 2019: 1-47.

[20] Wix L. The art in art therapy education: Where is it?[J]. Art Therapy, 1996, 13(3): 174-180.

[21] Cahn E. Proposal for a studio-based art therapy education[J]. Art Therapy, 2000, 17(3): 177-182.

[22] Deaver S P, McAuliffe G. Reflective visual journaling during art therapy and counselling internships: A qualitative study[J]. Reflective Practice, 2009, 10(5): 615-632.

[23] Bloom, B. S. Taxonomy of educational objectives. Cognitive domain[M]. New York: McKay, 1956.

[24] Fish B J. Formative evaluation research of art-based supervision in art therapy training[J]. Art therapy, 2008, 25(2): 70-77.

[25] Deaver S P. Art-based learning strategies in art therapy graduate education[J]. Art Therapy, 2012, 29(4): 158-165.

[26] Julliard K N, Gujral J K, Hamil S W, et al. Art-based evaluation in research education[J]. Art Therapy, 2000, 17(2): 118-124.

[27] Capello P P. Dance as our source in dance/movement therapy education and practice[J]. American Journal of Dance Therapy, 2007, 29: 37-50.

[28] Federman D J. Kinaesthetic change in the professional development of dance movement therapy trainees[J]. Body, Movement and Dance in Psychotherapy, 2011, 6(3): 195-214.

[29] Payne H. Becoming a client, becoming a practitioner: Student narratives of a dance movement therapy group[J]. British Journal of Guidance & Counselling, 2004, 32(4): 511-532.

[30] Young J L. Bringing my body into my body of knowledge as a dance/movement therapy educator[J]. American Journal of Dance Therapy, 2012, 34: 141-158.

[31] Goodman K D. Music therapy education and training: From theory to practice[M]. Springfield: Charles C Thomas Publisher, 2011.

[32] Knight A, Matney B. Music therapy pedagogy: Teaching functional percussion skills[J]. Music Therapy Perspectives, 2012, 30(1): 83-88.

[33] Knight A, Matney B. Percussion pedagogy: A survey of music therapy faculty[J]. Music Therapy Perspectives, 2014, 32(1): 109-115.

[34] Landy R J. Training the drama therapist—A four-part model[J]. The Arts in Psychotherapy, 1982, 9(2): 91-99.

[35] Landy R J, McLellan L, McMullian S. The education of the drama therapist: In search of a guide[J].

The Arts in Psychotherapy, 2005, 32(4): 275-292.

[36] McMullian S, Burch D. I am more than my disease: An embodied approach to understanding clinical populations using Landy's Taxonomy of Roles in concert with the DSM-5[J]. Drama Therapy Review, 2017, 3(1): 29-44.

[37] Landy R, Hodermarska M, Mowers D, et al. Performance as art-based research in drama therapy supervision[J]. Journal of applied arts & health, 2012, 3(1): 49-58.

[38] Butler J D. Re-examining Landy's four-part model of drama therapy education[J]. Drama Therapy Review, 2017, 3(2): 75-86.

[39] Butler J D. Playing with reflection in drama therapy education[M]. Rotterdam: Sense Publishers, 2015.

[40] Butler J D. The complex intersection of education and therapy in the drama therapy classroom[J]. The Arts in Psychotherapy, 2017, 53: 28-35.

[41] Vega V P, Keith D. A survey of online courses in music therapy[J]. Music Therapy Perspectives, 2012, 30(2): 176-182.

[42] LaGasse A B, Hickle T. Perception of community and learning in a distance and resident graduate course[J]. Music Therapy Perspectives, 2017, 35(1): 79-87.

[43] Beardall N, Blanc V, Cardillo N J, et al. Creating the online body: Educating dance/movement therapists using a hybrid low-residency model[J]. American Journal of Dance Therapy, 2016, 38: 407-428.

[44] Blanc V. The experience of embodied presence for the hybrid dance/movement therapy student: A qualitative pilot study[J]. The Internet and Higher Education, 2018, 38: 47-54.

[45] Sajnani N. Digital interventions in drama therapy offer a virtual playspace but also raise concern[J]. Drama Therapy Review, 2020, 6(1): 3-6.

[46] Pilgrim K, Ventura N, Bingen A, et al. From a distance: Technology and the first low-residency drama therapy education program[J]. Drama Therapy Review, 2020, 6(1): 27-48.

[47] Feniger-Schaal R, Orkibi H, Keisari S, et al. Shifting to tele-creative arts therapies during the COVID-19 pandemic: An international study on helpful and challenging factors[J]. The Arts in psychotherapy, 2022, 78: 101898.

[48] Korman-Hacohen S, Regev D, Roginsky E. Outcomes of professional training in online arts therapies in the education system[J]. International Journal of Art Therapy, 2023, 28(3): 135-141.

[49] Garrison D R, Anderson T, Archer W. The first decade of the community of inquiry framework: A retrospective[J]. The internet and higher education, 2010, 13(1-2): 5-9.

[50] Garrison D R, Cleveland-Innes M. Facilitating cognitive presence in online learning: Interaction is not enough[J]. The American Journal of Distance Education, 2005, 19(3): 133-148.

[51] Garrison D R, Anderson T, Archer W. Critical thinking, cognitive presence, and computer

conferencing in distance education[J]. The American Journal of Distance Education, 2001, 15(1): 7-23.

[52] Anderson T, Liam R, Garrison D R, Archer W. Assessing teaching presence in a computer conferencing context[J]. Journal of the Asynchronous Learning Network, 2001, 5(2): 1-18.

[53] Glazier R A. Building rapport to improve retention and success in online classes[J]. Journal of Political Science Education, 2016, 12(4): 437-456.

[54] Rourke L, Anderson T, Garrison D R, Archer W. Assessing social presence in asynchronous text-based computer conferencing[J]. International Journal of E-Learning & Distance Education, 2007, 14(2): 50-71.

[55] Gunawardena C N, Zittle F J. Social presence as a predictor of satisfaction within a computer-mediated conferencing environment[J]. The American Journal of Distance Education, 1997, 11(3): 8-26.

[56] Sung E, Mayer R E. Five facets of social presence in online distance education[J]. Computers in Human Behavior, 2012, 28(5): 1738-1747.

[57] Annand D. Social presence within the community of inquiry framework[J]. The International Review of Research in Open and Distributed Learning, 2011, 12(5): 40-56.

[58] Garrison D R, Anderson T, Archer W. Critical inquiry in a text-based environment: Computer conferencing in higher education[J]. The internet and higher education, 1999, 2(2-3): 87-105.

[59] Lam J. Collaborative learning using social media tools in a blended learning course[C]. Hybrid Learning: Innovation in Educational Practices: 8th International Conference, ICHL 2015, Wuhan, China, July 27-29, 2015, Proceedings 8. Springer International Publishing, 2015: 187-198.

[60] Shea P, Bidjerano T. Learning presence: Towards a theory of self-efficacy, self-regulation, and the development of a communities of inquiry in online and blended learning environments[J]. Computers & education, 2010, 55(4): 1721-1731.

[61] Vladimirschi V. Exploratory Study of Cross-Cultural Engagement in the Community of Inquiry: Instructor Perspectives and Challenges[C]. E-Learn: World Conference on E-Learning in Corporate, Government, Healthcare, and Higher Education. Association for the Advancement of Computing in Education (AACE), 2012: 1942-1947.

[62] Cleveland-Innes M, Campbell P. Emotional Presence, Learning, and the Online Learning Environment[J]. International Review of Research in Open & Distance Learning, 2012, 13(4): 269-292.

[63] Kang M, Kim S, Park S. Developing an emotional presence scale for measuring students' involvement during e-learning process[C]. Ed Media+Innovate Learning. Association for the Advancement of Computing in Education (AACE), 2007: 2829-2832.

[64] Reeves T C. How do you know they are learning? The importance of alignment in higher

education[J]. International Journal of Learning Technology, 2006, 2(4): 294-309.

[65] Beardall N, Blanc V, Cardillo N J, et al. Creating the Online Body: Educating Dance/Movement Therapists Using a Hybrid Low-Residency Model[J]. American Journal of Dance Therapy, 2016, 38(2): 1-22.

[66] 贾利锋，李海龙. 基于混合方式的虚拟学习研究 [J]. 创新科技，2016 (1): 75-78.

[67] 杨璨. 基于探究社区模型的"线上＋线下"混合式教学模式研究 [J]. 广西广播电视大学学报，2020, 31(5): 50-55.

[68] Kumar S, Martin F, Budhrani K, et al. Award-winning faculty online teaching practices: Elements of award-winning courses[J]. Online learning, 2019, 23(4): 160-180.

[69] Parrish P E. Aesthetic principles for instructional design[J]. Educational Technology Research and Development, 2009, 57(4): 511-528.

[70] Ice P, Curtis R, Phillips P, et al. Using asynchronous audio feedback to enhance teaching presence and students' sense of community[J]. Journal of Asynchronous Learning Networks, 2007, 11(2): 3-25.

[71] Nakamura K. The significance of Dewey's aesthetics in art education in the age of globalization[J]. Educational theory, 2009, 59(4): 427-440.

[72] Meyer K A, Jones S J. Do Students Experience "Social Intelligence", Laughter, and Other Emotions Online?[J]. Journal of asynchronous learning networks, 2012, 16(4): 99-111.

[73] Dunlap J C, Bose D, Lowenthal P R, et al. What sunshine is to flowers: A literature review on the use of emoticons to support online learning[J]. Emotions, technology, design, and learning, 2016: 163-182.

[74] Orr P P. Distance supervision: Research, findings, and considerations for art therapy[J]. The Arts in Psychotherapy, 2010, 37(2): 106-111.

[75] Goodboy A K, Booth-Butterfield M, Bolkan S, et al. The Role of Instructor Humor and Students' Educational Orientations inStudent Learning, Extra Effort, Participation, and Out-of-Class Communication[J]. Communication Quarterly, 2015, 63(1): 44-61.

[76] Rourke L, Anderson T, Garrison D R, et al. Assessing social presence in asynchronous text-based computer conferencing[J]. The Journal of Distance Education/Revue de l'ducation Distance, 1999, 14(2): 50-71.

[77] Dabbagh N, Kitsantas A. Personal Learning Environments, social media, and self-regulated learning: A natural formula for connecting formal and informal learning[J]. The Internet and higher education, 2012, 15(1): 3-8.

[78] Sajnani N. Digital interventions in drama therapy offer a virtual playspace but also raise concern[J]. Drama Therapy Review, 2020, 6(1): 3-6.

[79] Chlup D T, Collins T E. Breaking the ice: Using ice-breakers and re-energizers with adult learners[J].

Adult Learning, 2010, 21(3-4): 34-39.

[80] Goodyear P, Salmon G, Spector J M, et al. Competences for online teaching: A special report[J]. Educational Technology Research and Development, 2001: 65-72.

[81] Lowenthal P R, Dunlap J C. From pixel on a screen to real person in your students' lives: Establishing social presence using digital storytelling[J]. The Internet and Higher Education, 2010, 13(1-2): 70-72.

[82] Anderson D G. Taking the "distance" out of distance education: A humorous approach to online learning[J]. Journal of Online Learning and Teaching, 2011, 7(1): 74-81.

[83] Bacay S C. Humour in the classroom—A dose of laughter won't hurt[J]. Triannual newsletter by the Centre for Development of Teaching and Learning, 2006, 10(1): 1-3.

[84] Stambor Z. How laughing leads to learning[J]. Monitor on Psychology, 2006, 37(6): 62.

[85] 魏钧, 李吏豫, 蔡安雅. 教学幽默的质化研究——北京高校第六届青年教师教学基本功比赛案例研究[J]. 现代教育技术, 2010, 20（8）: 67-69, 74.

[86] Sawyer R K. Creative teaching: Collaborative discussion as disciplined improvisation[J]. Educational researcher, 2004, 33(2): 12-20.

[87] Lessinger L M, Gillis D. The Who, What, how and why of "Teaching as Performing Art"[M]. Columbia: University of South Carolina, 1976.

[88] Timpson W M, Tobin D N. Teaching as performing: A guide to energizing your public presentation[M]. Upper Saddle River: Prentice Hall, 1982.

[89] Page T, Hepburn M, Lehtonen M, et al. Emotional and aesthetic factors of virtual mobile learning environments[J]. International Journal of Mobile Learning and Organisation, 2007, 1(2): 140-158.

[90] Fink L D. Creating significant learning experiences: An integrated approach to designing college courses[M]. San Francisco, CA: John Wiley & Sons, 2013.

[91] Kaufman D, Sutow E, Dunn K. Three approaches to cooperative learning in higher education[J]. Canadian Journal of Higher Education, 1997, 27(2/3): 37-66.

[92] Paulus, T M. Collaborative and cooperative approaches to online group work: The impact of task type[J]. Distance education, 2005, 26(1): 111-125.

第六章 社交媒体互动对高校学生持续在线学习平台使用意愿的影响研究

☞ **本章导读**

本章旨在研究社交媒体互动对高校学生持续在线学习平台使用意愿的影响机制,包括探讨在线教学情境在该影响机制中的调节作用。本章基于建构主义学习理论和技术接受模型进行了研究设计,给某财经类高校发放了调查问卷,并借助 SPSS 22.0 和 Amos 21.0 软件,对调查问卷收集来的数据进行分析和处理。

数据分析结果表明,社交媒体互动显著正向影响高校学生感知有用性和感知易用性;感知易用性积极影响感知有用性,感知易用性和感知有用性对高校学生在线学习平台满意度有显著正向影响;感知有用性和满意度显著正向影响学生持续在线学习平台使用意愿;在线教学情境在感知有用性和学生持续在线学习平台使用意愿之间起正向调节作用;在线教学情境在满意度和学生持续在线学习平台使用意愿之间起正向调节作用。总体而言,社交媒体的积极合作学习和参与提升了学生在线学习意愿。因此,应该鼓励在高等教育机构的学习和教学过程中使用社交媒体。

第一节 研究问题的提出

在当今以顾客为导向的市场经济中,用户感知被认为是评估任何信息系统项目的主要决定因素。评估信息系统有几种常用的模型,包括技术接受模型、终端用户系统满意度(End-User Computing Satisfaction,EUCS)、任务与技术适配(Task-Technology Fit,TTF)、人—组织—技术适配(Human-Organization-Technology Fit,HOT-Fit)和技术接受与使用整合理论(Unified Theory of Acceptance and Use of Technology,UTAUT)。每个模型都有不同的适用条件,在评价模型时应具体考虑。例如,终端用户系统满意度模型只强调技术方面的评价。而任务与技术适配模型强调,只有在信息技术的特点和优势足以用来帮助用户完成工作时,该模型才会被使用。在人—组织—技术适配模型里,与用户特征相关的变量并没有详细地解释影响用户技术接受的因素。此外,根据Al-Gahtani等(2007)的研究,技术接受与使用整合理论模型的局限性在于它不能适应不同的环境,例如,沙特阿拉伯和典型的西方文化之间存在一定的文化差异,就不能直接使用技术接受与使用整合理论来分析沙特阿拉伯工人技术应用的障碍[1]。与之相比,技术接受模型较为简单,使用两个主要变量去分析每个用户新技术的接受意愿,即用户便利性(User Convenience)和感知收益(Perceived Benefits)。经过对先前研究进行的汇总分析,King和He(2006)发现,技术接受模型在88种研究期刊中享有很高的声誉,这表明技术接受模型是一个有效的、稳健的模型[2]。

技术接受模型由Davis(1989)根据理性行为理论提出,专门用于根据用户对信息系统的接受程度去构建模型。技术接受模型有五个主要结构:感知易用性,指个人能够理解和使用计算机的轻松程度;感知有用性,定义为个人愿意使用软件或程序来使工作变得更好的倾向;使用态度,定义为个体在实施行为时积极或消极的感觉;使用行为意向,一种持续使用某种技术的行为趋势,指如果有人认为系统易于使用,并且能提高生产率,那么他们就会对系统的使用感到满意并愿意去实际

---

[1] Al-Gahtani S S, Hubona G S, Wang J. Information technology (IT) in Saudi Arabia: Culture and the acceptance and use of IT[J]. Information & Management, 2007, 44(8): 681-691.

[2] King W R, He J. A meta-analysis of the technology acceptance model[J]. Information & Management, 2006, 43(6): 740-755.

使用[1]。技术接受模型假设技术接受是由行为意愿（BI）决定的，但行为意愿被认为是由人对技术系统的态度（Attitude，A）和感知有用性（PU）共同决定的，即BI=A+U。

在收集有关个人对使用科技的看法的一般信息时，技术接受模型更简单、更快捷（Natasia et al.，2022）[2]。技术接受模型的目标是提供一个普遍的关于计算机接受因素的解释，能解释广大计算机技术的用户行为和用户群体特征，同时这个解释模型既要简洁又要理论上合理。本章基于技术接受模型构建了高校学生在线学习影响因素的概念框架，通过调查问卷的方式收集数据并进行相关的实证分析。

第二节　教育中的技术接受度

技术几乎遍及社会的所有领域。教育领域就至少可以观察到两种技术趋势。首先，教育部门鼓励教师和教育工作者在教学中使用技术，将其作为促进学生学习的工具或作为形成性评估的手段（Shute and Rahimi，2017）[3]。其次，世界各地的教育系统正在将数字技术能力纳入课程安排和评估中（Beller，2013；Flórez et al.，2017）[4][5]。技术已经成为教育的指定目标，帮助学生成为具有数字素养的人，能够应对当今社会的复杂性和动态性（Fraillon et al.，2014）[6]。然而，这需要在教学环境中有意义地纳入技术（Siddiq et al.，2016）[7]。大量的文献通过关注教师对技术的采用来讨论与此相关的因素（Straub，2009）[8]。但是，有一种模型主导了研究领域——技术

---

[1] Davis F D. Perceived Usefulness, Perceived Ease of Use, and User Acceptance of Information Technology[J]. Mis Quarterly, 1989, 13(3): 319-340.

[2] Natasia S R, Wiranti Y T, Parastika A. Acceptance analysis of NUADU as e-learning platform using the Technology Acceptance Model (TAM) approach[J]. Procedia Computer Science, 2022, 197: 512-520.

[3] Shute V J, Rahimi S. Review of computer-based assessment for learning in elementary and secondary education[J]. Journal of Computer Assisted Learning, 2017, 33(1): 1-19.

[4] Beller M. Technologies in large-scale assessments: New directions, challenges, and opportunities[M]. Dordrecht Springer Netherlands, 2013.

[5] Buitrago Flórez F, Casallas R, Hernández M, et al. Changing a generation's way of thinking: Teaching computational thinking through programming[J]. Review of Educational Research, 2017, 87(4): 834-860.

[6] Fraillon J, Ainley J, Schulz W, et al. Preparing for life in a digital age: The IEA International Computer and Information Literacy Study international report[M]. Cham Springer Nature, 2014.

[7] Siddiq F, Hatlevik O E, Olsen R V, et al. Taking a future perspective by learning from the past-A systematic review of assessment instruments that aim to measure primary and secondary school students' ICT literacy[J]. Educational Research Review, 2016, 19: 58-84.

[8] Straub E T. Understanding technology adoption: Theory and future directions for informal learning[J]. Review of educational research, 2009, 79(2): 625-649.

接受模型。技术接受模型包括几个直接或间接解释行为意愿和技术使用的变量（感知有用性、感知易用性、对技术的态度），也被一些外部变量所影响，如自我效能感、主观规范及促进技术使用的条件（Schepers and Wetzels，2007）[1]。

技术接受模型已经获得了相当大的重视，这是由于它可以应用在各种背景和样本中来解释使用意图或技术使用的差异，而且它还具备结构方程建模中的规范性要求（King and He，2006；Marangunić and Granić，2015）[2][3]。此外，与其他模型相比，技术接受模型是描述教师技术采用情况的有力测量工具。

教育一直面对两种"矛盾"的发展问题：确保连续性与促进创造性。而技术给教育带来了一系列新的挑战和压力（Romeo et al.，2013）[4]。技术使人们能够（共同）创建、收集、存储和使用知识和信息，能够与世界各地的人与资源建立很好的联系，在知识创造中合作，并从知识产品中受益（Spector，2008；Von Davier et al.，2017）[5][6]。但问题仍然是，教师在多大程度上能够将技术融入教学活动。研究表明，整合技术是一个复杂的教育变革过程，技术在学校的应用程度仍然存在极大的差异（Fraillon et al.，2014）[7]。显然，近年来新兴的教育技术在教育中的使用有所增加，但技术的接受和使用对教育机构来说仍然是个问题（Berrett et al.，2012）[8]。相关的研究文献也在反复讨论是什么变量决定了教育技术整合。测量用户对技术的接受程度是检验教师在其教育实践中使用新技术意愿的一种方式。在过去的几十年里，人们提出了一系列的模型来描述技术采用背后的机制和影响因素，如技术接受与使用整合理论和技术接受模型。这些模型来自成熟的心理学理论，包括理性行为理论和计划行为理论。

技术接受与使用整合理论描述了用户意愿和技术实际使用的四个核心决定因

---

[1] Schepers J, Wetzels M. A meta-analysis of the technology acceptance model: Investigating subjective norm and moderation effects[J]. Information & management, 2007, 44(1): 90-103.

[2] King W R, He J. A meta-analysis of the technology acceptance model[J]. Information & Management, 2006, 43(6): 740-755.

[3] Marangunić N, Granić A. Technology acceptance model: A literature review from 1986 to 2013[J]. Universal access in the information society, 2015, 14: 81-95.

[4] Romeo G, Lloyd M, Downes T. Teaching teachers for the future: How, what, why, and what next?[J]. Australian educational computing, 2013, 27(3): 3-12.

[5] Spector J M. Cognition and learning in the digital age: Promising research and practice[J]. Computers in human behavior, 2008, 24(2): 249-262.

[6] Von Davier A A, Hao J, Liu L, et al. Interdisciplinary research agenda in support of assessment of collaborative problem solving: Lessons learned from developing a collaborative science assessment prototype[J]. Computers in Human Behavior, 2017, 76: 631-640.

[7] Fraillon J, Ainley J, Schulz W, et al. Preparing for life in a digital age: The IEA International Computer and Information Literacy Study international report[M]. Cham: Springer Nature, 2014.

[8] Berrett B, Murphy J, Sullivan J. Administrator insights and reflections: Technology integration in schools[J]. Qualitative Report, 2012, 17(1): 200-221.

素，包括绩效（Performance）、付出期望（Effort Expectancy）、社会影响（Social Influence）和促成条件（Facilitating Conditions）（Venkatesh et al.，2003）[①]。这些决定因素被认为受到调查对象的性别、年龄、经验和技术使用自愿性的调节作用影响（Wimlmias et al.，2015）[②]。技术接受与使用整合理论和技术接受模型的决定因素在概念化方面有相似之处（Nistor and Heymann，2014）[③]。但技术接受与使用整合理论比技术接受模型更难测度，不过这个模型仍然被认为是描述技术接受程度的一个功能强大的模型。除了技术接受与使用整合理论和技术接受模型，随着时间的推移，一些改进的模型和其他替代模型也在不断产生（Taherdoost，2018）[④]。然而尽管如此，技术接受模型作为描述使用意愿和实际技术使用的最常用模型，在相关研究领域仍然占据主导地位（Hsiao and Yang，2011；King and He，2006；Marangunić and Granić，2015）[⑤⑥⑦]。

但是，技术接受模型没有概念化地理解在课堂上接受和整合技术意味着什么。更具体地说，该模型没有具体说明教师必须具备哪些类型的与技术有关的教与学的专业知识，才能有意义地整合技术。于是，这些类型的知识在所谓的技术教学内容知识（Technological Pedagogical Content Knowledge，TPACK）框架被提出，该框架规定了教师需要精通的不同类型的知识领域，以便成功地将数字技术整合到教学过程中（Koehler et al.，2014）[⑧]。这些知识领域包括内容知识、教学知识、技术背景下的教学内容知识，以及单纯的技术知识（Mishra and Koehler，2006）[⑨]。Koehler 和 Mishra（2009）认为，为了在教育中实现技术整合，教师必须掌握这些形式的知识

[①] Venkatesh V, Morris M G, Davis G B, et al. User acceptance of information technology: Toward a unified view[J]. MIS quarterly, 2003: 425-478.

[②] Williams M D, Rana N P, Dwivedi Y K. The unified theory of acceptance and use of technology (UTAUT): A literature review[J]. Journal of enterprise information management, 2015, 28(3): 443-488.

[③] Nistor N. When technology acceptance models won't work: Non-significant intention-behavior effects[J]. Computers in Human Behavior, 2014, 34: 299-300.

[④] Taherdoost H. A review of technology acceptance and adoption models and theories[J]. Procedia manufacturing, 2018, 22: 960-967.

[⑤] Hsiao C H, Yang C. The intellectual development of the technology acceptance model: A co-citation analysis[J]. International Journal of Information Management, 2011, 31(2): 128-136.

[⑥] King W R, He J. A meta-analysis of the technology acceptance model[J]. Information & Management, 2006, 43(6): 740-755.

[⑦] Marangunić N, Granić A. Technology acceptance model: A literature review from 1986 to 2013[J]. Universal access in the information society, 2015, 14: 81-95.

[⑧] Koehler M J, Mishra P, Kereluik K, et al. The technological pedagogical content knowledge framework[J]. Handbook of research on educational communications and technology, 2014: 101-111.

[⑨] Mishra P, Koehler M J. Technological pedagogical content knowledge: A framework for teacher knowledge[J]. Teachers college record, 2006, 108(6): 1017-1054.

结构，但更重要的是，他们必须整合所有类型的知识[1]。换句话说，技术教学内容知识强调教师在向目标群体讲授特定内容时，使用技术所做选择的重要性，因为它可以更好地理解教师所做决策是如何影响技术接受和技术融入教学过程的。从这个角度来看，一旦教师认为一种新技术与他们的学科中的特定教学方法相关，他们可能会"接受"该新技术。此外，Mei 等（2018）在研究中发现，那些认为自己在技术教学内容知识领域有能力的教师更有可能在教学中接受和整合技术[2]。Hsu（2016）进一步发现，技术教学内容知识都可以预测感知易用性和感知有用性[3]。因此，与技术教学内容知识框架的联系可以解决技术接受模型的缺点，并增强对技术接受过程的理解。

第三节　研究假设与模型构建

社交媒体工具让教师可以更便利地与学生进行信息交流（Al-Rahmi et al., 2018）[4]。国外一些研究考察了 Facebook（脸书）在教学和学习过程中的使用，认为这种虚拟交流方式对学生有很多益处，可以改善师生之间的沟通（Kabilan et al., 2010）[5]，鼓励学生认真对待学习任务（Wang et al., 2012）[6]。但很少有人提到社交媒体工具可以作为高校的一种线下教学的补充和创新的教学方法。科尔勃曾经提出经验学习理论，强调了经验在学习过程中的重要性，而社交媒体工具就是当今生活中一种必不可少的经验获取渠道。事实上，高等教育机构使用社交媒体的行为被认为能够增加指导教师和学生之间的互动（Greenhow and Gleason, 2012）[7]。这一结果也得

---

[1] Koehler M, Mishra P. What is technological pedagogical content knowledge (TPACK)?[J]. Contemporary issues in technology and teacher education, 2009, 9(1): 60-70.

[2] Mei B, Brown G T L, Teo T. Toward an understanding of preservice English as a foreign language teachers' acceptance of computer-assisted language learning 2.0 in the People's Republic of China[J]. Journal of Educational Computing Research, 2018, 56(1): 74-104.

[3] Hsu L. Examining EFL teachers' technological pedagogical content knowledge and the adoption of mobile-assisted language learning: A partial least square approach[J]. Computer Assisted Language Learning, 2016, 29(8): 1287-1297.

[4] Al-Rahmi W M, Alias N, Othman M S, et al. A model of factors affecting learning performance through the use of social media in Malaysian higher education[J]. Computers & Education, 2018, 121: 59-72.

[5] Kabilan M K, Ahmad N, Abidin M. Facebook: An online environment for learning of English in institutions of higher education?[J]. The Internet and Higher Education, 2010, 13(4): 179-187.

[6] Wang Q, Woo H L, Quek C L, et al. Using the Facebook group as a learning management system: An exploratory study[J]. British Journal of Educational Technology, 2012, 43(3): 428-438.

[7] Greenhow C, Gleason B. Twitteracy: Tweeting as a new literacy practice[J]. The Educational Forum, 2012, 76(4): 464-478.

到了 Fusch（2011）的证实，他发现学习工具和学习目标同样重要，它们都需要有一个社交临场感，需要互动来进行学习[1]。因此我们可以推测，教师与学生间在社交媒体上的良好互动，会有利于学生对在线学习平台有用性的认可，即如下假设。

H1：教师与学生之间的社交媒体互动对学生感知有用性有正向影响。

Mugahed 等（2015）证明，使用社交媒体进行沟通协作，有助于学习者更加积极地进行互动[2]。比如，当通过维基平台进行主动协作学习时，大多数学生对写作的兴趣都有所提高（Li et al.，2012）[3]。此外，根据 Rasiah（2014）的研究，Facebook 被认为是一个风险度较低、用途广泛的学习交流工具，可以积极地促进协作学习，并以一种相当吸引人的方式加强学生与教师之间的联系[4]。蒋志辉等（2017）也认为，在线学习中的教育者所扮演的角色非常重要，教育者与学习者之间的交互会帮助学习者获得更高的学习成效[5]，由此提出如下假设。

H2：教师与学生之间的社交媒体互动对学生感知易用性有正向影响。

在众多可能影响人们接受或拒绝信息技术使用的变量中，有两个决定因素特别重要。其中一个变量被称为感知有用性，指的是人们倾向于使用或不使用应用程序的程度，是否认为信息技术会帮助他们更好地完成工作（Davis，1989）[6]。此外，即使潜在用户相信某个应用程序是有用的，他们也可能同时认为系统太难使用，使用的性能收益会被使用应用程序的努力付出所拖累。也就是说，除了有用之外，信息技术的使用在理论上还会受到感知到的易用性影响（Yan and Or，2019）[7]，由此提出如下假设。

H3：学生的在线学习平台感知易用性对感知有用性有正向影响。

Davis（1989）提出技术接受模型由态度、感知有用性和感知易用性三个因素组

---

[1] Fusch D. Social Media and Student Learning: Moving the needle on engagement in[J]. Academic Impressions, 2011-15.

[2] Mugahed A, Shahizan O M, Mi Y L. The Effectiveness of Using E-Learning in Malaysian Higher Education: A Case Study Universiti Teknologi Malaysia[J]. Mediterranean Journal of Social Sciences, 2015, 6(5): 53-60.

[3] Li X, Chu S, Ki, et al. Using a wiki-based collaborative process writing pedagogy to facilitate collaborative writing among Chinese primary school students[J]. Australasian Journal of Educational Technology, 2012, 28(1): 159-181.

[4] Rasiah R. Transformative Higher Education Teaching and Learning: Using Social Media in a Team-Based Learning Environment[J]. Procedia - Social and Behavioral Sciences, 2014, 123: 369-379.

[5] 蒋志辉，赵呈领，李红霞，等.在线学习者满意度影响因素：直播情境与录播情境比较[J]. 开放教育研究，2017, 23(4): 76-85.

[6] Davis F D. Perceived Usefulness, Perceived Ease of Use, and User Acceptance of Information Technology[J]. Mis Quarterly, 1989, 13(3): 319-340.

[7] Yan M, Or C. A 12-week pilot study of acceptance of a computer-based chronic disease self-monitoring system among patients with type 2 diabetes mellitus and/or hypertension[J]. Health Informatics Journal, 2019, 25 (3): 828-843.

成，态度是指一种后天习得的倾向，对某一特定事物做出积极或消极的反应[1]。Yoon（2016）研究了高校学生对于移动图书馆的应用，发现感知易用性、感知有用性和个人对移动图书馆应用的态度之间存在正相关关系[2]。在当今的在线教育环境下，学生对整个学习体验的满意始于为学习者准备的在线环境，持续贯穿整个课程。学生期待的不仅仅是静态的网页，他们在寻找个性化的、整合的信息和服务，以支持他们的高等教育经历（Moore，2019）[3]，由此提出如下假设。

H4：学生对在线学习平台的感知易用性对在线学习满意度有正向影响。

H5：学生对在线学习平台的感知有用性对在线学习满意度有正向影响。

覃红霞等（2021）认为，教学满意度在外部环境感知、感知有用性、感知易用性与持续使用意愿之间均具有显著的中介效应[4]。也就是说，教学满意度积极影响学习者对于教学平台的持续使用。先前的研究报告也表明，满意度强烈影响学生在高等教育环境中继续使用学习技术的意愿（Ifinedo，2018）[5]，由此提出如下假设。

H6：学生的在线学习满意度对持续在线学习平台使用意愿有正向影响。

最新的研究显示，在线用户的使用行为受到感知有用性的直接影响（李瑞前，2021）[6]。此外，在探讨了学习者在混合式学习中继续使用电子系统的影响因素后，Lin和Wang（2012）发现感知有用性对系统继续使用意图有重要影响[7]。在电子文本的研究背景下，Baker和Stone（2015）也指出，学生对电子教材的满意程度和感知有用性是影响学生继续使用电子教材意愿的主要因素[8]，由此提出如下假设。

H7：学生的在线学习平台感知有用性对持续在线学习平台使用意愿有正向影响。

技术的发展改变了人们的学习情境，用户可以携带自己的设备在任何地方进行

---

[1] Davis F D. Perceived Usefulness, Perceived Ease of Use, and User Acceptance of Information Technology[J]. Mis Quarterly, 1989, 13(3): 319-340.

[2] Yoon H Y. User Acceptance of Mobile Library Applications in Academic Libraries: An Application of the Technology Acceptance Model[J]. The Journal of Academic Librarianship, 2016, 42(6): 687-693.

[3] Moore J C. A Synthesis Of Sloan-c Effective Practices[J]. Online Learning, 2019, 13(4): 74-93.

[4] 覃红霞，周建华，李政.高校师生在线教学持续使用意愿的差异研究[J].高等教育研究，2021, 42(1): 83-93.

[5] Ifinedo P. Determinants of students' continuance intention to use blogs to learn: An empirical investigation[J]. Behaviour & Information Technology, 2018, 37(4): 381-392.

[6] 李瑞前.高校学生对在线教育平台的评价研究：基于技术接受模型[J].继续教育研究，2021 (1): 111-114.

[7] Lin W S, Wang C H. Antecedences to continued intentions of adopting e-learning system in blended learning instruction: A contingency framework based on models of information system success and task-technology fit[J]. Computers & Education, 2012, 58(1): 88-99.

[8] Baker-Eveleth L, Stone R W. Usability, expectation, confirmation, and continuance intentions to use electronic textbooks[J]. Behaviour & Information Technology, 2015, 34(10): 992-1004.

学习。情境是影响用户采用移动学习方式的重要因素（Mallat et al.，2009）[①]。考虑到用户和应用程序之间的交互，情境应该可以描述任何信息，包括主体、地点和客体（Hamidi and Chavoshi，2018）[②]。人们认为，情境对系统的成功起着重要的作用。而疫情防控期间，教师的一个重要任务就是帮助学生认清在线教学的必要性（宋崔等，2020）[③]。因此，笔者将在线教学情境与本书的模型功能结合起来，提出与其技术接受模型主要构念存在一定的关系，由此得出如下假设。

H8：在线教学情境在学生的在线学习满意度与持续在线学习平台使用意愿之间的关系中起正向调节作用。

H9：在线教学情境在学生的在线学习平台感知有用性与持续在线学习平台使用意愿之间的关系中起正向调节作用。

综上所述，笔者构建了本书的概念模型，如图 6-1 所示，并在其中标注各构念间的假设关系，同时选取在线学习经历、学历和移动设备拥有时间作为控制变量，避免其他因素对假设检验的干扰。

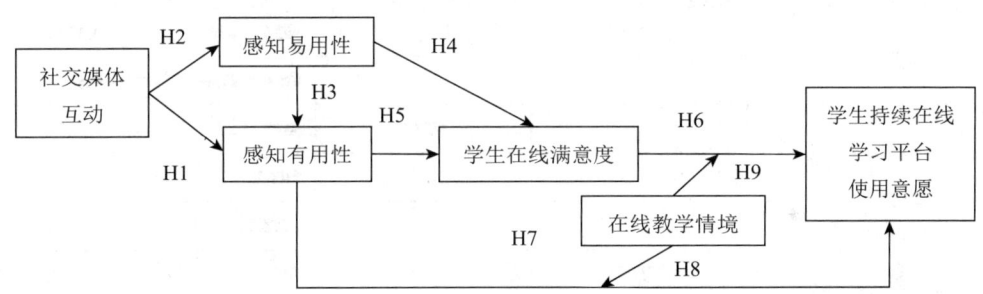

图 6-1　本章的概念模型

[①] Mallat N, Rossi M, Tuunainen V K, et al. The impact of use context on mobile services acceptance: The case of mobile ticketing[J]. Information & Management, 2009, 46(3): 190-195.

[②] Hamidi H, Chavoshi A. Analysis of the essential factors for the adoption of mobile learning in higher education: A case study of students of the University of Technology[J]. Telematics and Informatics, 2018, 35(4): 1053-1070.

[③] 宋崔，刘伟，刘丽莎.疫情防控期间教师在线教学现状与培训需求分析研究——基于全国百所中小学的抽样调查结果分析[J].教师教育研究，2020, 32(3): 1-9.

第四节 研究设计与数据收集

一、研究对象的选择

本章的研究采用问卷调查的方式收集数据,先进行小规模预测试,然后对理解不清的语句加以适当调整,再形成正式问卷。受疫情影响,所有正式问卷于2021年8月到9月,对某财经类高校进行线上发放,共发放问卷400份,剔除不合格问卷,最终回收有效问卷共319份,有效回收率为79.75%。样本的基本信息资料如表6-1所示。

表6-1 样本的基本信息资料

项目	类别	样本数	百分比
性别	男性	161名	50.47%
	女性	158名	49.53%
年级	大一	69名	21.63%
	大二	96名	30.09%
	大三	106名	33.23%
	大四	48名	15.05%
拥有移动设备(手机、笔记本电脑等)时间	小于1年	47名	14.73%
	1~3年	166名	52.04%
	4~6年	38名	11.91%
	7~9年	53名	16.61%
	10年以上	15名	4.7%
每天上网时长	1小时以下	20名	6.27%
	1~3小时	100名	31.35%
	4~6小时	93名	29.15%
	7~9小时	85名	26.65%
	10小时以上	21名	6.58%

续表

项目	类别	样本数	百分比
在线学习经历	小于 4 个月	98 名	30.72%
	5~8 个月	117 名	36.68%
	9~12 个月	45 名	14.11%
	13~16 个月	44 名	13.79%
	17 个月以上	15 名	4.71%

资料来源：笔者根据调查结果整理绘制而成。

如表 6-1 所示，问卷调查所收集的有效样本中，男生 161 名（50.47%），女性 158 名（49.53%），男生和女生的调查比例比较均匀；调查对象就读的年级分别为大一 69 名（21.63%）、大二 96 名（30.09%）、大三 106 名（33.23%）、大四 48 名（15.05%），各个年级的学生都参与了调查，由于大四学生主要进行校外实习和毕业论文写作，因此相对调查样本数量较少；绝大部分学生拥有移动设备一年以上（272 名，85.27%），显示调查对象已经足够掌握在线学习相关设备的使用技术；上网时间每天一小时以上的学生人数为 299 名（93.73%），说明调查对象已经习惯进行网上浏览，能够进行线上文本和图像信息的获取；在线学习经历小于 4 个月的学生仅有 98 名（30.72%），其他填写者的在线学习经历均在 5 个月以上（221 名，69.28%），说明调查对象已经有了线上学习经验，能够较快地适应线上学习。

二、测量工具

本章研究所涉及的变量均采用成熟量表进行测度，使用 Likert 5 级量表进行测度（1=非常不同意；5=非常同意）。其中，社交媒体互动的量表参考 Liu（2003）的研究，具体的测量题项如表 6-2 所示，共包括 4 个题项[①]。

表 6-2 社交媒体互动测量所用量表

序号	题项
1	在线学习平台能有效地对我的学习疑问进行反馈。
2	在线学习平台促进了学生和教师之间的双向交流。

---

① Liu Y. Developing a Scale to Measure the Interactivity of Websites[J]. Journal of Advertising Research, 2003, 43(2): 207-216.

续表

序号	题项
3	进行在线学习时，我觉得老师想要倾听我的问询。
4	进行在线学习时，学生能够得到向老师质疑的机会。

资料来源：笔者根据 Liu（2003）研究所用量表进行调整后所得。

感知易用性使用 David（1989）的经典量表，具体的测量题项如表 6-3 所示，共包括 4 个题项[①]。

表 6-3　感知易用性测量所用量表

序号	题项
1	学会如何操作在线学习平台对我来说很容易。
2	我发现使用在线学习平台可以很容易完成我想做的事。
3	我很容易就能熟练地使用在线学习平台。
4	我觉得在线学习平台很好用。

资料来源：笔者根据 David（1989）研究所用量表进行调整后所得。

感知有用性也使用 David（1989）的经典量表，具体的测量题项如表 6-4 所示，共包括 4 个题项[②]。

表 6-4　感知有用性测量所用量表

序号	题项
1	使用在线学习平台可以提高我的学习成绩。
2	使用在线学习平台会提高我的学习效率。
3	使用在线学习平台能够提高我的学习效果。
4	我发现在线学习平台在大学课程中很有用。

资料来源：笔者根据 David（1989）研究所用量表进行调整后所得。

学生在线满意度参考 Moore（2019）的量表，具体的测量题项如表 6-5 所示，共包括 5 个题项[③]。

---

① Davis F D. Perceived Usefulness, Perceived Ease of Use, and User Acceptance of Information Technology[J]. Mis Quarterly, 1989, 13(3): 319–340.

② 同上。

③ Moore J C. A Synthesis Of Sloan-c Effective Practices[J]. Online Learning, 2019, 13(4): 74–93.

表 6-5　学生在线满意度测量所用量表

序号	题项
1	进行在线学习时，与老师的讨论和互动令人满意。
2	在线学习的实际学习体验与预期相符。
3	对学习的相关服务（如咨询、资料获取）的满意度至少和传统的线下学习一样好。
4	适应如何进行在线学习的过程是令人满意的。
5	在线学习的结果对专业、学术和未来就业发展都是有用的。

资料来源：笔者根据 Moore（2019）研究所用量表进行调整后所得。

持续在线学习平台使用意愿参考 Chintalapati 和 Daruri（2017）的研究，具体的测量题项如表 6-6 所示[1]。

表 6-6　学生持续在线学习平台使用意愿测量所用量表

序号	题项
1	我将来也会用在线学习平台来进行学习。
2	在线学习平台提高了我的学业成绩。
3	将来我会将更多时间用于进行在线学习。
4	我把学习内容分享和推荐给在线学习平台上的其他同学和用户。

资料来源：笔者根据 Chintalapati 和 Daruri（2017）研究所用量表进行调整后所得。

在线教学情境采用 Hamidi 和 Chavoshi（2018）的量表，具体的测量题项如表 6-7 所示[2]。

表 6-7　在线教学情境测量所用量表

序号	题项
1	在线学习很有趣。
2	在线学习平台能提供很好的服务。
3	在线学习平台的声誉不错。
4	在线学习平台达到了我的期望。
5	学生之间相互鼓励使用在线学习平台进行学习。

资料来源：笔者根据 Hamidi 和 Chavoshi（2018）研究所用量表进行调整后所得。

---

[1] Chintalapati N, Daruri V. Examining the use of YouTube as a Learning Resource in higher education: Scale development and validation of TAM model[J]. Telematics & Informatics, 2017, 34: 853−860.

[2] Hamidi H, Chavoshi A. Analysis of the essential factors for the adoption of mobile learning in higher education: A case study of students of the University of Technology[J]. Telematics and Informatics, 2018, 35(4): 1053−1070.

第五节 数据结果分析

一、数据质量分析

本章运用 Amos 21.0 和 SPSS 25.0 软件对数据进行处理和分析。信度检验结果显示，总体 Cronbach's α 值为 0.973，删除任何题项后该值都没有很大提升。各变量的组合信度最低值为 0.84，>0.6。总体样本的 KMO 的检测值为 0.983，球形 Bartlett 检验卡方值为 6511.615（$p<0.001$）。

对图 6-1 所提出理论模型中各变量的拟合指标进行检验，验证性因子分析的结果如表 6-8 所示。结果显示，观测数据和验证性因子分析模型有良好的拟合程度。测量模型的卡方检验值 χ^2 为 345.101，自由度为 284，显著性水平为 0.000，$\chi^2/d.f.$ 值为 345.101/284=1.215<3，GFI=0.924，RMSEA=0.026<0.08，SRMR=0.023<0.08，绝对拟合指标都在可接受的范围内。TLI=0.989，CFI=0.990，IFI=0.990，均大于 0.9，相对拟合指标比较理想。

表 6-8 验证性因子分析结果

指标	Normedχ^2	GFI	RMSEA	SRMR	TLI	CFI	IFI
数值	1.215	0.924	0.026	0.023	0.989	0.990	0.990
建议标准	<3.0	>0.9	<0.08	<0.08	>0.9	>0.9	>0.9

资料来源：笔者根据 Amos 数据处理结果绘制而成。

为检验同源偏差的影响，笔者在设计问卷时已经预先在问卷开头处注明了"整个问卷仅供学术研究使用"，希望借此来减轻问卷填写人员的某些顾虑。此外，研究还使用了潜在误差变量控制法。结果显示，加入共同方法偏差的因子分析模型各项指标为 $\chi^2/d.f.$=1.247，RMSEA=0.029，均大于原模型，说明加入共同方法偏差潜变量后，模型的拟合指标并没有变好。因此本研究受同源偏差的影响在可接受的范围内，量表也具有较好的信度和效度。

二、结构方程模型分析

对图 6-1 所提出理论模型的各项拟合指标进行检验，结果如表 6-9 所示。结构方程模型的拟合指数为：$\chi^2/d.f.$=1.293＜3.0，GFI=0.936，AGFI=0.918＞0.9，RMSEA=0.030＜0.05，绝对拟合指标都在可接受的范围内。TLI=0.988，CFI=0.990，IFI=0.990，均大于0.9，相对拟合指标也比较理想。

表 6-9　结构方程模型拟合指数

指标	Normedχ^2	GFI	AGFI	RMSEA	TLI	CFI	IFI
数值	1.293	0.936	0.918	0.030	0.988	0.990	0.990
建议标准	＜3.0	＞0.9	＞0.8	＜0.08	＞0.9	＞0.9	＞0.9

资料来源：笔者根据 Amos 数据处理结果绘制而成。

本章研究的结构方程模型是关于社交媒体互动对高校学生持续在线学习平台使用意愿的影响研究。对于数据质量的检验和分析表明，概念模型中各结构变量的测量方式具备足够的可靠性和有效性，且样本数据适合进行结构模型分析。

在模型适配度较好的前提下，本章通过路径显著性对前文所提出的研究假设进行了检验。部分研究假设检验结果如表 6-10 所示，该表亦包括了每个研究假设所对应路径的关系表达、标准化系数估计值、T 值、p 值（显著性水平），以及假设检验结果。

表 6-10　部分研究假设检验结果

路径	标准化估计值（β）	T 值	显著性水平（p）	假设检验结果
社交媒体互动→感知有用性	0.769***	6.820	＜0.001	支持 H1
社交媒体互动→感知易用性	0.920***	16.509	＜0.001	支持 H2
感知易用性→感知有用性	0.245*	2.308	0.021	支持 H3
感知易用性→在线满意度	0.428*	2.565	0.010	支持 H4
感知有用性→在线满意度	0.550***	3.328	＜0.001	支持 H5
在线满意度→持续在线意愿	0.420**	2.615	0.009	支持 H6
感知有用性→持续在线意愿	0.581***	3.657	＜0.001	支持 H7

资料来源：作者根据 Amos 数据处理结果绘制而成。

表 6-10 的结果显示，社交媒体互动（β=0.769，p＜0.001）对感知有用性有显著的正向影响，假设 H1 得到支持；社交媒体互动（β=0.920，p＜0.001）对感知易用性有显著的正向影响，假设 H2 得到支持；感知易用性（β=0.245，p=0.021）对感知有用性有显著的正向影响，假设 H3 得到支持；感知易用性（β=0.428，p=0.010）

对学生在线满意度有显著的正向影响,假设 H4 得到支持;感知有用性(β=0.550,p<0.001)对学生在线满意度有显著的正向影响,假设 H5 得到支持;学生在线满意度(β=0.420,p=0.009)和感知有用性(β=0.581,p<0.001)对学生持续在线意愿有显著的正向影响,假设 H6 和 H7 得到支持。

三、调节作用检验

对于调节作用的检验,本书采用温忠麟和侯杰泰建议的分组线性结构方程的分析方法来检验本研究的调节效应。具体方法是计算表 6-7 中所有题项的样本均值,按学生对在线教学情境的评价度的均值将整体样本分为 2 组:高于均值的列为高在线教学情境组(170 名),小于均值的列为低在线教学情境组(149 名)。两组样本的各个观测变量在其所属潜变量上的标准化载荷均超过 0.5 且统计显著,其他拟合指标也能够达到临界标准。

关于分析比较的策略,本书使用温忠麟和侯杰泰建议的路径系数相同检验法。先将两组结构方程的路径系数设置为等同,取得 χ^2 值和相应的 $d.f.$。接着取消这个限制,再次对模型进行估计,取得另一个 χ^2 值及第二个 $d.f.$。前一个 χ^2 值减去后一个 χ^2 得到 $\Delta\chi^2$,新的 $d.f.$ 为两个模型 $d.f.$ 之差。若 $\Delta\chi^2$ 检验结果在统计上为显著,则说明调节作用是显著的。分别检验无限制模型与限制模型(限制路径感知有用性→持续在线意愿),以及无限制模型与限制模型(限制路径在线满意度→持续在线意愿),检验结果如表 6-11 所示。

表 6-11 模型的调节作用检验

路径	χ^2	$d.f.$	$\chi^2/d.f.$	CFI	RMSEA	$\Delta\chi^2$	$p(\Delta\chi^2)$
无限制模型	403.500	364	1.109	0.986	0.019	—	
限制模型 1 (路径感知有用性→持续在线意愿)	413.449	365	1.133	0.982	0.020	9.949	0.020
限制模型 2 (路径在线满意度→持续在线意愿)	409.828	365	1.123	0.984	0.020	6.329	0.012

检验结果显示:低在线教学情境组中,"感知有用性→持续在线意愿"的标准化路径系数为 -1.366(不显著,p=0.517),"在线满意度→持续在线意愿"的标准化路径系数为 2.544(不显著,p=0.266);高在线教学情境组中,"感知有用性→持

续在线意愿"的标准化路径系数为 0.631（$p<0.001$），"在线满意度→持续在线意愿"的标准化路径系数为 0.370（$p=0.004$）；对于两个限制模型，$\Delta\chi^2$ 都统计显著。说明模型能够通过恒定性检验，在线教学情境对路径"感知有用性→持续在线意愿"（$\Delta\chi^2=9.949$，$p=0.020$）及"在线满意度→持续在线意愿"（$\Delta\chi^2=6.329$，$p=0.012$）的正向调节作用通过了验证。

从图 6-2 可以看出，在线教学情境起到了明显的调节作用，在高教学情境的情况下，感知有用性对于学生持续在线学习平台使用意愿的正面影响更大，假设 H8 得到了支持；学生在线满意度对于学生持续在线学习平台使用意愿的正面影响更大，假设 H9 得到了支持。

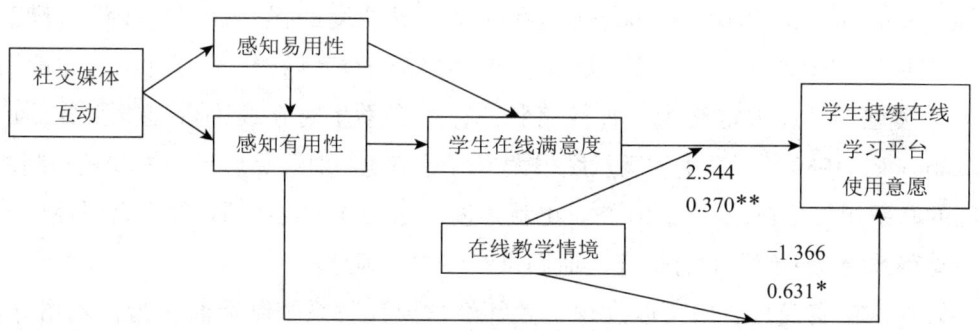

图 6-2　调节作用检验结果

注：数字为感知有用性/在线满意度对持续在线学习平台使用意愿的标准回归路径系数，其中每组数据上面数字为低在线教学情境组，下面数字为高在线教学情境组；** 表示 $p<0.001$，* 表示 $p<0.01$。

第六节　研究结论

一、重视师生间的社交媒体互动

由于当今疫情下在线学习的需求，以及人们认识到了学生个体存在差异的现实，在线学习平台已经为学生提供了许多理想的功能与环境，如自主学习、随时随地学习、从兴趣角度选择合适的内容等，但关于如何使用计算机设施、如何使用在线平台等问题仍然存在。

因此，教师提供的快速反馈和学习绩效评估将会显得十分有意义。社交媒体已经成为当今人们生活中非常重要的一部分，学生可以通过社交媒体交换信息并更明确地了解教师的指示，进而在学习上有更加积极的表现（Li et al., 2012）[1]。教师与学生在社交媒体上的互动也可以促进一种以积极的协作和参与为特征的学习环境的产生（Al-Rahmi et al., 2018），学生会更容易地使用在线系统并认为在线系统对他们的学习是有价值的[2]。

二、提升学生在线学习满意度

表6-10的研究结果显示，高校学生对在线学习平台的感知易用性（$\beta=0.245$，$p=0.021$）正向显著影响感知有用性，感知易用性（$\beta=0.428$，$p=0.010$）和感知有用性（$\beta=0.550$，$p<0.001$）都会促进在线学习满意度的提升，而在线学习满意度（$\beta=0.420$，$p=0.009$）会进一步让学习者产生良好的持续在线学习意愿。先前研究认为，满意度可以被定义为一种情绪状态，来自学生对在线平台提供服务的评价（Westbrook, 1989）[3]。学生的满意度很大程度上与他们对产品质量的体验及与制造商之间的联系相关（Taylor, 2001）[4]。也就是说，如果学生在使用在线平台时体验感很好，觉得系统易于使用和有价值，他们自然会觉得满意。

另外，在实践教学中可以发现，教师经常要代替系统制造商成为技术指导者，帮助学生解决技术问题，否则学生只会对在线教学这个方式不满意，而不是不满意该在线平台。此外，高水平的满意度也会促成学生与高校之间的一些承诺。学生感到满意时，他们就有兴趣与高校及其教学活动持续交流，并形成持续的在线学习意愿（Lee et al., 2001）[5]。

三、在线教学情境的调节作用

表6-11的研究结果显示，低在线教学情境下，感知有用性和在线满意度对于持

---

[1] Li X, Chu S, Ki W, et al. Using a wiki-based collaborative process writing pedagogy to facilitate collaborative writing among Chinese primary school students[J]. Australasian Journal of Educational Technology, 2012, 28(1): 159-181.

[2] Al-Rahmi W M, Alias N, Othman M S, et al. A model of factors affecting learning performance through the use of social media in Malaysian higher education[J]. Computers & Education, 2018, 121: 59-72.

[3] Westbrook R A. Product/Consumption-Based Affective Responses and Postpurchase Processes[J]. Journal of Marketing Research, 1989, 24(3): 258-270.

[4] Taylor C G. Globalization and the Environment: Determinants of Firm Self-Regulation in China[J]. Journal of International Business Studies, 2001, 32(3): 439-458.

[5] Lee J, Lee J, Feick L. The impact of switching costs on the customer satisfaction-loyalty link: mobile phone service in France[J]. Journal of Services Marketing, 2001, 15(1): 35-48.

续在线学习意愿是不显著的；而高在线教学情境下，感知有用性和在线满意度则会积极地促进持续在线学习意愿的形成。这说明，学生即使对在线学习的效果感到满意，但由于学习情境较低，缺乏与他人的沟通和交流，就不会进一步形成持续在线学习的意愿，甚至渴望回归线下的面对面协作学习。因此，如果采取一系列的措施建立较高的在线教学情境，学生就会愿意继续使用在线学习的方式。比如，使学生能便利地把学习内容分享和推荐给在线学习平台上的其他同学和用户；引导学生之间相互鼓励去使用在线学习平台；提升在线系统的声誉并提供较好的服务。

此外，基于本研究的结果，社交媒体的使用也有利于在线教学情境的发展，能够促进学生的互动参与和学习小组讨论，并丰富了在线学习环境（Balakrishnan and Lay，2016）[①]。这些研究和发现对于从事教育研究的学者及进行实践教学的教师具有重要意义。

第七节 未来研究展望

本研究验证了建构主义学习理论和技术接受模型对于研究通过社交媒体使用以帮助学生接受在线学习的有效性，但也存在诸多不足。

第一，在线教育研究涉及诸多影响因素，任何解读都只能关注某些方面。本研究重点关注的是社交媒体使用带来的影响。虽然社交媒体是目前高校学生普遍会使用的在线交流工具，但未来的研究可以继续探索其他因素的影响。

第二，研究所选取的样本是财经类高校。根据描述性统计报告，移动设备在本研究所选取的被试者中普及率较好，但若选取理工类高校或综合类高校的样本，是否会得到不同的研究结论并不清楚，今后可以进一步研究。

本章小结

本章的数据分析结果揭示了高校学生对于在线学习平台的感知易用性、感知有用性、在线学习满意度、持续在线学习平台使用意愿、在线教学情境及社交媒体互动的关系，强调了在线教学情境在该影响机制中的调节作用。

研究结果对于拓展现有在线教育、远程教育和移动学习的研究及后续开展类似

---

① Balakrishnan V, Gan C L. Students' learning styles and their effects on the use of social media technology for learning[J]. Telematics and Informatics, 2016, 33(3): 808-821.

研究有一定的参考价值，也为高等教育机构的教育管理和社交媒体企业的产品设计提供了建议和指导。

参考文献

［1］Al-Gahtani S S, Hubona G S, Wang J. Information technology (IT) in Saudi Arabia: Culture and the acceptance and use of IT[J]. Information & Management, 2007, 44(8): 681-691.

［2］King W R, He J. A meta-analysis of the technology acceptance model[J]. Information & Management, 2006, 43(6): 740-755.

［3］Davis F D. Perceived Usefulness, Perceived Ease of Use, and User Acceptance of Information Technology[J]. Mis Quarterly, 1989, 13(3): 319-340.

［4］Natasia S R, Wiranti Y T, Parastika A. Acceptance analysis of NUADU as e-learning platform using the Technology Acceptance Model (TAM) approach[J]. Procedia Computer Science, 2022, 197: 512-520.

［5］Beller M. Technologies in large-scale assessments: New directions, challenges, and opportunities[M]. Berlin: Springer Netherlands, 2013.

［6］Buitrago Flórez F, Casallas R, Hernández M, et al. Changing a generation's way of thinking: Teaching computational thinking through programming[J]. Review of Educational Research, 2017, 87(4): 834-860.

［7］Siddiq F, Hatlevik O E, Olsen R V, et al. Taking a future perspective by learning from the past-A systematic review of assessment instruments that aim to measure primary and secondary school students' ICT literacy[J]. Educational Research Review, 2016, 19: 58-84.

［8］Shute V J, Rahimi S. Review of computer-based assessment for learning in elementary and secondary education[J]. Journal of Computer Assisted Learning, 2017, 33(1): 1-19.

［9］Straub E T. Understanding technology adoption: Theory and future directions for informal learning[J]. Review of educational research, 2009, 79(2): 625-649.

［10］Fraillon J, Ainley J, Schulz W, et al. Preparing for life in a digital age: The IEA International Computer and Information Literacy Study international report[M]. Cham: Springer Nature, 2014.

［11］Schepers J, Wetzels M. A meta-analysis of the technology acceptance model: Investigating subjective norm and moderation effects[J]. Information & management, 2007, 44(1): 90-103.

［12］Marangunić N, Granić A. Technology acceptance model: A literature review from 1986 to 2013[J]. Universal access in the information society, 2015, 14: 81-95.

［13］Romeo G, Lloyd M, Downes T. Teaching teachers for the future: How, what, why, and what next?[J]. Australian educational computing, 2013, 27(3): 3-12.

［14］Spector J M. Cognition and learning in the digital age: Promising research and practice[J].

Computers in human behavior, 2008, 24(2): 249-262.

[15] Von Davier A A, Hao J, Liu L, et al. Interdisciplinary research agenda in support of assessment of collaborative problem solving: Lessons learned from developing a collaborative science assessment prototype[J]. Computers in Human Behavior, 2017, 76: 631-640.

[16] Berrett B, Murphy J, Sullivan J. Administrator insights and reflections: Technology integration in schools[J]. Qualitative Report, 2012, 17(1): 200-221.

[17] Venkatesh V, Morris M G, Davis G B, et al. User acceptance of information technology: Toward a unified view[J]. MIS quarterly, 2003: 425-478.

[18] Williams M D, Rana N P, Dwivedi Y K. The unified theory of acceptance and use of technology (UTAUT): A literature review[J]. Journal of enterprise information management, 2015, 28(3): 443-488.

[19] Nistor N. When technology acceptance models won't work: Non-significant intention-behavior effects[J]. Computers in Human Behavior, 2014, 34: 299-300.

[20] Taherdoost H. A review of technology acceptance and adoption models and theories[J]. Procedia manufacturing, 2018, 22: 960-967.

[21] Hsiao C H, Yang C. The intellectual development of the technology acceptance model: A co-citation analysis[J]. International Journal of Information Management, 2011, 31(2): 128-136.

[22] Koehler M J, Mishra P, Kereluik K, et al. The technological pedagogical content knowledge framework[J]. Handbook of research on educational communications and technology, 2014: 101-111.

[23] Mishra P, Koehler M J. Technological pedagogical content knowledge: A framework for teacher knowledge[J]. Teachers college record, 2006, 108(6): 1017-1054.

[24] Koehler M, Mishra P. What is technological pedagogical content knowledge (TPACK)?[J]. Contemporary issues in technology and teacher education, 2009, 9(1): 60-70.

[25] Mei B, Brown G T L, Teo T. Toward an understanding of preservice English as a foreign language teachers' acceptance of computer-assisted language learning 2.0 in the People's Republic of China[J]. Journal of Educational Computing Research, 2018, 56(1): 74-104.

[26] Hsu L. Examining EFL teachers' technological pedagogical content knowledge and the adoption of mobile-assisted language learning: A partial least square approach[J]. Computer Assisted Language Learning, 2016, 29(8): 1287-1297.

[27] Al-Rahmi W M, Alias N, Othman M S, et al. A model of factors affecting learning performance through the use of social media in Malaysian higher education[J]. Computers & Education, 2018, 121: 59-72.

[28] Kabilan M K, Ahmad N, Abidin M. Facebook: An online environment for learning of English in institutions of higher education?[J]. The Internet and Higher Education, 2010, 13(4): 179-187.

[29] Wang Q, Woo H L, Quek C L, et al. Using the Facebook group as a learning management system: An exploratory study[J]. British Journal of Educational Technology, 2012, 43(3): 428-438.

[30] Greenhow C, Gleason B. Twitteracy: Tweeting as a new literacy practice[J]. The Educational Forum, 2012, 76(4): 464-478.

[31] Fusch D. Social Media and Student Learning: Moving the needle on engagement in[J]. Academic Impressions, 2011: 15.

[32] Mugahed A, Shahizan O M, Mi Y L. The Effectiveness of Using E-Learning in Malaysian Higher Education: A Case Study Universiti Teknologi Malaysia[J]. Mediterranean Journal of Social Sciences, 2015, 6(5): 53-60.

[33] Li X, Chu S, Ki W, et al. Using a wiki-based collaborative process writing pedagogy to facilitate collaborative writing among Chinese primary school students[J]. Australasian Journal of Educational Technology, 2012, 28(1): 159-181.

[34] Rasiah R. Transformative Higher Education Teaching and Learning: Using Social Media in a Team-Based Learning Environment[J]. Procedia-Social and Behavioral Sciences, 2014, 123: 369-379.

[35] 蒋志辉，赵呈领，李红霞. 在线学习者满意度影响因素：直播情境与录播情境比较[J]. 开放教育研究，2017, 23(4): 76-85.

[36] Yan M, Or C. A 12-week pilot study of acceptance of a computer-based chronic disease self-monitoring system among patients with type 2 diabetes mellitus and/or hypertension[J]. Health Informatics Journal, 2019, 25(3): 828-843.

[37] Yoon H Y. User Acceptance of Mobile Library Applications in Academic Libraries: An Application of the Technology Acceptance Model[J]. The Journal of Academic Librarianship, 2016, 42(6): 687-693.

[38] Moore J C. A Synthesis Of Sloan-c Effective Practices[J]. Online Learning, 2019, 13(4): 74-93.

[39] 覃红霞，周建华，李政. 高校师生在线教学持续使用意愿的差异研究[J]. 高等教育研究，2021, 42(1): 83-93.

[40] Ifinedo P. Determinants of students' continuance intention to use blogs to learn: An empirical investigation[J]. Behaviour & Information Technology, 2018, 37(4): 381-392.

[41] 李瑞前. 高校学生对在线教育平台的评价研究：基于技术接受模型[J]. 继续教育研究，2021(1): 111-114.

[42] Lin W S, Wang C H. Antecedences to continued intentions of adopting e-learning system in blended learning instruction: A contingency framework based on models of information system success and task-technology fit[J]. Computers & Education, 2012, 58(1): 88-99.

[43] Baker-Eveleth L, Stone R W. Usability, expectation, confirmation, and continuance intentions to use electronic textbooks[J]. Behaviour & Information Technology, 2015, 34(10): 992-1004.

[44] Mallat N, Rossi M, Tuunainen V K, et al. The impact of use context on mobile services acceptance:

The case of mobile ticketing[J]. Information & Management, 2009, 46(3): 190-195.

[45] Hamidi H, Chavoshi A. Analysis of the essential factors for the adoption of mobile learning in higher education: A case study of students of the University of Technology[J]. Telematics and Informatics, 2018, 35(4): 1053-1070.

[46] 宋崔，刘伟，刘丽莎. 疫情防控期间教师在线教学现状与培训需求分析研究——基于全国百所中小学的抽样调查结果分析 [J]. 教师教育研究，2020, 32(3): 1-9.

[47] Liu Y. Developing a Scale to Measure the Interactivity of Websites[J]. Journal of Advertising Research, 2003, 43(2): 207-216.

[48] Chintalapati N, Daruri V. Examining the use of YouTube as a Learning Resource in higher education: Scale development and validation of TAM model[J]. Telematics & Informatics, 2017, 34: 853-860.

[49] Li X, Chu S, Ki W, et al. Using a wiki-based collaborative process writing pedagogy to facilitate collaborative writing among Chinese primary school students[J]. Australasian Journal of Educational Technology, 2012, 28(1): 159-181.

[50] Westbrook R A. Product/Consumption-Based Affective Responses and Postpurchase Processes[J]. Journal of Marketing Research, 1989, 24(3): 258-270.

[51] Taylor C G. Globalization and the Environment: Determinants of Firm Self-Regulation in China[J]. Journal of International Business Studies, 2001, 32(3): 439-458.

[52] Lee Jonathan, Lee Janghyuk, Feick L. The impact of switching costs on the customer satisfaction-loyalty link: mobile phone service in France[J]. Journal of Services Marketing, 2001, 15(1): 35-48.

[53] Balakrishnan V, Gan C L. Students' learning styles and their effects on the use of social media technology for learning[J]. Telematics and Informatics, 2016, 33(3): 808-821.

第七章 高校学生实时在线学习准备度影响因素研究

> **本章导读**
>
> 在线学习仍然是高等教育领域中增长最快的板块之一。随着这一增长,高等院校开始面临挑战。挑战之一就是为学生的实时在线学习做好准备。
>
> 本章使用案例研究方法,调查了一所高等院校中哪些策略和因素有助于学生在实时在线学习中取得成功,调查对象包括已经学习过在线课程的学生、上过在线课程的教师及在线学习平台技术人员。调查主题为以下三个方面:有助于学生实时在线学习成功的因素、阻碍学生实时在线学习成功的因素、院校为学生的实时在线学习做了哪些准备。使用扎根理论的研究方法,分别以教育工作者(在线学习技术人员和在线课程的教师)与学生的角度,对访谈和问卷调查所收集的资料进行了审查和比较,并对其中重要的观点和因素进行了编码处理。

第一节 探讨高校学生实时在线学习准备度的必要性

在中国乃至全世界,线上学习学生的平均年龄正在降低,并且他们也越来越迅速地做出上大学的决定。这些学生期望线上学习能够快速满足他们接受教育的需求(Clinefelter and Aslanian,2015)[①]。各个国家也相应地给予学生很多最便捷的在线教

---

① Clinefelter D L, Aslanian C B. Online college students 2015: Comprehensive data on demands and preferences[J]. The Learning House, 2015, 8: 1-52.

育机会，但在高等教育中，到底有哪些策略和流程有助于学生在接受线上教育并取得成功呢？有哪些培训可以为这些学生提供帮助，以提高他们在在线学习中的成功率呢？

Bryant 等（2005）指出，远程教育的趋势主要与互联网技术在社会中的普及有关[①]。而 Allen 等（2016）的研究则表明，在线学习是高等教育领域中增长最快的板块，不参加任何在线学习课程的学生人数在持续下降[②]。在线学习的完成率也在持续增加，并逐渐接近面对面课程的完成率（Lokken and Mullins，2014）[③]。如果在线学习是高等教育的未来，那我们就需要更多的研究来确保学生在这种受教方式中成功获取知识。"在线授课的概念不会消失。这不是一种教育潮流或最新的时髦用语"（Fish and Wickersham，2009）[④]。

线上教育工作者应该收集关于学生的各种信息，更加重视利用这些数据来促进学生的成功：如今的学院和高校正在从微观层面和宏观层面收集大量数据。通过结合和集体分析存储在学习管理系统和学生信息系统中的数据，院校可以更好地了解学生如何与技术系统互动，以及学生如何与课程项目和专业互动（Grajek，2017）[⑤]。利用互联网技术传授高等教育知识的趋势将继续，教育工作者需要更好地理解如何利用这些工具最大程度地促进学生在线教育收获知识并取得成功。

Bork 和 Rucks-Ahidiana（2013）进行了一项关于学生和教师期望的研究[⑥]。这项研究建议学院为了发展在线学习课程，可以"改善学生的准备活动"并"增强教师的专业性发展"。这项研究还表明，学生和教师在在线教育工具的使用技能方面存在脱节现象。当学生转换为在线学生的角色时，他们在很大程度上没有意识到教师和学校对他们的期望。Fish 和 Wickersham（2009）在其论文 *Best Practices for Online Instructors* 中指出，学生接受在线培训对于降低学生的挫折感是必要的[⑦]。此外，

---

① Bryant S M, Kahle J B, Schafer B A. Distance education: A review of the contemporary literature[J]. Issues in accounting education, 2005, 20(3): 255-272.

② Allen I E, Seaman J. Online report card: Tracking online education in the United States[R]. Babson Survey Research Group, 2016: 4.

③ Lokken F, Mullins C. Trends in elearning: Tracking the impact of elearning at community colleges[R]. Washington, DC: Instructional Technology Council, 2014.

④ Fish W W, Wickersham L E. Best practices for online instructors: Reminders[J]. Quarterly Review of Distance Education, 2009, 10(3): 282-283.

⑤ Grajek S. Top 10 IT issues, 2017: Foundations for student success[J]. Educause Review, 2017, 52(1): 25.

⑥ Bork R H, Rucks-Ahidiana Z. Role ambiguity in online courses: An analysis of student and instructor expectations (CCRC Working Paper No. 64)[R]. New York: Columbia University, Teachers College, Community College Research Center, 2013: 1-36.

⑦ Fish W W, Wickersham L E. Best practices for online instructors: Reminders[J]. Quarterly Review of Distance Education, 2009, 10(3): 281.

Aragon 和 Johnson（2008）在他们对大学在线课程的研究中得出结论：对于 28% 的学生受访者来说，教师的反应能力是一个问题，18% 的教师受访者表示技术和学习管理系统的问题令人担忧[1]。

对于教师流畅使用在线授课技术的必要性得到了 Thurmond（2003）的支持：当学生对课堂上某一知识点提出疑问，但教师未能及时提供反馈时，学生可能会变得沮丧并对课程感到不满，并且会对学生积极学习的态度产生负面影响，当学生对互联网在线教学技术产生负面认知时，他们也往往持消极态度，变得沮丧[2]。Wickersham 和 McGee（2008）也指出，深思熟虑和详细明智的在线教育规划，以及实时关注的教学评估可以帮助避免远程学习者的脱节[3]。此外，用于传授教学的技术必须能够"即时使用"且"对用户友好"，根据教师和学生的需要提供技术支持和培训（Fish and Wickersham，2009）[4]。

因此，有必要进一步研究学生在线学习取得成功的促进因素及阻碍因素分别是什么。Green（2015）指出，为了做得更好，在线教育工作者必须致力于持续地评估他们的在线教学付出，记录哪些是有效的及哪些是需要改进的地方[5]。如本书第四章所述，与异步学习相比，同步实时学习更有利于提升学生的社交临场感、认知临场感和教学临场感，学生对于线上学习与线下面对面学习的空间和时间差异感也会更小。此外，比起"提前录制好"的课程（异步学习），实时教学（同步学习）也更利于艺术临场感发挥作用，对于教师的"即兴创新教学"和"即时线上互动"也有更多的发挥空间。本章研究旨在更清晰地探索高校学生实时在线学习成功的因素。后续内容会通过教师访谈和学生问卷中获得的调查结果，解答以下三个研究问题。

（1）哪些因素促进高校学生在实时在线学习中取得成功？

（2）哪些因素阻碍高校学生在实时在线学习中取得成功？

（3）学校使用哪些方法帮助学生为在线学习的成功做好准备？

---

[1] Aragon S R, Johnson E S. Factors influencing completion and noncompletion of community college online courses[J]. The Amer. Jrnl. of Distance Education, 2008, 22(3): 146-158.

[2] Thurmond V A. Examination of interaction variables as predictors of students' satisfaction and willingness to enroll in future Web-based courses while controlling for student characteristics[C]. Association for the Advancement of Computing in Education (AACE), 2003: 528-531.

[3] Wickersham L E, McGee P. Perceptions of satisfaction and deeper learning in an online course[J]. Quarterly Review of Distance Education, 2008, 9(1): 73-83.

[4] Fish W W, Wickersham L E. Best practices for online instructors: Reminders[J]. Quarterly Review of Distance Education, 2009, 10(3): 283.

[5] Green K C. Beginning the fourth decade of the "IT revolution" in higher education: Plus Ca change[J]. Educause review, 2015, 50(5): 40-53.

第二节 远程学习的优点与缺点分析

一、异步学习与同步学习的对比

两种远程学习包括两种方式：同步远程学习和异步远程学习。随着技术的进步，学生和教师可以在同一时间进行互动，但实体上他们处于不同的地点。这可以通过实时聊天和即时通信（如腾讯 QQ、腾讯会议和微信等）等方式实现。这种类型的远程学习被称为同步远程学习。如果教师和学生在不同的地方进行互动，但不能在同一时间进行，他们的沟通就会被时间和地点隔开。那么在这种情况下师生就可以通过信件、电子邮件、短信或 QQ 离线留言及一些学习管理系统上的消息发布来实现互动。这种类型的远程学习被称为异步远程学习（Bernard et al.，2004；Branon and Essex，2001）[1][2]。异步沟通允许"学生通过媒体独立于教师学习"，而同步沟通则允许"学生与教师实时互动"（Floyd，2003）[3]。

在线学习的发展速度超过了传统学习方法。Allen 和 Seaman（2016）[4]指出，即使高等教育整体入学人数下降，远程教育入学人数也仍在继续增长，并且现实情况也是如此，许多学校继续增加互联网线上学习课程，面对面入学人数却在下降（Allen et al.，2016）[5]。Cavanaugh 和 Jacquemin（2015）[6]也指出，"从几乎所有的衡量标准来看，在线教育在高等教育中继续发挥着越来越大的作用"。

在线学生的平均年龄越来越年轻，他们也渴望快速上大学（Clinefelter and

---

[1] Bernard R M, Abrami P C, Lou Y, et al. Meta-analysis in Education Research Level 1: Introductory Course: Reading and interpreting quantitative research syntheses: An introduction to the methodology Recommended Reading[J]. Educational Research, 2004, 74(3): 379-439.

[2] Branon R F, Essex C. Synchronous and asynchronous communication tools in distance education[J]. Tech Trends, 2001, 45(1): 36.

[3] Floyd D L. Distance learning in community colleges: Leadership challenges for change and development[J]. Community College Journal of Research &Practice, 2003, 27(4): 339-340.

[4] Allen I E, Seaman J. Online report card: Tracking online education in the United States[R]. Babson Survey Research Group, 2016: 31.

[5] Allen I E, Seaman J. Online report card: Tracking online education in the United States[R]. Babson Survey Research Group, 2016: 13.

[6] Cavanaugh J, Jacquemin S J. A large sample comparison of grade based student learning outcomes in online vs. face-to-face courses[J]. Online learning, 2015, 19(2): 25-32.

Aslanian,2015)[①]。学生学习的成功与教师和同龄人的互动质量密切相关,而使用学习管理系统(如智慧树平台、超星学习平台)的教师可以增加与学生互动的质量和数量,促进学生学习的成功(Floyd,2003)[②]。研究人员指出,远程教育的趋势很大程度上与技术向社会的扩散有关(Bryant et al.,2005)[③]。

多年来,技术的变化使提供远程教育的方法也发生了变化。18世纪和19世纪早期,教师使用报纸广告来寻找对通信课程感兴趣的学生,通过邮寄方式将课程材料送到学习者手中,学生再通过邮寄方式将作业寄还给教师。随着电力进入家庭,电子设备开始被应用。20世纪初,广播被用于播放课程讲座,到了50年代又开始使用电视播放课程。当计算机成为家庭中的常见设备时,公告板系统变得流行,教育机构通过拨号方式使用调制解调器和电话线进行信息的上传和下载,向学生提供教学内容。曾经有一则广告语"您有新邮件到了",成为相当长时间内在线学习和在线共享通信的标准提示语。20世纪90年代中期,人们开始使用互联网进行远程学习,互联网迅速成为远程学习的主要方式。

远程教育领域有一位颇具影响力的人物——威廉·雷尼·哈珀(William Rainey Harper),他是芝加哥大学的第一任校长。从历史上看,他以美国初级学院(相当于中国的大专)之父而闻名,因为他在建立两年制学院方面做出了突出贡献。然而,一些人也认为他是美国远程教育的奠基人。他在任职芝加哥大学校长期间,强烈支持远程教育的发展。

尽管函授学校(通过邮寄课程和练习来教授非住校学生的学校,完成后学生需要将作业寄回学校进行评分)是远程教育的第一形式,但19世纪的工业革命带来了许多技术变革。这些变革为教育者提供了远程教育的新选择,正如这段话所说的那样,"任何新媒介变得普及,教育者都在思考如何最好地使用它,以便与他们的学生建立有意义的联系"(Dousay and Janak,2018)[④]。其中一种新媒介就是教学影片,它首次出现在1910年。据报道,托马斯·爱迪生宣称,"由于电影的发明,我们的学校系统将在未来十年内发生彻底变革"(Saettler,1968)[⑤]。然而,这一变革并没有发

---

① Clinefelter D L, Aslanian C B. Online college students 2015: Comprehensive data on demands and preferences[J]. The Learning House, 2015, 8: 1-52.

② Floyd D L. Distance learning in community colleges: Leadership challenges for change and development[J]. Community College Journal of Research &Practice, 2003, 27(4): 340-341.

③ Bryant S M, Kahle J B, Schafer B A. Distance education: A review of the contemporary literature[J]. Issues in accounting education, 2005, 20(4): 255-272.

④ Dousay T A, Janak E. All things considered: Educational radio as the first MOOCs[J]. Tech Trends, 2018, 62: 555-562.

⑤ Saettler P. History of instructional technology [M]. New York: McGraw-Hill, 1968.

生。但是到了 1920 年，教学媒体以幻灯片和电影的形式被引入许多教育推广计划，就像它们在课堂上一样，如今这已成为常见现象。

20 世纪 80 年代，许多大学和学院都制作了电视课程，其中教学讲座通过电视在教室中传播。最早利用这项技术的学府之一是迈阿密戴德学院。由于它能够在非工作时间提供这种类型的教学，所以它主要吸引的是女性和年龄较高的学生。这种单向预先录制的视频被 60% 的两年制学院采用，直到 20 世纪 90 年代末，当时在线远程学习开始专注于使用互联网。虽然曾经许多形式的媒体被认为会给教学活动带来革命性变化，包括留声机、电话、收音机、电视和计算机，但实际上这种情况并没有发生。然而，互联网却做到了。

互联网是独特的，因为它为远程学习和促进教育发展提供了几乎无穷无尽的机会。这些机会包括电子邮件、实时聊天、即时通信、视频会议、IP 语音、线程对话、讨论板、论坛和视频点播等交流方式（Su et al., 2005）[1]。表 7-1 列出了这些独特的互联网通信类型。

表 7-1 线上学习使用的互联网通信类型

异步方式	同步方式
电子邮件	在线聊天
讨论平台	即时通信
互联网论坛	IP 语音
视频点播	视频会议

在线学习一直是教学变革的催化剂，并且正在改变高等教育的模式，过去的大学都拥有实体校园，然而，随着学生可以在网上学习课程这一趋势的发展，大学越来越不需要强调拥有特定校园。许多高校也要求学生多参加在线课程，要求教师增加线上学习资料的发放和教学活动的开展。

根据 McGonigal（2011a）的说法，学习中的游戏闯关设置可以让学生的心态变得更好，并且可以让学生在娱乐的同时完成课业任务。她指出："那些真正了解这种力量的人将是创造我们未来的人。"[2] 游戏可以用来将不同的人团结起来执行共同的协作任务，并有助于使教育对"伴随互联网成长的第一代"更具吸引力（McGonigal,

---

[1] Su B, Bonk C J, Magjuka R J, et al. The importance of interaction in web-based education: A program-level case study of online MBA courses[J]. Journal of interactive online learning, 2005, 4(1): 1–19.

[2] McGonigal J. Be a gamer, save the world[J]. Wall Street Journal, 2011, 22: 1–11.

2011b）①。

因此，游戏可以在高等教育中为学生建立联系，吸引那些可能因为"害羞"而无法参加面对面课程的学生，这种新思维被称为"游戏化教学"。这个过程为教师创造了吸引学生并提高其学习动力的机会，允许学生利用游戏化学习来竞争和社交，可以让学生独立思考，也许还会有意想不到的创新效果。

学生在线进行课程学习并与同学分享信息，这些信息可以补充学习材料的不足，"增加了学生之间合作的机会"（Bichsel，2013）②，并且可以"对有学习障碍的学生特别有帮助"（Bichsel，2013）③。这在很大程度上是由于"移动设备的激增"和"'随时随地'的期望"（Bichsel，2013）④。

二、远程学习的优点与缺点

远程教育有很多优点。对于许多人来说，它为他们提供了更多的受教育机会。它还可以为由于缺乏资源而无法接受传统教育的少数群体创造更多机会。远程教育可以通过智能手机随时随地开展，更具灵活性。

Bichsel（2013）进行了一项研究，发现互联网线上学习最显著的好处是它可以通过增加访问量来提高入学率⑤。另一个优点是互联网线上学习可以为学校提供额外的收入。教师可以使用不同的教学工具来满足学生的需求和兴趣，让学生更深入地参与学习过程。线上学习平台还可以通过经验分享帮助教师记录并提高他们的教学水平，对学生的好处更多的则是提高学习灵活性、增强学习体验，并且方便学生高效地利用可支配的时间。此外，互联网线上学习可以提高学校的声誉并简化教学过程，提供更多的在线课程还可以减少学生对日常稀缺的实体教室资源的依赖，提高教学效率并降低成本"（Bichsel，2013）⑥。

---

① McGonigal J. Reality is broken: Why games make us better and how they can change the world[M]. London: Penguin, 2011.

② Bichsel J. The state of e-learning in higher education: An eye toward growth and increased access[R]. Educause Center for analysis and research, 2013: 10.

③ Bichsel J. The state of e-learning in higher education: An eye toward growth and increased access[R]. Educause Center for analysis and research, 2013: 11.

④ Bichsel J. The state of e-learning in higher education: An eye toward growth and increased access[R]. Educause Center for analysis and research, 2013: 7.

⑤ Bichsel J. The state of e-learning in higher education: An eye toward growth and increased access[R]. Educause Center for analysis and research, 2013: 3.

⑥ Bichsel J. The state of e-learning in higher education: An eye toward growth and increased access[R]. Educause Center for analysis and research, 2013: 8.

然而，互联网线上学习是否真的能为学校节省资金还并不确定。一旦基础设施到位，在线课程交付就"有可能"提供一种以更低的成本开展教学活动的方法。但是，与在线授课相关的成本仍然存在，包括教学设计、课程主持人及维护硬件和软件系统人员的相关支出（Atchley and Wingenbach，2011）[1]。Casement（2013）也指出，必须考虑计算机硬件和软件，以及培训师资[2]。他还指出，教师"在线工作与面对面工作的工作量相同；如果说有什么不同，那就是昂贵的技术加上相同的教师授课付出，意味着在线教学更加昂贵"（Casement，2013）[3]。

一些在线课程允许学生按照自己的进度完成学业，因此更加灵活，学生承受的压力也可能更小。有些学生可以在距离主校区很远的地方生活和学习。通过适当的培训和指导，最快或最慢的学习者都可以按照自己的节奏设定学习进度。在线课程可以满足行动不便的人的求学需求，这些人由于距离或身体不适的原因而无法到校参加传统的校园课程（Bower and Hardy，2004）[4]。

但是线上学习也存在一些缺点。虽然许多大学都提供相似的课程内容，但实际的课程效果却可能存在差异。而且，并非所有利益相关者（如教师或行政人员）都对线上教育持支持态度。此外，在线教学要求对教学方式进行创新，同时也需要学生做出相应的支持和配合。教师需要具备技术方面的专业知识，而所使用的技术可能比较复杂、时间成本较高，对于已经将很多精力投入教学设计中的教师而言，线上教学可能较为困难（Casement，2013）[5]。

提前规划在线学习对于教师和学生都是必要的。有时候，学生可能在开始线上学习时才意识到隐性成本，比如计算机使用方法和互联网连接质量。而且，远程学习未必能够提供即时反馈，有时学生需要等待教师审查他们的作业，这可能需要一定的时间。还有一些课程未必能达到面对面授课的效果，其课程质量可能受到质疑。在没有适当指导的情况下，远程学习可能也无法提供学生锻炼口语沟通技能的机会，例如，讨论分析和面对面的互动。因为学生独自学习，在线学习也许会导致学生产生社会孤独感，而网络技术水平较低的学生可能会感到更加孤立无助。

---

[1] Atchley W, Wingenbach G. Foundations of Online Education at Tarleton State University[J]. Journal of Instructional Pedagogies, 2011, 6: 7.

[2] Casement W. Will Online Learning Lower the Price of College?[J]. Journal of College Admission, 2013, 220: 15.

[3] Casement W. Will Online Learning Lower the Price of College?[J]. Journal of College Admission, 2013, 220: 16.

[4] Bower B L, Hardy K P. From correspondence to cyberspace: Changes and challenges in distance education[J]. New directions for community colleges, 2004(128): 5-12.

[5] Casement W. Will Online Learning Lower the Price of College?[J]. Journal of College Admission, 2013, 220: 14-18.

第三节 案例研究的设计与实施

本节通过调查天津财经大学珠江学院教师和学生的实时线上授课或学习经历，深入了解了影响学生在线上实时学习中取得成功的因素，包括促进因素、阻碍因素和准备条件三个方面。

一、研究方法

本次调研采用的是案例研究法。案例研究是一种对一段时间内现实生活中的有限系统进行定性研究的方法，可以包括多种信息来源，如"观察、访谈、视听材料和文档"（Creswell，2016）[1]，是对单个实体、现象或社会单位进行深入、全面描述和分析的方法（Merriam，2009：46）[2]。本案例研究的资料收集时间为2021年秋季学期末至2022年春季学期末。本研究属于内在案例研究，因笔者对互联网线上学习的成功产生浓厚兴趣而开展起来[3]。

案例研究选择的地点是天津财经大学珠江学院。该学院成立于2006年，是经教育部批准、由天津财经大学与广东珠江投资股份有限公司按照独立学院模式和机制合作建立的一所本科层次的普通高等院校。学院坐落于天津市宝坻区京津新城，基础设施完备，计算机房、多媒体教室、语音室、专业实验室等一应俱全。2023年12月在校生1.5万余人，生源范围涵盖全国31个省、直辖市、自治区。疫情期间，天津财经大学珠江学院使用智慧树网、超星（学习通）、钉钉等在线学习平台为学生提供在线教学。

二、样本选择与访谈设计

本次案例研究邀请了有互联网线上教学经验的教师提供访谈支持并给出建议，

---

[1] Creswell J W, Poth C N. Qualitative inquiry and research design: Choosing among five approaches[M]. London: Sage publications, 2016.

[2] Merriam S B. Oualitative Research: A Guide to Design and Implementations[M]. New York: John Wiley & Sons, 2009: 46.

[3] Merriam S B. Oualitative Research: A Guide to Design and Implementations[M]. New York: John Wiley & Sons, 2009: 48.

所有受邀教师都欣然同意接受采访。总共有 8 位教师参与了面对面访谈或线上访谈，每位教师都经历过一段时间的在线课程教学。此外，每位教师负责授课的学科各不相同，为研究提供了多元和广泛的视角。另外，本次案例研究也邀请了两位超星（学习通）学习平台的技术人员为采访对象。受访者在互联网线上学习领域已有 3 年或更长的从业经验，专注于为教师、学生和其他学习者提供技术支持。访谈前研究者设计了访谈提纲，访谈提纲如下。

感谢您参与本次研究。本研究的目的是了解促成学生在线上学习课程中的成功因素，以帮助学生更好地为在线学习做准备。本次采访将持续约 30 分钟，采访过程将被录音。您的参与是自愿的，您可以随时退出。参与访谈不会泄露隐私，为保护您的身份，我们将使用假名，您也可以拒绝回答其中的任何问题。如果您提出要求，我们将向您提供本次采访的文字记录，以确保准确性并供您审核。按照这个研究项目的目的，"成功"被定义为完成课程并获得及格分数。

（1）根据您与学生一起参加线上学习的工作经验，学生在参加课程时共同关心的问题是什么？他们会问什么问题？

（2）对于成功完成课程并取得及格成绩的学生，他们有什么共同之处？您认为是什么促成了他们线上学习的成功？

（3）对于那些没有顺利完成课程或没有通过考试的学生，您注意到他们有什么共同之处？您认为是什么导致了他们线上学习的失败？

（4）线上学习课程需要时间管理技能。您是如何帮助学生跟上课程进度的？您使用的学习平台中有什么功能可以帮助您做到这一点吗？

（5）学生报告说无法跟上课程进度的一些原因是什么？您认为什么因素能帮助他们保持正常的学习进度？

（6）学院为学生的线上学习准备都提供过什么帮助？在参加线上学习之前，有没有线上学习的教程或培训供学生使用？

（7）学院还为线上学习的学生提供了什么支持？您对线上学习遇到困难的学生有什么建议？学生可以获得哪些帮助和资料？学生可以去哪里寻求帮助？

（8）您认为还有什么对这项研究有帮助的提示或建议吗？

除了教师和技术人员，本研究也向 300 名学生发送了调查问卷，其中学生的选取标准是他们已经完成了至少一学期的在线课程并且目前正在学习在线课程。本研究预计的最小回复数量为 50 份，实际上最终收到了 66 份有效问卷，有效回复率为 22%。为了确保匿名性，每个学生都可以通过扫码完成各自的问卷调查，并且每个学生的调查问卷填写次数都是唯一的，这样可以防止多次回复，同时确保只有符合条件的受邀学生能够回复。第一个问题较为笼统，作为破冰开场，可能与前两个研究问题中的任何一个相关；问题（2）至问题（5）主要适用于前两个研究问题；问题（6）至问题（9）适用于第三个研究问题；最后一个问题是一般性的，可适用于任何研究问题。

面向学生的调查问卷的正文部分如下。

前测问题

性别：男 ___ 女 ___
- 您上过几门完全线上的课程？1门或2门 ____ 3门或以上 ____
- 您目前读大学几年级？ _____

正式问题

对于每个问题，请尽可能多地列出您认为相关的原因。

（1）在参加在线学习的过程中，您遇到了哪些问题或烦恼？
（2）对于您成功通过的在线学习课程，您认为是什么促成了成功？
（3）对于您没有完成或没有通过的在线课程，您认为是什么导致了失败？
（4）是什么帮助您在线上课程中保持正常的学习进度？
（5）是什么阻碍了您在线上课程中保持正常的学习进度？
（6）在参加学院的在线学习课程之前，您做了哪些准备？
（7）学院有没有帮助您为线上学习做准备？如果有，包括什么？
（8）在线上学习课程时，学院为您提供了哪些支持或帮助？
（9）请列举您所知道的学院提供的其他线上学习支持。
（10）您认为还有什么对这项研究有帮助的建议或提示吗？

三、访谈资料收集与处理方法

本研究对10名教师和技术人员的访谈录音进行了文本资料的转录，并对文字记录进行了审查，凸显了与应用研究问题相关的部分。学生问卷的回答也遵循着相似的过程，根据研究问题对访谈资料进行了审查和分类。

然而，由于访谈和问卷都采用开放式问题，受访者可能在回答某一个问题时，有意或无意地同时回应另一个不同的问题。这种情况发生在该问题已经被问过或刚被提问中，也发生在后续的提问中。因此，仔细审查访谈资料显得至关重要。

通过多次审查，根据预先设计的研究问题对访谈资料进行编码。某些类别可能包含值得进一步细化为子类别的编码数据簇（Saldaña，2016）[①]。如Saldaña（2016）所述，编码和子编码最终转化为类别（如果有必要，还包括子类别），从子类别，到类别，再到更大的类别分组后，数据资料会形成主题或概念[②]。

问卷的具体处理步骤为，首先将所有文本资料逐句审查，然后将与研究问题密切相关的词或短语贴上标签。贴标签后，下一步就是进行概念提取（或称为归类），将重复出现的表征意义非常类似的标签聚集在一起，创建较少数量的类别或子类别（Miles et al.，2014）[③]。其次，按照不同的逻辑关系将类别或子类别进行归类，进行范畴化。最后，寻找这些范畴间的逻辑关系并建立关联。这个步骤要随时查阅最初收集的文本资料，以便厘清范畴间的潜在脉络关系，再将范畴按照不同的潜在关系进行归类。根据这些关系形成主题，所形成的主题要通过再次新收集资料进一步进行验证，以检验理论是否达到饱和。

第四节 案例研究的结果分析

一、促进学生实时在线学习成功的因素

通过对访谈资料进行编码与分析发现，学生动机、学生时间管理技能、线上课程设计、教师的线上响应能力和支持性，有助于学生在互联网线上学习课程中取得成功，如表7-2所示。表格中的"部分文献资料"为一些相关研究文献中的学者观点，"频次"为在访谈参与者表述的言论中出现的次数，比如，在学生调查问卷中出现某一类别的最高频次为66，教师访谈中最高频次为8，技术人员访谈中的最高频次为2。本研究发现解决了第一个研究问题：哪些因素促进高校学生在实时在线学习中取得成功？

[①] Saldaña J. The coding manual for qualitative researchers[M]. London: Sage Publications, 2016: 14.
[②] Saldaña J. The coding manual for qualitative researchers[M]. London: Sage Publications, 2016: 235.
[③] Miles M B, Huberman A M, Saldaña J. Qualitative data analysis: A methods sourcebook (3rd ed.)[M]. London: Sage publications, 2014: 73.

表 7-2 促进学生实时在线学习成功的因素

主题	通过学生调查到的类别	频次	通过教师和技术人员调查到的类别	教师频次	技术人员频次	部分文献资料
学生	动机	37	积极主动的学生	8	2	创建一个安静、不分心的学习地点。在线课程对积极主动、自律的学生很好。为每个班准备一个笔记本。有个"B计划"（备用计划），以防出现意外问题。你的技能。使用一个用来保存工作内容的U盘。要想成为一个成功的在线学生，就要确保你有适合的学习工具。了解你的学习风格。
学生	时间规划	33	时间管理	5	1	
学生			学生的个性	2	1	
课程	学习任务期限	19	提醒	7	2	在线课程是学生在完成学位的同时兼顾工作和家庭的好方法。提供有关课程开发、课程认证标准和最佳教学实践的教师研讨会和在线课程教学方法。课程网站建设必须遵循以下准则：课程主页设计，教学组件使用，在线课程内容必须组织为学习模块。
课程	组织	16	课程设计	7	1	
课程	灵活性	12				
课程	材料	11				
教师	与教师的良好沟通	18	教师的沟通	8	2	然而，在线环境中，提供定期评估的需求比在传统课堂中要大得多。要有定期评估：学生必须收到反馈，让他们知道自己做得如何。教师需评估学生是否完成了指定的学习材料。
教师	与教师的积极关系	5	教师的关心	5	0	

在分析教师与技术人员的访谈和学生调查问卷中的相关文本资料时，本研究发现了与学生成功进行在线学习相关的三个首要主题，即"学生""教师""课程"。然而，跨来源的数据表 7-2 中出现了一个显著的例外，即学生的回答在整体数据中占据主导地位，尤其是在 66 份学生调查问卷完成后，显示学生对于学生属性的关注程度超过了其他任何类别。此外，教师和技术人员似乎同样重视将"教师的沟通"作为学生成功的一个类别，而"积极主动的学生"是学生与教职工两类受访者同样重视的另一个类别。

1. 学生对促进实时在线学习成功因素的看法

如表 7-2 所示，在确定"学生"主题时，本研究将其划分为两大类别："动机"和"时间规划"。表 7-3 呈现了这两个主要类别中详细的子类别，以及被学生提到的频次。需要强调的是，来自同一学生的多次回答只被计算1次，与研究主题相关度较低的子类别没有被考虑到研究发现中。

表7-3 "学生"主题中的子类别（学生看法）

类别	总频次	子类别	频次	子类别	频次
动机	37	遵守纪律	7	想要	2
		奉献精神	6	注意力	2
		主动地	6	志向	1
		每日检查	5	欲望	1
		决定	4	勤奋	1
		驱动力	3	对主题的热爱	1
		重点	3	目的	1
		优先	3	职业道德	1
		努力学习	2	不想成绩不好	2
时间规划	33	时间管理	7	及时投入	1
		日程	7	恐慌	1
		日历	6	设定时间范围	1
		完成时间	4	同时	1
		规划师	3	遵守最后期限	1
		找时间	2	优先考虑时间	1
其他		有组织的	5	学生	3
		参与	2	学习中	6
		研究课程	3	杂项	5
		研究教师	3		

在确定"课程"主题时，本研究将其划分为三个类别："其他课程属性""学习任务期限""组织"。表7-4列出了这三个主要类别中详细的子类别及被学生提到的频次。值得注意的是，表7-2中的"灵活性"和"材料"类别在表7-4中被放到"其他课程属性"中。

表 7-4 "课程"主题中的子类别（学生看法）

类别	总频次	子类别	频次	子类别	频次
其他课程属性	28	灵活性	12	环境	1
		材料	11	布局	1
		清晰	5	通知	1
		一致性	2	提醒事项	1
		电子邮件	1		
学习任务期限	19	到期日	11	日程	4
		截止日期	5	每周作业	3
		日历	4	时间线	1
材料	16	有组织的	4	结构化的	1
		大纲	5	课程进度	9

最后确定的主题是"教师"，包括两个类别："与教师的良好沟通"（频次18）和"与教师的积极关系"（频次5），由于学生的各种表达方式和用词基本一致，因此不包括子类别。

2. 教师和技术人员对促进学生实时在线学习成功因素的看法

通过对教师和技术人员的访谈，本研究发现"教师的沟通"和"积极主动的学生"对学生实时在线学习的成功起到了积极的作用。这两个类别的发现在两类受访者中得到了一致的认可。此外，还存在其他类别，包括"课程设计""教师""提醒""学生的个性""时间管理"，这些类别也与学生通过调查问卷确定的主题相一致，即"学生""课程""教师"。

表 7-5 中列出了每个主题的类别及受访者的回答数量（标签频次），来自同一受访者的多次回答仍然只被计算 1 次，这一点在本研究中与教师和技术人员访谈的资料处理是一致的。同时，"教师的沟通"和"积极主动的学生"将被细分为额外的子类别。

表 7-5 教师和技术人员认为的实时在线学习成功因素

主题	类别	教师频次	技术人员频次
学生	积极主动的学生	8	2
	时间管理	5	1
	学生的个性	2	1

续表

主题	类别	教师频次	技术人员频次
课程	提醒	7	2
	课程设计	7	1
教师	教师的沟通	8	2
	教师的关心	5	0

"教师的沟通"是帮助学生取得实时在线学习成功的最重要的两个类别之一。每个接受采访的人都至少提到过一次与师生沟通有关的事情。下面列举了一些教师和技术人员的陈述。所有访谈人员均为匿名字母编号。

A:"我认为应该持续沟通。""如果他们错过一些作业,我倾向于用电子邮件通知我的学生。""我们可以发送各种不同的公告、通知和电子邮件,现在有很多不同的传达信息的方法。""如果他们不明白,他们会立即给我发电子邮件、信息或打电话,确保他们开始做作业之前非常清楚各项要求。"

B:"他们必须经常与教师沟通。"

C:"我回复所有的学生。""大约一半的班级没有登录或没有开始他们的第一个作业,但他们今天会收到电子邮件通知。"

D:"当他们给我发电子邮件时,我快速回复。""这些是有帮助的公告,我会发送电子邮件,他们总能收到我的电子邮件。"

E:"我认为关键是沟通,沟通才能勤奋。""另外一个主要的事情就是沟通和勤奋。"

F:"所以如果你提供你的手机号码或者其他联系方式,现在你甚至不必提供你的手机号码,教师可以使用信息提醒功能,学生如果愿意可以在提醒中回复短信。""让学生有能力给你发短信,因为他们的世界在手机上,对他们来说发短信非常容易,所以能够随时与他们联系,我认为这是很关键的事情。"

G:"在这门课程中取得成功的学生可能会给我发邮件提问,我会迅速回复,然后学生在一天内就会回应。这样就建立了一种开放的沟通层次,我和学生之间保持着双向交流。"

H:"为了解决学生的问题,我们之间没有时间差,答案就在那里,随时为他们准备着。""所以当我注意到他们面临学习上的困难的时候,我会主动与他们联系。"

I:"我随时为学生解答任何问题,我为他们创建了许多资源。"

J："但是你知道，如果有人错过了考试，我写的主题是'你还好吗？'而不是马上就提到'你挂科了'。"

此外，"教师的沟通"这一类别还确定了两个子类别，它们分别是"及时回应"和"电话沟通"。以下是受访者的部分回答。所有访谈人员均为匿名字母编号，但相同字母编号未必与前文为同一人。

A："我每天都会查看，这样他们就知道。如果他们给我发邮件或在讨论区提问，他们会在第二天或当天得到回复。"（及时回应）

B："在24小时内我会回复，甚至可能在同一天，他们给我发邮件，我会在同一天回复。"（及时回应）

C："及时回复他们的电子邮件是有帮助的，因为这有助于他们解决遇到的问题。"（及时回应）

D："我认为我对问题的回应非常迅速，我对电子邮件的回复速度相当快。"（及时回应）

E："向我提问，他们将在接下来的12小时内得到答案。"（及时回应）

F："有时候要给他们打电话。现在我甚至主动打电话问学生，我能做什么，有什么困难。"（电话沟通）

G："如果出现紧急情况，他们可以给我打电话。"（电话沟通）

H："我在前两周会主动联系学生，如果截止日期前他们还没有登录课程，我会打电话给他们。"（电话沟通）

此外，在排名前两位的类别中，"积极主动的学生"是所有10位接受访谈的教师和技术人员都认可的一个类别。以下是受访者的部分回答。所有访谈人员均为匿名字母编号，但相同字母编号未必与前文为同一人。

A："他们是非常有纪律的学生，这归结为纪律、自律和知道如何设置优先级。他们确保自己明确了目标，然后进入学习的过程中。这些学生花时间了解如何使用'学习通'或'智慧树'平台。"

B："他们有不拖延的个性，按时完成学习任务。""他们是勤奋的学生，渴望成功并会尽一切努力实现。"

C："动力。""他们对自己的教育非常投入。"

D："他们很遵守纪律，制定了明确的目标，他们想要成功，所以他们做了他们应该做的事情，他们守时并遵循要求。"

E："大多数时候他们是非常有组织的学生。""实际他们上会制作所有学习任务的实体日程表。""有组织性。""勤奋是因为那些最成功的人总是在课堂上，他们至少每天检查两到三次。"

F:"他们很自在，可以自由地问问题。因为有时候，学生可能会问一些问题，有些人可能会用自己的方式回答问题，他们可能会害怕再问一遍，所以我认为部分原因是他们觉得问问题很舒服。"

G:"他们定期登录课程，不仅是在截止日期前一天或截止日期前几天。""他们定期登录以查看更新和作业，按时完成学习任务。"

H:"他们为课程做好了准备。""我认为这是关键，他们为课程做好了准备。""但是作为学生，他们必须有动力做好准备，并知道他们要做什么。""他们为学习任务做的准备越充分，学习任务对他们来说就越容易。"

I:"那些为课堂做好准备的人不会等到最后一刻。""成功的人是那些不会等到星期五下午才开始处理在星期五午夜前学习任务就到了截止期的人。成功的人会提前开始。"

J:"他们非常有动力，即使对技术了解不多，他们也会弄清楚，他们会努力解决问题，会不断检查。""他们是成熟的学习者，专注于他们的学习管理系统。"

"教师"主题中识别出的另一个类别是"教师的关心"。下面的文字叙述了来自访谈中支持这一类别的代表性的言论。所有访谈人员均为匿名字母编号，但相同字母编号未必与前文为同一人。

A:"我认为教师必须通过视频的方式让学生随时都能接触到，这样学生就能意识到教师在讲课，而不仅仅是收到一封电子邮件，不要让学生很长时间都没有听到教师的声音。"

B:"因为积极的体验和反馈，以及我与他们分享的不同的东西，或者在线参与，让他们不断回来，让他们在鼓励中不放弃。""他们对我说：'整个学期，谢谢你的鼓励，你真的让我很开心，我在这些事情上遇到了困难，但只要有另一个人为我加油，我现在需要一个啦啦队长，谢谢你。'""在最初的一两周，我真的很了解他们任何小的失误或者任何他们做错的小事情，我会问他们问题。""教师与学生的参与程度，就像第一天上课一样，这是我们建立联系的时间。"

C:"我想是我帮助了他们，因为学生上在线课程时最关心的问题之一是看不到教师，我认为应该和学生在一起。"

D:"我可以为他们提供一点灵活性，这会大有帮助。""我知道他们有我作为教师。""我对他们有同情心。""我明白一点点灵活性对他们的信心大有帮助，有助于他们成功完成学位和课程，所以对我来说共同点是教师表现出关心和灵活性。""共同点是教师。""如果他们觉得教师关心，那么他们会更加努力。""他们有动力去学习，但他们这样做是因为他们觉得这位教师很关心人。""我认为关心是教师可以为学生提供的最重要的品质。"

E："我是老师，所以对此持保留态度，但我真的觉得老师在这方面投入了很多心力，效果很好。""我从我的学生那里听到很多这样的评论：她总是回应得很快，我觉得她真的很关心我们，我觉得她在我们身边，这是关键。"

在"学生"主题的"积极主动的学生"这个类别中，一半的受访者都指出成功的一个重要特质是"与教师联系并提问"。值得注意的是，接受访谈的两位技术人员都认为这个类别对成功至关重要，但8位教师中仅有3位提到了这一点。下面的文字叙述了来自访谈中支持这一类别的代表性的言论。所有访谈人员均为匿名字母编号，但相同字母编号未必与前文为同一人。

A："他们提出问题。"

B："会主动联系我们技术人员，并获取他们所需的帮助。"

C："如果他们有问题，他们会联系教师。"

D："他们觉得他们可以随意提问。"

E："因此，在课程中取得成功的学生可能会通过电子邮件向我提出问题。"

"课程"主题中的第一个类别是"提醒"。有9位受访者指出，"提醒"和"学习任务期限"的任务公告有助于学生成功。下面的文字叙述了来自访谈中支持这一类别的代表性的言论。所有访谈人员均为匿名字母编号，但相同字母编号未必与前文为同一人。

A："大量的公告和大量的邮件通知。"

B："系统会发送提醒，给他们提供截止日期，提醒他们别错过了截止日期或即将错过截止日期。"

C："建议将其放入日程表中，标记并设置提醒，不要偏离计划，不要安排约会，按照计划进行。"

D："这些提醒确实对学生有帮助。""发送提醒有助于我看到它对学生保持在正常学习规律上有很多帮助。"

E："教师通常有自动化的时间表，所以当有什么事情要发生时，学生会收到一些通知。""有日历工具，其中有一个调度器，他们在事情发生时也会收到通知。""有些学生只是需要不断地被提醒，有人在不断地提醒他们：嘿，你要做这个，这个即将到期。"

F:"成功的关键是多沟通,所以我使用公告来传达所有信息,我发送电子邮件,我增加沟通,我一直给他们提醒。"

G:"发出提醒,然后我提供了一份课程时间表的打印版,上面有每周的每个作业的截止日期。"

H:"我为帮助我的学生成功所做的另一件事是我每周发布公告,通告会说明当周需要做的事情,我还在留言板上发布了那个通告,在每周开始时通过电子邮件将通告发送给学生。"

I:"我每周发送公告,我将它们发布在我们的学习管理系统留言板上和我的数学实验室中,这些内容通过电子邮件发送,然后在作业到期前的最后一天,我会发送提醒。"

J:"我称之为推送或唠叨,但我在QQ或者腾讯会议中使用,如果他们有移动应用程序,当我发送公告时,它会推送到他们的手机上,他们喜欢我的提示,我说我在唠叨'不要忘记'。"

"课程"主题中的另一个类别是"课程设计"。此类别涉及线上课程的设计方式。下面的文字叙述了来自访谈中支持这一类别的代表性的言论。所有访谈人员均为匿名字母编号,但相同字母编号未必与前文为同一人。

A:"不断调整作业,尽量不让作业变得更容易,但要确保它们是与学习目标相关的。""确保你给学生提供的学习材料有意义并且是与学习目标相关的。""如何在不降低课程质量的前提下提高通过率,降低退课率,找到持续吸引学生的方法,我认为这是在线教育的一大挑战。""如果课程布置得好,他们可以很容易地找到它。""但是这些东西真的很重要吗?它们和学习目标是否一致?"

B:"我的所有课程都是有组织的,一天开始,下一周结束,所以非常有条理,每周一章,我努力保持课程规模的可控性及他们必须与课程中进行的活动保持一致,但要让他们保持参与。""我让它真正相关。"

C:"我认为有时在某种程度上,学校推荐使用的学习平台可能会间接地促进学生的成功与否。"

D:"我认为理解这一点非常重要,能够让你的课程具有灵活性,这对我来说一直很有效。"

E:"根据学生的反馈,他们说我的课程组织得很好,所以除了我的回复之外,他们还说他们发现课程组织得很好,很容易找到东西,课程中也有很好的资源。""我对截止日期非常清楚,而且我不会更改截止日期。""课程日历上的截止日期是正确的。"

F:"第一天就安排好所有内容,这有助于时间管理。""对于教师来说,如果课程如我所说,是为了易于使用而设计的,那么在引导方面就没有问题。他们的问题在这次课程开始之前就在上一次课程中得到解决,这样每次在我们授课时,出现的任何问题都会在下次课程中得到解答。""如果学生有时间完成一些未来的作业,他们需要按照他们的日程安排完成这些作业,但可能不一定适合我的教学安排。""课程第一天就向他们提供了明确的日程安排。他们确切地知道自己必须做什么、需要在哪个日期之前完成,并且不会感到困惑。"

G:"我为学生提供的另一项资料是从上课第一天起就制定好的时间表,他们可以看到作业的截止日期和完成周数,因此一切都提前安排好了。""我认为,我以自己的方式设计课程,从我的观点出发,我觉得它很容易遵循。""而且还提前制定了整个学期的时间表,他们知道每次测试何时到期、何时进行测验。"

H:"所以我确实对所有非常明确的事情都规定了截止日期,我现在就把它们放在明年秋天的教学日历中,可以查看日期并围绕课程来计划生活安排。"

此外,"学生"主题中的第二个能帮助学生实时在线学习成功的类别是"时间管理"。下面的文字叙述了来自访谈中支持这一类别的代表性的言论。所有访谈人员均为匿名字母编号,但相同字母编号未必与前文为同一人。

A:"他们有很好的时间管理方法。""这又回到了时间管理。"

B:"有足够的时间接受教育。""如果学生能投入时间,那就没问题。"

C:"同样良好的时间管理习惯,爱岗敬业,以课为先。"

D:"他们有很好的时间管理能力,并且会关注我的公告。"

E:"引导他们使用一些互联网线上学习工具,指导他们管理自己的时间。""帮助学生思考时间管理的活动。"

F:"我认为其中之一是他们有良好的时间管理方法。""他们能够管理自己的时间。"

"学生"主题中的第三个能帮助学生实时在线学习成功的类别是"学生的个性"。在这一类别中,教师和技术人员表示学生要对自己的成功负责。下面的文字叙述了来自访谈中支持这一类别的代表性的言论。所有访谈人员均为匿名字母编号,但相同字母编号未必与前文为同一人。

A:"这些是想要独立学习的学生。"

B:"在课堂上表现出色的学生通常在网上也表现出色。""我认为这在很大程度上与个性有关。"

C:"如果你在平日里是一个好学生,那么你在网上也是一个好学生。""让他们负起责任。"

二、阻碍学生实时在线学习成功的因素

通过对访谈资料进行编码与分析,笔者发现,学生不知所措、分心、缺乏动力或时间管理技能,这些就会阻碍学生在互联网线上学习课程中取得成功。缺乏教师沟通、缺乏线上学习课程的设计也会形成同样的影响。

阻碍学生实时在线学习成功的主题包括四个,分别是"学生""教师""课程""外部"。在比较所有的访谈资料来源时,人们一致认为"学生"主题中,"学生的个人特性"是最大的阻碍因素。"教师"主题方面大家的观点也达成了一致,即"缺乏沟通"是一种障碍。此外,学生调查问卷的资料将"课程"识别为一个主题,并产生了多个值得关注的类别;"课程设置"类别也被技术人员识别为一个主题,但只有少数教师识别了它。最后,教师和技术人员都提到了技术问题或技术挑战,但这不是学生受访者提到的主要类别,因此也没有被列为主要因素。

如表 7-6 所示,表格中的"部分文献资料"为一些相关研究文献中的学者观点,"频次"为在访谈参与者表述的言论中出现的次数,比如,在学生调查问卷中出现某一类别的最高频次为 66,教师访谈中最高频次为 8,技术人员访谈中的最高频次为 2。本研究发现解决了第二个研究问题:哪些因素阻碍高校学生在实时在线学习中取得成功?

表 7-6 阻碍学生实时在线学习成功的因素

主题	通过学生调查到的类别	频次	通过教师和技术人员调查到的类别	教师频次	技术人员频次	部分文献资料
学生	分散注意力	30	分散注意力	8	2	在线课程是学生在完成学位要求的同时兼顾工作和家庭的好方法。 创造一个安静、没有干扰的学习场所。 由于教师看不出学生是否在上课时集中注意力,因此需要更频繁地评估。 上课时间与许多外部刺激相竞争。 在线课程和学位对上进心强、自律的学生来说非常好。 有个"B 计划"(备用计划),以防出现意外问题。 如果你不精通技术,在线课程可能不适合你。
学生	时间管理	12	缺乏奉献	7	2	
学生	不知所措	10	不知所措	6	2	
学生	动机	9	准备不足	6	1	
学生	其他学生	7	拖延症/时间管理	5	2	
学生			学生个性	4	1	

续表

主题	通过学生调查到的类别	频次	通过教师和技术人员调查到的类别	教师频次	技术人员频次	部分文献资料
课程	课程如何设置的观点	14	课程设置	3	2	这些高度互动的课程，通过结构化的在线学习活动吸引学生学习课程内容。
	与在线材料有关的问题	8				
	截止日期错误	7				
	测试问题	5				
	灵活性不足	4				
	分级问题	4				
	团队任务的问题	3				
	链接有问题	2				
教师	与教师的沟通	21	与教师的沟通	6	1	在在线课程环境中，教师需要启用这些互动，因为学生不是在一个受控的环境中。学生不太可能自发发起讨论。然而，在在线环境中，提供定期评估的需要比在传统课堂中大得多。
	教师相关的问题	10				
外部	技术问题	9	技术挑战	3	2	您是否遇到什么困难或不支持的通知。在您的系统出现问题导致您无法在课程中取得好成绩之前，请联系电子学习管理中心。

1. 学生对阻碍实时在线学习成功因素的看法

如表7-6所示，关于阻碍学生实时在线学习成功的因素，学生回答的数量最多。学生确定的主题是"课程""教师""学生（他们自己）"，以及其他"外部"因素。每个主题都将进一步被细分为类别。在"学生"主题的5个类别中，"分散注意力"类别又细分为"工作""家庭""生活""家（房子）""个人""其他"6个子类别。在"教师"主题的2个类别中，"与教师的沟通"又细分为"缺乏沟通""回复的时间太长了""无效沟通"3个子类别。

2. 教师和技术人员对阻碍学生实时在线学习成功因素的看法

如表 7-6 所示，根据对教师和技术人员的访谈，笔者也发现"分散注意力"是学生实时在线学习成功最显著的障碍因素，得到了全部受访者的一致认可。接下来确定的 2 个类别是"缺乏奉献精神"和"不知所措"。与学生调查问卷一样，受访教师和技术人员对该研究问题的相关回答数量最多。所有被确定为障碍因素的类别包括"课程设置""分散注意力""教师沟通（缺乏）""缺乏奉献精神""不知所措""拖延症/时间管理""学生个性""技术挑战""准备不足"。这些类别也符合学生调查问卷确定的相同主题，即"课程""教师""学生（他们自己）""外部"。

"分散注意力"是教师和技术人员提出的最明显的障碍因素类别。每个接受采访的人都至少提到过 1 次"分散注意力"，相关的子类别包括"家庭责任""工作责任""个人问题""其他"。

"家庭责任"是教师和技术人员提到的"分散注意力"类别最重要的子类别之一（频次为 9），因为它会分散参加互联网线上学习课程的学生的注意力。下面的文字叙述了来自访谈中支持这一类别的代表性的言论。所有访谈人员均为匿名字母编号，但相同字母编号未必与前文为同一人。

A："这些学生有责任照顾他们的父母，照顾弟弟妹妹。"

B："我们面对的是那些有许多其他责任的学生，还有家庭需要照顾。"

C："正在做手术的女朋友。""有家庭。"

D："可能有亲戚来访的学生，或者他们需要照顾孩子。"

E："一个家庭成员生病。""他们的家庭责任非常沉重。"

"工作责任"是"分散注意力"类别的另一个出现较多的子类别（频次为 9）。下面的文字叙述了来自访谈中支持这一类别的代表性的言论。所有访谈人员均为匿名字母编号，但相同字母编号未必与前文为同一人。

A："有全职工作的学生。"

B："我看到学生学习不能保持正轨的一个原因是，他们的兼职工作。"

C："他们中的一些人后来找到了一份工作，然后工作要求很高。""他们的工作时间。""在他们工作的最后期限，总是这样的。"

D："有工作的人。""有工作变化。""这似乎是他们工作时间表的变化。"

E："因为他们在家或工作，或者这个空间由他们决定，他们必须管理这个空间。"

"分散注意力"类别中还包括"个人问题"子类别（频次为 7）。下面的文字叙述了来自访谈中支持这一类别的代表性的言论。所有访谈人员均为匿名字母编号,但相同字母编号未必与前文为同一人。

A:"这是紧急情况。"

B:"有时候只是在个人生活或生活中的其他事情上,他们真的过得很艰难。""在他们的个人生活中发生的事情。"

C:"对一些学生来说,是生活中发生的情况让他们无法参与其中。"

D:"他们有个人的急事儿。""这是因为在他们的生活中有某种个人的紧急情况,他们只是无法集中注意力。""他们只是有某种个人情况,不管是什么。"

E:"我的学生生病了。"

F:"健康问题。"

除了"分散注意力",第二个最常提到的阻碍学生实时在线学习成功因素的类别是"缺乏奉献精神"。下面的文字叙述了来自访谈中支持这一类别的代表性的言论。所有访谈人员均为匿名字母编号,但相同字母编号未必与前文为同一人。

A:"让我惊讶的是,他们缺乏毅力。""今天许多年轻的学生都不愿意努力完成。""我今天看到的许多年轻人都有很大的不满,很没有毅力,很不想坚持,他们往往容易放弃。"

B:"很多方面,都是要基于学生投入足够的时间。""在学习平台中投入的时间很少。"

C:"就像当我在社交生活结束后的周末有时间时,我会把这个事情挤进去。""他们有过多的缺勤。""我会说时间管理和奉献。""很少参与。"

D:"他们只是停止了参与。"

E:"他们担心自己是否会有足够的动力去学习。""那些表现不好的学生通常不是每天都在那里,没有真正注意发生了什么。"

F:"这只是让他们更难去自我约束自己。"

G:"所以对于低水平的失败的成绩,有时似乎完全失败了,是因为很少出勤,很少签到。"

H:"低参与。"

I:"他们甚至没有意识到他们有一个学习管理系统,他们应该每天或每隔一天学习。""缺乏动力。""他们注册,但然后没有动力真正去完成这项任务。"

大多数受访者还提到的一个阻碍因素的类别是"不知所措"。这个类别主要来源于有关学生平时的兼职工作、全职工作、生活和学习之间的时间、重要性和优先级没有安排好。下面的文字叙述了来自访谈中支持这一类别的代表性的言论。所有访谈人员均为匿名字母编号,但相同字母编号未必与前文为同一人。

A:"他们有太多的事情要做。""我认为最大的原因是他们有时会觉得有太多的事情要做。""所以通常工作负担是他们抱怨的事情。"

B:"工作太多,没有时间做这个。"

C:"他们只是停止尝试,因为他们累了,他们只是停下来,我所看到的主要原因之一是因为生活状况,他们变得不知所措,然后就不知道如何平衡并处理这一切,他们也只是停止了。""因为他们正在学习多门课程,他们不知道如何平衡这一切。"

D:"他们有很多焦虑,很多事情从不同的方向向他们袭来。""不知所措,比如我该如何回复所有这些短信和电子邮件,做作业,做这个做那个,他们试图平衡,所以有很多事情要做。""也许他们的事情太多了。"

E:"他们中的很多人似乎普遍不知所措。""我认为有些人只是参加了太多课程,我认为他们很快就会不知所措。""所以有很多学生告诉我,他们挂科或打算退学,只说他们参加了太多课程。""他们参加了很多课程,他们感到不知所措。""只是对他们决定参加的课程数量感到不知所措。"

F:"其他课程的作业负担过重,他们可能贪多嚼不烂。"

G:"他们参加了太多课程,而且因为在网上,所以他们认为自己可以参加尽可能多的课程,因为他们不必来校园。"

"教师的沟通"也是一个阻碍因素的类别,事实上,这个类别指的是缺乏沟通。下面的文字叙述了来自访谈中支持这一类别的代表性的言论。所有访谈人员均为匿名字母编号,但相同字母编号未必与前文为同一人。

A:"很多时候学生会自己'挣扎'而不与教师交谈。""他们与老师的互动非常少。"

B:"首先关心的是老师是否会参与其中。"

C:"他们几乎从不联系老师。""他们没有意识到他们可以与老师就成绩进行沟通。""你可以联系你的老师并可能解决一些问题。""我认为对他们来说最大的问题是老师和学生之间的脱节。"

D:"担心能否联系到老师。"

E:"我有时能够与他们接触。""如果面对面时他们表现不佳,我可以与他们面对面交谈,但由于没有面对面交谈,这使得我很难从他们那里得到回应或参与,来尝试让他们重新加入。"

F:"我总觉得我确实为他们提供了很多资源,以便他们可以了解并提出问

"艺术临场感"
视域下高校应急在线教学模式研究

题，甚至见面时，我也会很快回答学生的问题。"

"准备不足"也是一个阻碍因素的类别。下面的文字叙述了来自访谈中支持这一类别的代表性的言论。所有访谈人员均为匿名字母编号，但相同字母编号未必与前文为同一人。

A："如果他们从未接触过在线学习平台，就会让他们在第一天学习就遭到失败。""他们真的不会提前花时间来了解需要什么。""许多人没有真正做好准备，他们没有良好的学习能力。""这些学生中的很多人都是家里第一位上大学的……所以他们来到学校时并没有做好准备。"

B："学生在进入在线课程时有些毫无准备。"

C："我想说，他们最大的恐惧甚至是在参加在线课程之前，害怕未知的事物，在不熟悉的领域做一些他们没有经验的新事物会是什么样子。"

D："他们对以前从未参加过在线课程感到紧张，并担心自己无法找到所有内容。""他们甚至不知道如何做基本的事情，如在哪里找到按键，即使每次都在同一个地方。""每个在线课程中都有三四个学生看起来完全'迷失'了，有时我想知道他们是否读过任何东西。"

E："如果他们必须参加某种形式的课程，我想说的是某种准备课程，请快速了解以下一些内容，以便能够……了解学习管理系统。"

F："只是没有为课程做好准备，不具备先决条件。"

G："学期开始时，很多问题出现都是因为没有正确地听说明，或者没有阅读教学目标。"

"课程设置"也是一个阻碍因素的类别。下面的文字叙述了来自访谈中支持这一类别的代表性的言论。所有访谈人员均为匿名字母编号，但相同字母编号未必与前文为同一人。

A："学生非常关心布置的作业是否容易让他们完成。""作业非常清楚，作业是什么，当然还有截止日期。""说明非常清楚。""学生遇到的一些困难是寻找。""很多作业可能并不总是能很好地协调一致。"

B："我们收到的问题涉及一切，甚至包括教学材料本身。"

C："如何在线参加考试，如果是在线课程，他们是否必须来校园，或者他们仍然可以在线参加考试。""因为如果你的学习管理系统使用起来很复杂……这可能会很棘手，它可以令人沮丧。""我认为这是设计问题，因为它太混乱了，到处都是东西。"

D："只要一切都清楚并阐明，问题就会最小化。""如果他们没有时间表，如果没有如此严格和明确的定义,可能会对它产生影响。"

E:"在任何学期的前两周,问题大多是关于某物在哪里。"

"学生"主题中的另一个类别是"学生个性"。在这一类别中,受访者对学生本身及其个人特质进行了陈述。下面的文字叙述了来自访谈中支持这一类别的代表性的言论。所有访谈人员均为匿名字母编号,但相同字母编号未必与前文为同一人。

A:"有适合在线教育的个性,它并不适合所有人,它完全是自我驱动的。"

B:"也许他们只是不是一个好的在线学生,有些学生只是不具备在线学习课程所需的条件。"

C:"对课程本身的不切实际的期望。"

D:"如果他们不履行自己的职责,我就什么都解决不了,也无法让他们学习。"

E:"他们那个班级是一个具有挑战性的班级,即使他们有高中文凭也并不一定意味着他们被正确地安排在那里。""他们只是让别人回答他们的问题或以某种方式作弊。"

编码过程还确定了"技术挑战"类别作为障碍因素。在这一类别中,受访者指出一些学生存在技术问题。下面的文字叙述了来自访谈中支持这一类别的代表性的言论。所有访谈人员均为匿名字母编号,但相同字母编号未必与前文为同一人。

A:"我觉得我们的很多学生并不像我们所说的那样了解技术。""你不会相信有多少学生即使从互联网线上学习中获得了非常明确的指示,但他们在尝试上传信息时还是遇到了困难。"

B:"该技术对一些尚未大量使用电脑的学生来说是一个障碍。""他们在技术方面遇到困难。""很多时候,学生也没有认真对待他们的技术需求。"

C:"他们有可用的技术吗?""很多时候他们会说他们的互联网断了。""他们没有收到电子邮件或通知。"

D:"但我觉得我遇到的大多数问题要么是无法登录,要么是技术困难。"

E:"我会得到一些有技术挑战的。""一个不受支持的浏览器。""如果他们花时间阅读并遵循说明,如果没有达到一定技术水平,就不会参加在线课程。"

"拖延症"和"时间管理"是最后确定的两类障碍。然而,这两个障碍因素密切相关,因此放在一起。单独来看,两个类别都分别由4位受访者指出,放在一起时,总共是由7位受访者指出的,有一位受访者同时提到了两者。下面的文字叙述了来自访谈中支持这一类别的代表性的言论。所有访谈人员均为匿名字母编号,但相同字母编号未必与前文为同一人。

A："我发现有很多错过日期的作业，应该说是因为他们不知道该交作业了。"

B："我认为那些学生普遍在网上表现不佳，只是没有时间接受教育。"

C："那些总是等到最后一天最后一刻才做作业的学生……通常是不成功的人。""当他们有一周的时间做作业时，总是在截止日期前完成作业。"

D："你必须非常擅长时间管理，而他们只是缺乏这种技能。""这实际上取决于我想说的时间管理和奉献精神。""为什么他们在烦恼，通常归结为时间管理。"

E："然后他们发现自己拖延了，我发现他们是在最后一刻拖延的人，然后他们不得不'挣扎'。""他们拖延，他们没有定期检查留言板。"

F："这归结为时间管理问题。""糟糕的时间管理。""能够管理你的时间。"

G："我的另一组学生只是等了太长时间，没有出现在在线课程中，没有出现就是没有登录并且没有定期完成作业。"

H："我在学期开始时告诉他们每次考试需要30~40小时的复习时间。他们在考试前一天投入了3或4小时，这就是拖延。"

三、帮助学生提升在线学习准备度的因素

对访谈资料进行分析发现，学院的免费线上学习培训课程能帮助学生为在线学习做好准备，该课程解释了如何使用学习平台，应用最佳的在线学习实践，编码结果如表7-7所示，表格列出了从每个来源收集的数据。表格中的"说明"为向学生介绍在线学习的"新生指导课程"和为教师介绍在线学习"培训"的说明，"频次"为在访谈参与者表述的言论中出现的次数，比如，在学生调查问卷中出现某一类别的最高频次为66，教师访谈中最高频次为8，技术人员访谈中的最高频次为2。本研究发现解决了第三个研究问题：学校使用哪些方法帮助学生为在线学习的成功做好准备？

表 7-7 帮助学生提升在线学习准备度的因素

通过学生调查到的类别	频次	通过教师和技术人员调查到的类别	教师频次	技术人员频次	说明
新生指导课程	29	培训	8	2	新生指导课程:这种自定进度、不评分、免费的课程为您提供了体验在线学习课程的机会,并有机会学习如何使用在线学习平台及相关的学习管理系统,为您提供一些关于如何在远程教育课程中取得成功的有用提示。 培训:与学生一起,帮助他们了解学习平台的功能,应用最佳的在线学习实践,并使用各种在线学习技术。 建议您在学期的头两天内完成这个培训。 这个培训大约只需要 2 小时就可以完成,并由在线学习相关的技术人员监督,以帮助您解决有关在线课程的任何问题和疑虑。
课程进度	11	教程/指南	6	1	
教程	7	技术指导	2	1	
自我(学生)	4	策略训练课程	3	0	
已审核	1	在线学习	1	1	
创建时间表	1	教师	2	0	
策略训练	1				
导师	1				
没有提供	17				
没有回答(空白)	9				
不确定	6				

分析了来自教师、技术人员和学生的访谈资料后,笔者发现只出现一个"为学生做好准备"的主题。该主题的核心是线上学习新生指导课程,所有学生在参加任何互联网线上学习课程之前都可以参加。所有教师和技术人员都认为这一点很重要。只有不到一半的学生认为在线学习的新生指导课程很重要,但这是学生最认同的类别。值得注意的是,很多学生的回答是"没有提供""不确定",甚至没有回答这个问题。教师和技术人员还提出,"培训"和"教程/指南"有助于学生做好准备,但66名学生中只有7人提到"培训和教程/指南"。"课程进度"由11名学生提出。而"学生(自我)"也作为一个类别来帮助他们做好准备。研究表明,学生更看重精心设计的课程进度,而不是培训和教程,但学生可能会将培训和教程视为课程的一部分。

1. 学生对实时在线学习准备因素的看法

该问题的数据来自学生的回答数量最少,并且不容易证实教师和技术人员的访谈观点。此外,超过三分之一的人除了"没有提供""不确定"之外没有发表任何评论,这表明他们没有为互联网线上学习做好准备或者没有考虑过这方面的问题。

对于那些确实提供了答复的学生，他们认为对他们实时在线学习成功做好准备最重要的前四项内容是"新生指导课程""课程进度""教程/指南""自我（学生）"。只有第一个类别"新生指导课程"被提到的频次较高，几乎一半学生有所提及。

2. 教师和技术人员对学生实时在线学习准备因素的看法

教师和技术人员这两类受访者也强调学生实时在线学习准备最重要的类别是"培训"。该类别与学生调查问卷发现的"新生指导课程"类别非常相近，说明该类别得到了一致认可。其他类别包括"教程""技术指导""策略训练课程""在线学习""教师"。

其中，"培训"在每位受访者的叙述中，都至少出现过一次。下面的文字叙述了来自访谈中支持这一类别的代表性的言论。所有访谈人员均为匿名字母编号，但相同字母编号未必与前文为同一人。

A："这又回到了在线培训课程上了。"

B："关于远程教育和教学技能的培训指南，可以有效地利用在线课程系统。""他们参加这门在线课程。"

C："他们有这个线上课程培训班，我总是推荐给那些以前从未上过网络课的学生。"

D："他们也为第一次参加在线课程的学生开设培训班。""在线平台使用教程，学院规定为学生参加在线课程做准备。"

E："他们有一个在线培训课程。"

F："有一门培训课程，这不是先决的课程，他们必须做一些课程……表明他们对如何在网上学习有一些了解。"

另外一个相似的类别是"教程/指南"。此类别标识了可供学生使用的在线指南或教程，但教师和技术人员的表述与学生的观点不完全一致。如前所述，很多学生表示学院没有为他们的线上学习做准备，甚至学生都没有关注到学院做了哪些准备，而教师和技术人员都表示有相关的线上上课的培训和指南。下面的文字叙述了来自访谈中支持这一类别的代表性的言论。所有访谈人员均为匿名字母编号，但相同字母编号未必与前文为同一人。

A："他们有很多非常棒的指南。"

B："在线教程或指南，大量的课程……以及为教师准备的。"

C："我们的网站上也有教程，我们有PDF教程和视频教程。"

D："他们有一个视频，教他们如何设置课程。"

E："我为学生制作视频，比如教程视频。""我有一个个人网站，里面有很多我录制的讲座视频和教程视频。"

F："在线教程或指南，是的。"

此外，本研究还确定了其他几个有助于学生做好准备的类别，它们是"技术指导""策略训练课程""在线学习""教师"。这些是由三名或数量更少的受访者确定的。下面的文字叙述了来自访谈中支持这一类别的代表性的言论。所有访谈人员均为匿名字母编号，但相同字母编号未必与前文为同一人。

A："我们必须在早期阶段，让我们的技术指导们更多地参与进来。"（技术指导）

B："希望我们能和他们的技术指导们进行一些讨论。"（技术指导）

C："我认为技术指导们有时可能也会和学生交谈。"（技术指导）

D："我们提供策略课程，即使在他们上了策略课程之后，我也不确定他们应用了很多新的学习。"（策略训练课程）

E："我们学院提供大学成功课程的策略。"（策略训练课程）

F："我希望他们能很快在策略训练课程的预览中融入一些学习管理系统。"（策略训练课程）

G："如果他们找不到这些教程，可以打电话问。"（在线学习）

H："我相信他们的员工是学生的在线学习专家，为学生的在线学习课程提供支持。"（在线学习）

I："我给学生发了一个信息，让他们快速了解接下来会发生什么。"（教师）

J："当他们开始上课时，我会播放一个欢迎 PPT，来介绍所有不同的资源。"（教师）

第五节 讨论与结论

许多大学和高中现在要求学生至少参加一门在线课程。研究人员指出，"远程教育的趋势在很大程度上与技术向社会的扩散有关"（Bryant et al.，2005）[①]。多年研

---

① Bryant S M, Kahle J B, Schafer B A. Distance education: A review of the contemporary literature[J]. Issues in accounting education, 2005, 20(3): 255.

究表明，线上学习持续增长（Allen et al.，2016）[①]。互联网线上学习将继续对高等教育产生巨大影响，而高等教育增长最快的部分也是线上学习（Lokken and Mullins，2014）[②]。本研究属于定性案例研究，旨在从天津财经大学珠江学院的教师、学生和为在线学习提供支持的技术人员的看法中了解是什么因素有助于学生在线上学习课程中取得成功。本节将对研究结果进行分析和讨论。

一、关于研究问题 1

哪些因素促进高校学生在实时在线学习中取得成功？笔者扎根理论的研究结果发现以下因素起到了促进作用：学生的动机/积极主动、学生的时间规划/时间管理、学生的个性，线上课程的设计，学习任务期限、组织、灵活性、材料和提醒，以及教师的沟通能力和关心。

Lokken（2017）指出，在线学生面临的一大挑战是"优质课程设计"，因为"精心设计的课程可以提高学生的成功和完成率"[③]。Moore 和 Kearsley（1996）的研究也提到，"学生的进步可以通过课程设计、集体归属感，以及学生期望与课程过程之间的一致性来提高"[④]。当从自主学习的角度看待互联网线上学习时，Guglielmino（1977）得出的结论是，高度自主的学习者"表现出主动性、独立性和学习的持久性"，并且"对自己的学习承担责任"[⑤]。此外，Floyd（2003）指出，学生的成功与"学生、教师和同龄人的互动质量密切相关"，而使用学习管理系统的教师可以增加"学生互动的质量和数量，促进学生的成功"[⑥]。

Guglielmino（1977）的进一步研究得出结论，高度自主的学习者表现出"主动性、独立性和毅力"[⑦]。Grow（1991）提出的分阶段自主学习（the Staged Self-Directed Learning）模型描述了学习者的四个不同阶段：依赖型学习者，需要权威人物来指

[①] Allen I E, Seaman J. Online report card: Tracking online education in the United States [R]. Babson Survey Research Group, 2016.

[②] Lokken F, Mullins C. Trends in elearning: Tracking the impact of elearning at community colleges[R]. Washington, DC: Instructional Technology Council, 2014.

[③] Lokken F, Slimp M. Evolving strategies and lessons learned from the Instructional Technology Council annual e-learning national survey[J]. The Community College Enterprise, 2017, 23(2): 73-79.

[④] Moore M G, Kearsley G. Distance education: A systems view of online learning[M]. Belmont: Wadsworth Publishing Company, 1996.

[⑤] Guglielmino L M. Development of the self-directed learning readiness scale[M]. University of Georgia, 1977.

[⑥] Floyd D L. Distance learning in community colleges: Leadership challenges for change and development[J]. Community College Journal of Research &Practice, 2003, 27(4): 337-347.

[⑦] Guglielmino L M. Development of the self-directed learning readiness scale[M]. University of Georgia, 1977: 73.

导；兴趣型学习者，有动力但缺乏主题知识；参与型学习者，拥有技能和知识但仍需要指导；自主型学习者，愿意并且能够在没有帮助的情况下计划和执行自己的学习[①]。这个分阶段自主学习模型可以描述"刚从高中毕业""第一次上大学课程""需要与教师互动"的学生。这些观点都支持了本研究的结论。

二、关于研究问题2

哪些因素阻碍高校学生在实时在线学习中取得成功？笔者扎根理论的研究结果发现以下因素起到了阻碍作用：学生不知所措、注意力分散、缺乏动力或时间管理技能、准备不足，以及课程设计和技术相关的问题。

Gierdowski（2019）对大学生和信息技术做了研究后指出，社区学院的学生比大学四年制的学生要承担更多的责任。他还指出，社区学院的学生"更经常就业"并且"更有可能拥有自己的家属"[②]。此外，这些学生也"更有可能喜欢大部分时间在线或完全在线的学习环境"，并且"这种偏好可能是由于平衡工作时间安排、家庭责任和学业的要求"（Gierdowski，2019）[③]。具体来说，82%的人"一边上课一边工作"，36%的人有"家属"，28%的人"已婚或是有同居伴侣"（Gierdowski，2019）[④]。Moore和Kearsley（1996）[⑤]在参考Kember（1995）[⑥]关于远程教育的非全日制成人学生的"开放学习"模式时指出，重点关注影响学生成功完成远程教育课程的因素，要特别关注学生将学习与经常相互冲突的就业、家庭和社会承诺结合起来的程度。这支持了本研究的结论，即由工作和家庭造成的"注意力分散"是最受关注的实时在线学习干扰因素。

Aragon和Johnson（2008）在对大学在线课程的研究中得出结论，对于28%的学生受访者来说，教师的回应能力是一个问题，而18%的受访者担心新技术和学习管理系统问题[⑦]。这些观点也得到了本研究结果的支持。Thurmond（2003）指出了教

[①] Grow G O. Teaching learners to be self-directed[J]. Adult education quarterly, 1991, 41(3): 125-149.
[②] Galanek, Joseph D, Dana C. Gierdowski, and D. Christopher Brooks. ECAR Study of Undergraduate Students and Information Technology 2018[R]. Research report. Louisville, CO: ECAR, October, 2018: 5.
[③] 同②。
[④] Galanek, Joseph D, Dana C. Gierdowski, and D. Christopher Brooks. ECAR Study of Undergraduate Students and Information Technology 2018[R]. Research report. Louisville, CO: ECAR, October, 2018: 7.
[⑤] Moore M G, Kearsley G. Distance education: A systems view[M]. Wadsworth Publishing Company, 1996: 209.
[⑥] Kember D. Open learning courses for adults: A model of student progress[M]. Educational Technology, 1995.
[⑦] Aragon S R, Johnson E S. Factors influencing completion and noncompletion of community college online courses[J]. The Amer. Jrnl. of Distance Education, 2008, 22(3): 146-158.

师参与的必要性："当教师未能及时提供反馈时，学生可能会对课程感到沮丧和不满；当学生对技术产生负面情绪时，他们也往往会变得沮丧。"①Wickersham 和 McGee（2008）提到，深思熟虑、明智的规划和实时分布式评估可能有助于避免远程学习者脱离②。这些观点也支持了本研究的研究结论。

三、关于研究问题 3

学校使用哪些方法帮助学生为在线学习的成功做好准备？笔者扎根理论的研究结果发现，学院至少应该为学生准备线上学习的培训课程或指南，该课程讲解如何使用学习平台、学习管理系统并介绍在线学习的最佳实践。

Lokken（2017：79）指出，在线学生面临的首要挑战是"学生准备（Student Readiness）"，因为"参加在线课程可能具有挑战性"③。此外，他还提到，最大的管理挑战是"在线学习的定位和准备"（Lokken，2017：76）④。本研究也明确指出了这一因素。

Bork 和 Rucks-Ahidiana（2013）在为社区学院进行的一项研究中指出，学生在很大程度上不知道当他们承担在线学生的角色时，学院对他们的期望是什么⑤。Fish 和 Wickersham（2009）也提到，为了减少学生的挫败感，综合的在线培训是必要的⑥。这些研究结论也支持了本研究的发现，即需要在线指南或培训来帮助学生为在线学习做好准备。

---

① Thurmond V A. Examination of interaction variables as predictors of students' satisfaction and willingness to enroll in future Web-based courses while controlling for student characteristics[C]. Society for Information Technology & Teacher Education International Conference. Association for the Advancement of Computing in Education (AACE), 2003: 528-531.

② Wickersham L E, McGee P. Perceptions of satisfaction and deeper learning in an online course[J]. Quarterly Review of Distance Education, 2008, 9(1): 73.

③ Lokken F, Slimp M. Evolving strategies and lessons learned from the Instructional Technology Council annual e-Learning national survey[J]. The Community College Enterprise, 2017, 23(2): 79.

④ Lokken F, Slimp M. Evolving strategies and lessons learned from the Instructional Technology Council annual e-Learning national survey[J]. The Community College Enterprise, 2017, 23(2): 76.

⑤ Bork R H, Rucks-Ahidiana Z. Role ambiguity in online courses: An analysis of student and instructor expectations (CCRC Working Paper No. 64)[R]. New York: Columbia University, Teachers College, Community College Research Center, 2013: 1-36.

⑥ Fish W W, Wickersham L E. Best practices for online instructors: Reminders[J]. Quarterly Review of Distance Education, 2009, 10(3): 279-284.

四、研究的局限性和未来研究方向

这项研究仅仅使用天津财经大学珠江学院进行案例研究。进一步的研究可以利用这些数据，展开更大规模的跨学校研究，以更全面地了解各高校中教师、远程学习技术人员和学生的经验。这项研究的一个挑战在于，由于其定性研究的性质，参与者必须愿意回答开放性问题。此外，这些回答还需要进行编码，转化为有意义的数据。通过引入定量工具来扩展这项研究可能更为切实可行，以获得更多有价值的回应，尤其是来自学生群体的反馈。建议采用学生焦点小组的形式，为深入了解学生的观点提供一种途径。

参考文献

[1] Clinefelter D L, Aslanian C B. Online college students 2015: Comprehensive data on demands and preferences[J]. The Learning House, 2015, 8: 1-52.

[2] Bryant S M, Kahle J B, Schafer B A. Distance education: A review of the contemporary literature[J]. Issues in accounting education, 2005, 20(3): 255-272.

[3] Allen I E, Seaman J. Online report card: Tracking online education in the United States[R]. Babson Survey Research Group, 2016.

[4] Lokken F, Mullins C. Trends in elearning: Tracking the impact of e-learning at community colleges[R]. Washington, DC: Instructional Technology Council, 2014.

[5] Fish W W, Wickersham L E. Best practices for online instructors: Reminders[J]. Quarterly Review of Distance Education, 2009, 10(3): 279-284.

[6] Grajek S. Top 10 IT issues, 2017: Foundations for student success[J]. Educause Review, 2017, 52(1): 10-58.

[7] Bork R H, Rucks-Ahidiana Z. Role ambiguity in online courses: An analysis of student and instructor expectations (CCRC Working Paper No. 64)[R]. New York: Columbia University, Teachers College, Community College Research Center, 2013: 1-36.

[8] Aragon S R, Johnson E S. Factors influencing completion and noncompletion of community college online courses[J]. The Amer. Jrnl. of Distance Education, 2008, 22(3): 146-158.

[9] Thurmond V A. Examination of interaction variables as predictors of students' satisfaction and willingness to enroll in future Web-based courses while controlling for student characteristics[C]. Association for the Advancement of Computing in Education (AACE), 2003: 528-531.

[10] Wickersham L E, McGee P. Perceptions of satisfaction and deeper learning in an online course[J].

Quarterly Review of Distance Education, 2008, 9(1): 73-83.

[11] Green K C. Beginning the fourth decade of the "IT revolution" in higher education: Plus Ca change[J]. Educause review, 2015, 50(5): 40-53.

[12] Bernard R M, Abrami P C, Lou Y, et al. Meta-analysis in Education Research Level 1: Introductory Course: Reading and interpreting quantitative research syntheses: An introduction to the methodology Recommended Reading[J]. Educational Research, 2004, 74(3): 379-439.

[13] Branon R F, Essex C. Synchronous and asynchronous communication tools in distance education[J]. TechTrends, 2001, 45(1): 36.

[14] Floyd D L. Distance learning in community colleges: Leadership challenges for change and development[J]. Community College Journal of Research &Practice, 2003, 27(4): 337-347.

[15] Cavanaugh J, Jacquemin S J. A large sample comparison of grade based student learning outcomes in online vs. face-to-face courses[J]. Online learning, 2015, 19(2): 25-32.

[16] Dousay T A, Janak E. All things considered: Educational radio as the first MOOCs[J]. TechTrends, 2018, 62: 555-562.

[17] Saettler P. History of instructional technology[M]. New York: McGraw-Hill, 1968.

[18] Su B, Bonk C J, Magjuka R J, et al. The importance of interaction in web-based education: A program-level case study of online MBA courses[J]. Journal of interactive online learning, 2005, 4(1): 1-19.

[19] McGonigal J. Be a gamer, save the world[J]. Wall Street Journal, 2011, 22: 1-11.

[20] McGonigal J. Reality is broken: Why games make us better and how they can change the world[M]. London: Penguin, 2011.

[21] Bichsel J. The state of e-learning in higher education: An eye toward growth and increased access[R]. Educause Center for analysis and research, 2013.

[22] Atchley W, Wingenbach G. Foundations of Online Education at Tarleton State University[J]. Journal of Instructional Pedagogies, 2011, 6: 1-12.

[23] Casement W. Will Online Learning Lower the Price of College?[J]. Journal of College Admission, 2013, 220: 14-18.

[24] Bower B L, Hardy K P. From correspondence to cyberspace: Changes and challenges in distance education[J]. New directions for community colleges, 2004, 2004(128): 5-12.

[25] Creswell J W, Poth C N. Qualitative inquiry and research design: Choosing among five approaches[M]. London: Sage publications, 2016.

[26] Merriam S B. Oualitative Research: A Guide to Design and Implementations[M]. New York: John Wiley & Sons, 2009.

[27] Saldaña J. The coding manual for qualitative researchers[M]. London: Sage Publications, 2016.

[28] Miles M B, Huberman A M, Saldaña J. Qualitative data analysis: A methods sourcebook (3rd ed.)[M].

London: Sage publications, 2014.

[29] Moore M G, Kearsley G. Distance education: A systems view of online learning[M]. Belmont: Wadsworth Publishing Company, 1996.

[30] Guglielmino L M. Development of the self-directed learning readiness scale[D]. University of Georgia, 1977.

[31] Grow G O. Teaching learners to be self-directed[J]. Adult education quarterly, 1991, 41(3): 125-149.

[32] Gierdowski, Dana C. ECAR study of community college students and information technology[R]. Educause Center for Analysis and Research, 2019.

[33] Kember D. Open learning courses for adults: A model of student progress[M]. Englewood Cliffs: Educational Technology Publications, 1995.

[34] Lokken F, Slimp M. Evolving strategies and lessons learned from the Instructional Technology Council annual e-learning national survey[J]. The Community College Enterprise, 2017, 23(2): 73-79.

第八章　高校应急在线教学模式构建研究

> **☞ 本章导读**
>
> 本章旨在提供一个教学法框架，该框架不仅适用于之前发生的新冠疫情危机，也适用于未来的应急在线教学环境。采用参与式设计方法，邀请高校教师和学生参与设计重点的讨论。这项研究的参与者涉及多个学科领域和院校，具备不同的社会经济情况等因素。基于这些因素及本研究参与者建议的教学设计方案，本章提出了应急在线教学模式的框架。虽然所提出的框架是基于有限数量教师的经验，但在应对新兴领域的教学时仍提供了一个理论基础的方法。此外，该框架是为实际应用而设计的，旨在从事应急在线教学的教师能够进行使用。尽管已经存在多种在线教学框架，但本研究提出的应急在线教学模式框架的新颖之处和优点在于，它强调变量和常量的转换，而不是计划教学法，特别适用于非计划或响应式在线教学情境。

第一节　应急在线教学模式的提出背景

2020年，新冠疫情给中国的教育带来了前所未有的挑战。教师在技术接入、家长支持和学术期望等环境下，努力在在线学习环境中与学生进行互动，并进行知识的传授。而本章提供的应急在线教学模式（Emergency Online Teaching Model, EOTM）正是对这一危机的应对措施，与预先计划的在线学习有所不同，应急在线教学模式提供了在危机中快速开发的临时教学支持,即使没有预先计划的资源或基础设施(Hodges et al.,2020)①。该模式的提出是为了应对将来除了因暴发疫情,也包括其他情况所导致的再次发生的在线教学需求。

使用参与式设计框架(Ehn,2008)②,笔者与其他5名教师参与者进行了以设计为中心的讨论。基于参与教师的现行实践、设计建议及学者们在教育科学领域的理论研究文献,本书提出了一个概念框架,以指导应急在线教学模式的开发和研究。重要的是,构建该框架时考虑到内容学习和利益相关者的社会情感需求,也就是结合了第五章所提出的艺术临场感的理论支持。

第二节 研究设计与调研过程

一、调研的第一阶段

本研究邀请了7名不同专业和学校的教师参与该项研究的讨论。参与者填写了初始问卷,以确定地理位置、学校所处地区的社会经济水平、学生设备比例、学生年龄范围和所教科目。为了减少特定情境下的适用性并增加本研究的外延性,本研究最终选择了5名能够代表这些因素存在显著差异的教师。这些教师在在线教学和远程教育解决方案方面提供了自己的见解和实践经验。这5位回答者中没有任何一位与在线学习技术专业或公司有任何正式关系。

为了阐明参与者的见解,本研究让参与者参与了结构化的参与式设计活动,以确定他们面临的挑战和潜在解决方案。在参与式设计中,参与者凭借其经验,积极地为研究目标提供信息。因此,在许多情况下,参与者通过强调其价值观和需求来指导研究人员(DiSalvo and DesPortes,2017)③。这种方法在解决正规教育中的局限性方面已被证明是有用的(Janssen et al.,2017)④。

---

① Hodges C B, Moore S, Lockee B B, et al. The difference between emergency remote teaching and online learning[J]. Educause review, 2020, 3: 1-12.
② Ehn P. Participation in design things[C]. Participatory Design Conference (PDC), Bloomington, Indiana, USA. ACM Digital Library, 2008: 92-101.
③ DiSalvo B, DesPortes K. Participatory design for value-driven learning[M]. New York: Participatory design for learning: Perspectives from practice and research, 2017: 175-188.
④ Janssen F J J M, Könings K D, Van Merrienboer J J G. Participatory educational design: How to improve mutual learning and the quality and usability of the design?[J]. European Journal of Education, 2017, 52(3): 268-279.

二、调研的第二阶段

本研究邀请了 104 名学生参与该项研究的讨论。所邀请的学生来自旅游管理专业和酒店管理专业，其原因是考虑到这两个专业所教授的专业知识，既需要理论也需要实践，因此研究结果比较适合普及到其他专业。由于调研第二阶段时正处于新冠疫情较严重期间，学生并不是都在学校上课，部分学生被隔离在家里不能面对面讨论，因此，本研究将学生参与者分组加入一个基于在线视频的焦点小组，每组 10人，分批进行小组访谈。研究人员负责主持结构化的讨论，以确定学生群体面临的线上学习困难与优点。由于学生人数较多，为了节约访谈时间并提升访谈效果，本研究预先设计并多次修改了访谈提纲，部分访谈提纲如下。

（1）你觉得如果没有进行过线上学习，需要老师讲授线上学习平台的操作方法吗？或者需要讲授如何进行线上学习互动吗？描述一下这方面的经历体验。

（2）你觉得先前的线上课经历中，老师关注学生对于线上课程的参与了吗？描述一下这方面的体验和看法。

（3）你觉得线上课程的师生比例如何，沟通还顺畅吗？描述下这方面的体验和看法。

（4）你觉得先前的在家线上学习经历中，社交还有情感方面的需求能得到足够的满足吗？描述一下这方面的体验和看法。

（5）先前在家的线上学习，是不是父母家人也参与了？谈谈这方面的情况。

（6）你们组建一些线上学习小组了吗？谈谈这方面的情况。

在该调研阶段，研究人员收集了大量的访谈语音录音，后续将它们转换为文本资料。现截取部分资料如下。

……不需要，成年人应该自己摸索。老师关注线上学习情况，毕竟考勤上课问答比较勤……

……线上学习方法自己主动问怎么用；教师关注了学生的上课参与情况。父母会听课……

……不用刻意教授线上学习方法，遇到问题不明白再问。之前的线上课老师很努力地在交流，感觉每讲一个知识点都提问，我们线下也能互动。有形成线上学习小组，背单词……

……不需要教线上学习方法，问同学就会了。老师关心上课情况，课中课后点名什么的。没有学习小组，直接问别人。

……需要教线上学习方法,有些基本的大家都会,难一点的就不会了。网络比较清楚。线上学习不影响社交,平常就是网上聊天……

……不教线上学习方法会影响效率。老师会问大家这节课了解了吗,留时间答疑。还是需要线下沟通。都在一起,家人会影响上课。宿舍就是一个学习小组……

……教授一下线上学习方法,有些软件看不懂。签到点名挺关注的。线上学习人多会有人不小心开麦,比较吵。当面沟通比较好,谈话线下好……

……自学线上学习方法。有的老师的课,会突击点名。家人和自己一起听课……

……教一下线上学习方法,省时省力,需要教程。挺关注参与,很多老师会点名签到提问。上课时父母会问上的什么课,讲的什么。有线上学习小组,相互讨论……

……不怎么需要教线上学习方法,高中生都上过网课了。有些老师挺负责任的,问很多问题,上传作业。线上学习影响沟通,有些人开麦影响他人听课。在学校有学校的社交,在家有家里的朋友……

……没什么问题,没有多大压力。论文还没有着手写。现在正在填学分申请表。导师不容易联系,没提多少要求……

……不需要教线上学习方法,大三选修课人比较多,互动方法只有发视频,可以如此互动;上课在线提问,小组讨论(腾讯会议);大部分平台不能开视频……

……线上学习需要发放教程。签到,上课提问。网上社交很正常……

……私下微信就能互动对课堂的理解……

……经常上课会提问。人多不影响上课沟通。有疑问时缺乏团队交流……

……需要教授怎么上线上课,进程更流畅。老师讲课比较关注学生的互动、出勤。父母上班忙,做好饭然后自己上课。有线上学习的小团队……

……设置签到,关注学生是否参与上课,连麦提问。聊天弹幕的功能。家人会问上课上得怎么样。学习团队不固定……

……上课前会开麦签到。家人会推开门看看……

……线上的软件就俩。课中3次点名。爸妈会有一定影响,理解线上课,有可能会被打扰。考研和实习的问题……

……简单说一下线上学习方法,突发情况怎么做。所有老师都关注互动,开麦回答问题。检查考勤。及时回答疑问。社交情感不能满足,线上和同学缺乏交流沟通。线下沟通更好。父母参与了网课，听听看看，关注课上发生的有趣的事儿……

……课前通知一下，手机比较了解。老师们都挺关注，提问……

……因为不能离校怕耽误实习。论文的问题，导师联系起来困难。是不是三月返校后不能回来……

从总体上讲，绝大部分学生认为线上学习带来了一定的困难。例如，有的学生感觉毕业论文联系导师困难，这是因为疫情期间学生可能被隔离在学校，也可能被隔离在自己家，导师与学生不能顺畅地面对面沟通，缺乏"亲近感"和"真实感"；还有的学生觉得"社交情感"不能满足，线上不能和同学顺畅沟通；较多的同学不喜欢线上学习的原因是"父母监督"。也有部分学生觉得线上学习效果较好，"线上学习小组"解决了很多问题，同学和舍友之间相互提醒上课时间和交流学习问题；甚至还有学生觉得线上学习可以避免"麻烦的社交"，线上交流比线下更顺畅，这可能也是手机使用过多导致新时代大学生面对面社交困难的一个侧面反映。在线上学习技术和平台使用方面，学生的答案不一：有的人认为还是讲一下操作流程让人"放心"，更"顺畅"；也有人觉得大学生是成年人了应该自己解决问题，也是一次锻炼的机会。对于教师在线上教学中的付出，绝大部分学生都比较认可，认为教师确实在努力把课上好。

三、调研的第三阶段

研究团队汇总了前两个阶段的访谈内容并进行了分析和处理。研究团队使用非编码的解释性方法，对数据收集后的小组分析中出现的与在线学习相关的重要构念进行了整理，这种方法既不是语义驱动的，也不是理论驱动的（Braun and Clarke，2006）[①]。然后，研究人员将这些重要构念与Sawyer（2005）提出的学习环境创建框架，以及探究社区理论相结合，生成本研究提出的应急在线教学模式框架[②]。

本书认为这种方法适合本研究有两个原因。首先，这种方法论的方法平衡了所提出框架的有效性和学生新需求的现实性；其次，这种方法使我们能够承认应急在线教学现象的新颖性，而不是强行"创新"现有框架，或者仅仅是为了验证理论去

[①] Braun V, Clarke V. Using thematic analysis in psychology[J]. Qualitative Research in Psychology, 2006, 3(2): 77-101.

[②] Sawyer R K. "Introduction: the new science of learning". The Cambridge Handbook of the Learning Sciences[M]. London: Cambridge University Press, 2005: 10.

收集数据资料。本研究将从两个阶段访谈中出现的重要构念与应急在线教学模式结合在一起，并将这些因素作为设计应急在线教学模式中的信息元素进行讨论。

表 8-1 列出了已确定的重要构念及其如何影响应急在线教学模式框架的简要描述。

表 8-1　应急在线教学模式构建的重要构念

构念	描述	相关设计维度
隐性课程	需要教授在线学习的技术及在线学习中如何互动的技术	关键学习目标
学生参与	教师让学生参与学习的能力	教学方法
教师社交临场感的缺失	教师在教学的同时也服务于社会，这一点由于在线教学被中断了	师生比例、沟通方式、教师的社会角色
学生社交临场感的缺失	关注学生的社交/情感需求，以及创造社会化学习机会的困难	学生的社会角色
家长参与	家长参与学生和老师的互动显著增加	教师作为教学主导者的社会角色
自主学习能力	应急在线教学模式可能会培养学生自主学习能力创造更多机会	培养自主学习能力
同步性	学生从重视同步学习到重视异步学习的转变	通信技术与方式
不稳定性担忧	对不断变化的技术、评估标准、学习目标和制度因素的担忧	评估标准

第三节　高校应急在线教学模式构建的策略

Sawyer（2005）在《剑桥学习科学手册》的介绍中，提出了构成学习环境的四个元素：环境中的人员，技术，空间的结构、布局及其中的物理对象，社会环境和文化环境[①]。本书所提出的"应急在线教学模式"术语，是为了凸显危机如何导致教学环境中这些元素的突然、广泛的变化。此外，本书提出应急在线教学模式作为一个概念框架，教师可以通过这个框架进行规划。应该将教师定位为教育危机的第一位应对者，因为其面临的资源、期望和学生的主要联系方式会不断变化，应急在线教学模式要作为一个既能容易理解又能支持新兴危机中教学的预案。

---

① Sawyer R K. "Introduction: the new science of learning". The Cambridge Handbook of the Learning Sciences[M]. London: Cambridge University Press, 2005: 10.

应急在线教学模式的构建包括三个阶段：调查阶段、归类阶段（将可用资源分类为常量和变量）和设计阶段（形成教育体验），如图8-1所示。

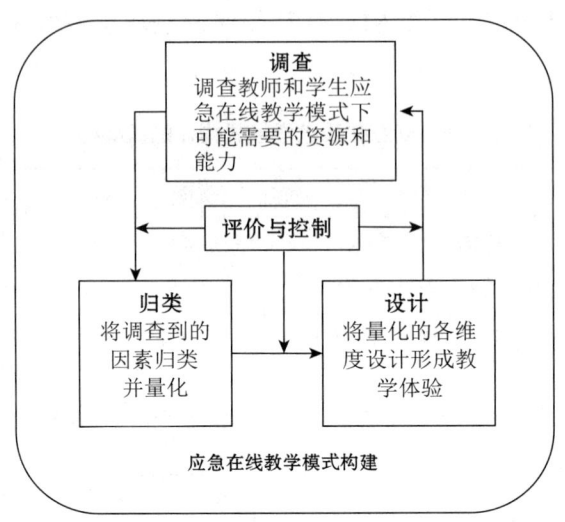

图8-1　应急在线教学模式构建

这三个阶段是非线性和迭代的。这是因为将来可能出现的危机需要不断重新评估，这种迭代的学习设计方法是应急在线教学模式的关键因素，它使得适应危机中不可预测的资源和目标变化成为可能。

一、调查阶段

教师首先应进行一系列的调查工作：教师个人的能力、对技术的熟悉程度和时间；学生的健康和安全状况；学习基本需求的满足和对技术的获取能力；教师和学生的共同资源。其次，通过发起调查，教师要确保自己采取的教学方法是可行的，并有可用的教学手段。正如一位教师所说：

……这些都是我们需要了解的事情，在进行面对面的传统教学时，我们不需要知道这些。因此，我认为对我来说，从外部角度来看，我学到的最重要的一课，就是我们必须从一开始就做更多的计划……

在应急在线教学过程中表现出色的教师普遍强调定期重新调查的重要性，以了解可用资源的情况。此外，正如另一位教师指出的，定期与学生沟通可以了解到一些发生危机之前不明显的因素，如家庭情况、家长参与或其他可能影响学生学习的非教学因素。

二、归类阶段

在调查阶段确定的因素被分为常量和变量两类。

本研究将常量定义为应急在线教学模式中所有学生和教师共享的因素。一位教师举了一个关于学生的设备保有量的例子（常量）："我们校区经济条件较好，所以我们学生的学习设备至少是每人一台，有的人甚至拥有得更多。"

本研究将变量定义为应急在线教学模式中只有部分学生和教师共享的因素。几位教师提出了生活条件这个变量，如学生在基本需求方面的困难，包括食物、互联网访问或技术设备的获取等。

三、设计阶段

如表8-1所示，本研究总结了构成应急在线教学模式课程设计的八个维度/构念。这些维度（表8-1第3列）引导教师去收集相关信息并系统地组织起来，以创建一个连贯的设计。这些维度形成了一个渐进但迭代的设计策略。在应急在线教学模式框架中，教师使用常量作为教学的每个方面的基础，并利用变量来最大化个体学习的手段。具体来说：

1. 关键学习目标

设计阶段的第一步是确定"关键学习目标"。在应急在线教学模式框架中，学习目标可能由常量指导，并应用于整个班级；或者由变量指导，为特定学生确定特定的目标。一个在研究中发现的重要问题是学习目标的无意识混淆。新冠疫情期间，本研究的参与者经历了过多的对教学方法的关注，而非强调学习目标，这就导致教师和学生在评估方面存在不确定性。一位教师表达了她的沮丧之情："我们被告知要分配多少作业，这个我同意，但是你们要知道，真的不应该给他们过多的负担，可是没有针对此问题的明确的指导方针。"

如果教师在调查阶段将某项技术视为常量，他们可以考虑有效利用该技术与课程互动作为一个可行的学习目标。Garrison 和 Arbaugh（2007）[1]将其称为隐性课

---

[1] Garrison D R, Arbaugh J B. Researching the community of inquiry framework: Review, issues, and future directions[J]. Internet & Higher Education, 2007, 10(3): 157-172.

程，这也是本章提出的构念之一（表8-1）。但是，有的教师也发现，快速引入多个学习管理工具对他们的干扰大于支持。当然，教师为传授学生所需技术而花费时间时，他们的应急在线教学模式也可能会更加成功。一位教师描述了技术技能不匹配的情况："学生们并没有具备相应的技术能力，或者说是对这些平台的使用能力，我认为他们不能充分利用这些平台来获得社交联系。"因此，本研究认为，引导学生除了使用一对一的文本信息之外，还可以利用其他方式在网上进行交流。这与研究结果相呼应，表明在没有适应期和指导期的情况下引入新技术可能会对学习造成干扰（Garrison and Arbaugh，2007）[①]。

2. 教师与学生的比例

本研究表明，尽管参与课题讨论的教师意识到师生比例不合理的问题，但他们开课初期并没有考虑到这个问题。只有当在线环境中教师与学生比例的影响在实践中变得明显时，才重新考虑课堂设计。当教师考虑自己在课堂中塑造社交临场感方面的需要时，比例不合理的问题就尤为明显。比如，有的学生表示，有时同步课程"举手"发言的同学很多，教师来不及一一回应，学习平台的弹幕过多时，教师也可能遗漏某些发言或评论。而不能及时和实时地反馈，必然会影响临场感。

3. 同步还是异步学习

教师必须根据学习目标决定使用同步课堂还是异步学习策略。最初，参与课题讨论的教师普遍认为同步教育是理想的，而异步学习只是某些情况下的权宜之计。然而在许多情况下，异步学习却提供了宝贵的机会。虽然让学生参与学习活动很重要，但这在有时间限制的课堂环境中很难实现。例如，耗时的共识讨论和协作写作练习，虽然这些活动允许教师对每个学生进行单独回应，能够提高教师和学生的社交临场感，但所花费的总时间必然会超过标准课时。

4. 培养自主学习能力

令人意外的是，参与者在与研究人员讨论学习者驱动因素的话题时，提到了在线教育中学生的自主学习能力。参与者表示，学生在自己家中以自己的节奏进行学习的能力，使教师能够将学生吸引到特别感兴趣的主题和教学方法上，而不仅局限

---

① Garrison D R , Arbaugh J B . Researching the community of inquiry framework: Review, issues, and future directions[J]. Internet & Higher Education, 2007, 10(3): 157-172.

于那些更普遍吸引整个班级的课程和形式。例如,一位教师强调了课程中灵活的观察任务:"在我的生物课上,我一直在尝试这种日志记录的方式,让他们成为科学记录者,报道季节变化,如果他们出去遛狗或者做其他事情,可以记录每周的变化。"

在调查阶段确定的变量可以揭示实施通用学习设计方法时的障碍。然而,允许学生在实现这些目标的方式上拥有一定的自主权,可以增加他们对教学内容的参与度,并赋予学生使用与其自身独特学习环境相关的变量的能力。在个性化可调整的学习环境中,学习目标和教学方法都可以成为促进学生发展和提高自主学习能力的手段。

5. 教学主导者的社会角色

教师在在线学习中的社交作用被认为对学习有益(Lehman and Conceição,2010)[①]。然而,一些教师表示在线教学最初阻碍了他们与学生的社交接触。教师参与者的访谈和焦点小组的数据表明,在应急在线教学环境下,教师的社交临场感被认为更加重要,尤其是低年级学生(如大一新生)不习惯由自己驱动的学习环境。

教师通过在教学环境内外进行日常的或每周的正式与非正式接触,重新建立与学生的社交联系和临场感。一些参与者认为转向在线教学是高校教师与家长建立联系的机会,与家长的更多互动提供了对学生需求和环境限制的有益观察,并为教师的社交临场感提供了背景。正如一位教师所说:"我觉得这至少给了我机会去联系家长,我和大部分家长建立了牢固的关系。这是我感到非常好的一件事……这种一对一的关系。"

事实上,调研第二阶段与学生线上访谈的调研结果也发现,无论如何,高等教育的学生家长非常关注线上学习的效果,会给孩子准备好饭菜、询问上课的情况,甚至直接"旁听"。线上教学给了学生家长"走进课堂"的机会,便于其了解自己孩子的情况。对于教师而言,这也增加了更好的"监督机制",自我约束去更认真地进行线上教学。

6. 教学方法和学生的社会角色

基于此,考虑到应急在线教学环境中存在的独特变量和常量,应急在线教学模式不建议采用特定的教学方法,而是建议使用以社交为驱动的学习方法,原因有

---

① Lehman R M, Conceição S C. Creating a Sense of Presence in Online Teaching: How to "Be There" for Distance Learners[M]. New York: John Wiley and Sons, 2010.

两个。首先，在在线学习中，社交互动参与度高的学生表示其学习体验更加满意（Richardson and Swan，2003）[1]；其次，在第二阶段的焦点小组访谈中，教师观察到由于应急在线学习，学生突然失去课堂社交参与的负面影响，这是一个我们称为学生社交临场感缺失的构念/维度。例如，教师观察到学生在转向在线教学期间与教师和其他学生的互动明显减少。

这一问题的出现，似乎要么是因为没有采用熟悉的课堂参与策略，要么是在在线环境中错误地应用某种策略所导致。此外，受访的学生参与者指出学生之间出现了彼此孤立的感觉。正如一位教师所指出的："我理解到你提到的学生在学校方面的需求是重新与朋友们交流和联系。在社交驱动的学习方法中，这可以有助于解决教师对学生社交情绪健康的关注。"

7. 反馈与评估

应急在线教学模式框架中的最后一个设计考虑因素是关注学习者的反馈和评估。与同伴互动一样，在线学习需要更加频繁地反馈和评估。

这些定期的评估可以是形成性的或总结性的，评估必须在设计课程时预先考虑，但前提是进行了适当的调查。当评估标准由教学管理机构确定时，该框架建议在调查阶段应采用更广泛的视角，以确定评估标准的一致性，并设计与之相符的公平评估标准。此外，教育工作者应考虑采取降低风险的措施，并帮助学生保持对成绩的正确看法。在应急在线教学情况下，让学生过度关注成绩或让教师关注学生评估可能会使危机管理变得更加困难，正如教师所指出的，这可能会导致教育工作者和教学管理人员的目标发生冲突。

在应急在线教学模式中，传统的评估—反馈—评估循环所需的持续沟通并不总能实现。因此，教育工作者可能需要探索那些反馈策略，包括同伴反馈、自我反馈和非分级的形成性反馈等。本研究主要强调同伴反馈，正如Boud等（2014）的观点：有时候同伴的评判甚至比教师的评价更重要[2]。

关于同伴反馈也存在多种方法，其中一些方法比其他方法更为有效（Latifi et al.，2021）[3]。比如，一些大学要求学生每周完成两到三个作业并进行总结性评估，

---

[1] Richardson J C, Swan K. Examining social presence in online courses in relation to students' perceived learning and satisfaction[J]. Journal of Asynchronous Learning Networks, 2003, 7(1): 68-88.

[2] Boud D, Cohen R, Sampson J. Peer learning in higher education: Learning from and with each other[M]. New York: Routledge, 2014.

[3] Latifi S, Noroozi O, Hatami J, et al. How does online peer feedback improve argumentative essay writing and learning?[J]. Innovations in Education and Teaching International, 2021, 58(2): 195-206.

其中一种方法是要求学生发布一定数量的评论来回应其他学生的帖子（Salmon，2013）[1]。作业可以包括在论坛上发表文章、对关键概念进行简短报告、完成更长的作业任务，以及要求学生在某一教学模块期间对他们的学习情况进行一次或两次反思。此外，学者们还表明，同伴反馈可以提高学生的写作质量（Noroozi and Hatami，2018）[2]，并更有效地丰富相关主题知识（Valero Haro et al.，2019）[3]。

此外，翻转课堂也是一种有效的模式，它让学生自行复习材料，然后向其他同学讲述自己对于课程知识的见解，对于材料中的不理解，也可以向同学和教师提问。研究发现，如果教师能够实时回应，那么这就是向学生提供了一种不同于"上课老师点名回答问题"的参与渠道，这种模式会带来好处（Dixson，2010）[4]，毕竟被动式地接受知识往往不能真正地引起自我反思。人工智能驱动的自动化技术也逐渐被用于为学生提供在线反馈（Fu et al.，2020）[5]。

然而，同伴反馈也面临一些挑战。其中一个问题就是涉及学生有限的知识、经验和语言能力，这可能会对同伴反馈的质量产生负面影响（Noroozi et al.，2018）[6]。此外，人们还对给予和接受批评性反馈的情感和心理相互作用存在顾虑（Andriessen，2006）[7]。

同样有助于收集和分析反馈过程的是使用各种分析工具，这指的是对于学习者数据的收集、测量、分析和报告，它也被称为学习分析（Leitner et al.，2017）[8]，而且已经被证明在在线学习中非常有用（Mazza and Dimitrova，2007；Park et al.，

---

① Salmon G. E-tivities: The key to active online learning[M]. New York: Routledge, 2013.
② Noroozi O, Hatami J. The effects of online peer feedback and epistemic beliefs on students' argumentation-based learning[J]. Innovations in Education and Teaching International, 2018, 56(5): 548-557.
③ Valero Haro A, Noroozi O, Biemans H J A, et al. The effects of an online learning environment with worked examples and peer feedback on students' argumentative essay writing and domain-specific knowledge acquisition in the field of biotechnology[J]. Journal of Biological Education, 2019, 53(4): 390-398.
④ Dixson M D. Creating effective student engagement in online courses: What do students find engaging?[J]. Journal of the Scholarship of Teaching and Learning, 2010, 10(2): 1-13.
⑤ Fu S, Gu H, Yang B. The affordances of AI-enabled automatic scoring applications on learners' continuous learning intention: An empirical study in China[J]. British Journal of Educational Technology, 2020, 51(5): 1674-1692.
⑥ Noroozi O, Kirschner P A, Biemans H J A, et al. Promoting argumentation competence: Extending from first-to second-order scaffolding through adaptive fading[J]. Educational psychology review, 2018, 30: 153-176.
⑦ Andriessen, J. The Cambridge handbook of the learning sciences[M]. London: Cambridge University Press, 2006.
⑧ Leitner P, Khalil M, Ebner M. "Learning analytics in higher education—a literature review." Learning analytics: Fundaments, applications, and trends[M]. Cham: Springer, 2017: 1-23.

2016）①②。虽然可能与学生的学习成果没有直接关系，但学习分析却可以更深入地了解学生的学习经历，有助于教师根据学生的情况选择更适合的教学方式（Viberg et al.，2018）③。而且，基于学生的学习分析生成的数据，还可以更好地帮助教育工作者研究、理解和支持学生的学习行为（Rubel and Jones，2016）④。对于教育管理者而言，学习分析有助于完善制度、改进教育运营和财务决策流程（Lawson et al.，2016）⑤。对于学生而言，好处在于教育可以根据他们的需求进行个性化定制（Junco and Clem，2015）⑥。

除了反馈，应急在线教学模式还包括对在线教学整体过程的迭代评估，正如Hodges等（2020）所建议的那样⑦。这种评估不是针对学生或教师，而是对学习方法的效果进行评估，目标是确定能够在未来的应急在线教学模式中取得成功的策略。

值得注意的是，在应急在线教学模式中，教育者必须经常重新审视和评估他们的学习设计，无论是在该模式建立期间还是之后，以确定当前方法的效果并尽快确定必要的调整。随着技术接入或标准化学习目标等因素的变化，教师必须评估他们当前的方法，以确定在不断变化的学习环境中什么元素（如果有的话）仍然适用。

第四节　结论与建议

当今的生活充满了不确定性，由此产生的焦虑和情感创伤使得关怀教学法成为教育研究与实践的主题。然而，重要的是要认识到，尽管在危机期间关爱教育的主题变得流行起来，但它是一种一直以来就需要并将在新冠疫情结束之后继续至关重

---

① Mazza R, Dimitrova V. CourseVis: A graphical student monitoring tool for supporting instructors in web-based distance courses[J]. International Journal of Human-Computer Studies, 2007, 65(2): 125–139.

② Park Y, Yu J H, Jo I H. Clustering blended learning courses by online behavior data: A case study in a Korean higher education institute[J]. The Internet and Higher Education, 2016, 29: 1–11.

③ Viberg O, Hatakka M, Bälter O, et al. The current landscape of learning analytics in higher education[J]. Computers in human behavior, 2018, 89: 98–110.

④ Rubel A, Jones K M L. Student privacy in learning analytics: An information ethics perspective[J]. The information society, 2016, 32(2): 143–159.

⑤ Lawson C, Beer C, Rossi D, et al. Identification of 'at risk' students using learning analytics: The ethical dilemmas of intervention strategies in a higher education institution[J]. Educational Technology Research and Development, 2016, 64: 957–968.

⑥ Junco R, Clem C. Predicting course outcomes with digital textbook usage data[J]. The Internet and Higher Education, 2015, 27: 54–63.

⑦ Hodges C B, Moore S, Lockee B B, et al. The difference between emergency remote teaching and online learning[J]. Educause review, 2020, 3: 1–12.

要的学习要素。因此，本书认为创造人们可以相互支持的在线空间是很重要的。

新冠疫情造成的"情感创伤"要求有意识地设计课程和教学实践，以体现关怀、包容、同情和同理心作为价值观（Zembylas，2013）[①]。一种关怀的教育方法推动我们认识和解决学生线上学习体验和问题的多样性，使我们更能接纳学生的个体需求。这种方法需要超越学术界的课程结构和教学实践，优先考虑学生在危机时期的情感和心理发展和需求。有些学者在"社会教学法"中提出了一种"协商性、包容性，并对学生、教师及其社群的环境敏感的方法。这种方法致力于建立一个相互支持的框架，将我们的教学工作能够渡过当前的危机，进入一个公正的恢复期，以及更加公平的未来"。

在学生与同龄人和教师进行人际交往方面，早期的研究表明，情感在在线学习体验中发挥着重要作用（Cleveland-Innes，2012）[②]。而且，如果在线学习环境足够强大，可以在比面对面环境更深的层次上产生关怀关系（Velasquez et al.，2013）[③]。因此，一些研究人员已经调查了能够增强情感敏感性并支持在线学习中关怀关系发展的设计元素和教学实践（CH'NG，2019；Robinson et al.，2020；Sitzman and Leners，2006）[④][⑤][⑥]。笔者也进行了类似的教学实践，在同步的在线课程中也仍然添加了定期同步会话。

综上所述，对于线上学习，除了设计"艺术临场感"，一个比较好的指导思想就是"关怀教育法"。关怀教育法的一个重要方面是通过参与公开的和真实的对话来倾听学生的声音，特别是那些在教育环境中已经存在的不公平现象复合影响下的弱势学生（如家庭经济条件不良导致的学生除了上学，还要做兼职工作以贴补家用的情况）。此外，由于社会经济地位以及教育投入水平等不可控制的条件，使得最终一些学生容易出现存在社会差异的教育程度（如较低的毕业率和较长时间才能完成学位）。

[①] Zembylas, Michalinos. Critical pedagogy and emotion: Working through "troubled knowledge" in posttraumatic contexts[J]. Critical Studies in Education, 2013, 54(2): 176-189.

[②] Cleveland-Innes M, Campbell P. Emotional presence, learning, and the online learning environment[J]. International Review of Research in Open and Distributed Learning, 2012, 13(4): 269-292.

[③] Velasquez A, Graham C R, Osguthorpe R. Caring in a technology-mediated online high school context[J]. Distance Education, 2013, 34(1): 97-118.

[④] CH'NG L K. Learning emotions in e-learning: How do adult learners feel?[J]. Asian Journal of Distance Education, 2019, 14(1): 34-46.

[⑤] Robinson H, Al-Freih M, Kilgore W. Designing with care: Towards a care-centered model for online learning design[J]. The International Journal of Information and Learning Technology, 2020, 37(3): 99-108.

[⑥] Sitzman K, Leners D W. Student perceptions of caring in online baccalaureate education[J]. Nursing Education Perspectives, 2006, 27(5): 254-259.

因此，关怀教育法的另一个关键部分是提供额外且更为实质性的支持结构，以解决这些问题和挑战（Noddings，2012）[①]。在此过程中，我们需要将学生理解为社会、经济和政治环境中的个体，而不仅仅是课堂上的一个学习者。

为此，Lambert（2019）[②]提出了一个六维度模型，将学生的多样性和能动性纳入在线学习过程，并理解学生的技能、支持和学习材料，从而减轻现有的不平等。在了解学生的生活经历时，教师需要调整教育策略，以确保没有学生掉队或进一步处于不利地位。学者们发现，人际关系、关怀互惠、以学生为中心的课程设计，以及教学和实践相结合的方法，在培育和维持在线关怀氛围方面已经显示出巨大潜力（Velasquez et al.，2013；Robinson et al.，2020；Sitzman and Leners，2006）[③][④][⑤]。在线课程设计的技巧不仅要超越仅仅是进行教学内容的传递，也要考虑在教学评估目的的基础上分配学习任务；教师应该有意识地创造学生在群体中共同学习的空间（社会建构主义理论），重新构想数字化的非正式社交空间（也称第三空间），可以创造像"游乐场"或"自助餐厅"一样的学习氛围或联系——这些地方使学生在学校感到愉快。此外，本书也认为，在异步在线课程中增加同步课程也是学生建立社群意识和归属感的一种有效方式，尤其是在讲授分析性和研究性课程或科目时。

第五节　研究的局限性和未来研究方向

一、研究的局限性

这项研究是在从2020年开始的新冠疫情危机期间进行的。尽管应急在线教学模式框架是基于教师的参与、现代学习理论、教学设计实践及先前研究经验的结合，但由于受时间和条件的限制，本研究没有对该框架进行测试。虽然并不是所有基于教育设计的研究项目都涉及与教师和学生进行长期互动，但在研究了工具或框架的

[①] Noddings N. The caring relation in teaching[J]. Oxford review of education, 2012, 38(6): 771-781.

[②] Lambert S R. Six critical dimensions: A model for widening participation in open, online and blended programs[J]. Australasian Journal of Educational Technology, 2019, 35(6): 161-182.

[③] Velasquez A, Graham C R, Osguthorpe R. Caring in a technology-mediated online high school context[J]. Distance Education, 2013, 34(1): 97-118.

[④] Robinson H, Al-Freih M, Kilgore W. Designing with care: Towards a care-centered model for online learning design[J]. The International Journal of Information and Learning Technology, 2020, 37(3): 99-108.

[⑤] Sitzman K, Leners D W. Student perceptions of caring in online baccalaureate education[J]. Nursing Education Perspectives, 2006, 27(5): 254-259.

实际应用后，对其进行重复讨论的价值已经得到了充分的证实（Klopfer and Squire，2004；Nolenet al.，2020）[①][②]。有趣的是，这种不确定性在参与讨论的教师的教学经历中也得到了呼应：他们无法对自己的教学方法的效果做出准确的预测。

此外，该项目涉及一个经验相对较少的教师小组，他们都有 5~10 年的教学经验，该框架是基于他们的特定经验得出的。

二、未来研究方向

本研究提供了关于教学法和方法论的几个未来研究方向，建议对本研究提出的框架进行纵向研究。高等教育中的在线学习并不是一个全新的概念。然而，新冠疫情危机标志着在线学习的首次大规模尝试。因此，本章提出的框架是针对应急情况下在线教学的首次尝试之一。对该框架实施的纵向研究可能会提供有价值的见解，并为未来的改进提供指导。

参考文献

［1］Hodges C B, Moore S, Lockee B B, et al. The difference between emergency remote teaching and online learning[J]. Educause review, 2020, 3: 1-12.

［2］Ehn P. Participation in design things[C]. Participatory Design Conference (PDC), Bloomington, Indiana, USA. ACM Digital Library, 2008: 92-101.

［3］DiSalvo B, DesPortes K. Participatory design for value-driven learning[M]. New York: Participatory design for learning: Perspectives from practice and research, 2017.

［4］Janssen F J J M, Könings K D, Van Merrienboer J J G. Participatory educational design: How to improve mutual learning and the quality and usability of the design?[J]. European Journal of Education, 2017, 52(3): 268-279.

［5］Braun V, Clarke V. Using thematic analysis in psychology[J]. Qualitative Research in Psychology, 2006, 3(2): 77-101.

［6］Sawyer R K. "Introduction: the new science of learning". The Cambridge Handbook of the Learning Sciences[M]. London: Cambridge University Press, 2005.

［7］Garrison D R, Arbaugh J B. Researching the community of inquiry framework: Review, issues, and

---

① Klopfer E, Squire K. Getting your socks wet: Augmented reality environmental science[C]. Poster published in the proceedings of the 2004 International Conference of the Learning Sciences, 2004: 614-622.

② Nolen S B, Wetzstein L, Goodell A. Designing material tools to mediate disciplinary engagement in environmental science[J]. Cognition and Instruction, 2020, 38(2): 179-223.

future directions[J]. Internet and Higher Education, 2007, 10(3): 157-172.

[8] Lehman R M, Conceição S C. Creating a Sense of Presence in Online Teaching: How to "Be There" for Distance Learners[M]. New York: John Wiley and Sons, 2010.

[9] Richardson J C, Swan K. Examining social presence in online courses in relation to students' perceived learning and satisfaction[J]. Journal of Asynchronous Learning Networks, 2003, 7(1): 68-88.

[10] Boud D, Cohen R, Sampson J. Peer learning in higher education: Learning from and with each other[M]. New York: Routledge, 2014.

[11] Latifi S, Noroozi O, Hatami J, et al. How does online peer feedback improve argumentative essay writing and learning?[J]. Innovations in Education and Teaching International, 2021, 58(2): 195-206.

[12] Salmon G. E-tivities: The key to active online learning[M]. New York: Routledge, 2013.

[13] Noroozi O, Hatami J. The effects of online peer feedback and epistemic beliefs on students' argumentation-based learning[J]. Innovations in Education and Teaching International, 2018, 56(5): 548-557.

[14] Valero Haro A, Noroozi O, Biemans H J A, et al. The effects of an online learning environment with worked examples and peer feedback on students' argumentative essay writing and domain-specific knowledge acquisition in the field of biotechnology[J]. Journal of Biological Education, 2019, 53(4): 390-398.

[15] Dixson M D. Creating effective student engagement in online courses: What do students find engaging?[J]. Journal of the Scholarship of Teaching and Learning, 2010, 10(2): 1-13.

[16] Fu S, Gu H, Yang B. The affordances of AI-enabled automatic scoring applications on learners' continuous learning intention: An empirical study in China[J]. British Journal of Educational Technology, 2020, 51(5): 1674-1692.

[17] Noroozi O, Kirschner P A, Biemans H J A, et al. Promoting argumentation competence: Extending from first-to second-order scaffolding through adaptive fading[J]. Educational psychology review, 2018, 30: 153-176.

[18] Andriessen J. The Cambridge handbook of the learning sciences[M]. London: Cambridge University Press, 2006.

[19] Leitner P, Khalil M, Ebner M. "Learning analytics in higher education—a literature review." Learning analytics: Fundaments, applications, and trends [M]. Cham: Springer, 2017: 1-23.

[20] Mazza R, Dimitrova V. CourseVis: A graphical student monitoring tool for supporting instructors in web-based distance courses[J]. International Journal of Human-Computer Studies, 2007, 65(2): 125-139.

[21] Park Y, Yu J H, Jo I H. Clustering blended learning courses by online behavior data: A case study in

a Korean higher education institute[J]. The Internet and Higher Education, 2016, 29: 1-11.

[22] Viberg O, Hatakka M, Bälter O, et al. The current landscape of learning analytics in higher education[J]. Computers in human behavior, 2018, 89: 98-110.

[23] Rubel A, Jones K M L. Student privacy in learning analytics: An information ethics perspective[J]. The information society, 2016, 32(2): 143-159.

[24] Lawson C, Beer C, Rossi D, et al. Identification of "at risk" students using learning analytics: The ethical dilemmas of intervention strategies in a higher education institution[J]. Educational Technology Research and Development, 2016, 64: 957-968.

[25] Junco R, Clem C. Predicting course outcomes with digital textbook usage data[J]. The Internet and Higher Education, 2015, 27: 54-63.

[26] Zembylas, Michalinos. Critical pedagogy and emotion: Working through "troubled knowledge" in posttraumatic contexts[J]. Critical Studies in Education, 2013, 54(2): 176-189.

[27] Cleveland-Innes M, Campbell P. Emotional presence, learning, and the online learning environment[J]. International Review of Research in Open and Distributed Learning, 2012, 13(4): 269-292.

[28] Velasquez A, Graham C R, Osguthorpe R. Caring in a technology-mediated online high school context[J]. Distance Education, 2013, 34(1): 97-118.

[29] CH'NG L K. Learning emotions in e-learning: How do adult learners feel?[J]. Asian Journal of Distance Education, 2019, 14(1): 34-46.

[30] Robinson H, Al-Freih M, Kilgore W. Designing with care: Towards a care-centered model for online learning design[J]. The International Journal of Information and Learning Technology, 2020, 37(3): 99-108.

[31] Sitzman K, Leners D W. Student perceptions of caring in online baccalaureate education[J]. Nursing Education Perspectives, 2006, 27(5): 254-259.

[32] Noddings N. The caring relation in teaching[J]. Oxford review of education, 2012, 38(6): 771-781.

[33] Lambert S R. Six critical dimensions: A model for widening participation in open, online and blended programs[J]. Australasian Journal of Educational Technology, 2019, 35(6): 161-182.

[34] Klopfer E, Squire K. Getting your socks wet: Augmented reality environmental science[C]. Poster published in the proceedings of the 2004 International Conference of the Learning Sciences, 2004: 614-622.

[35] Nolen S B, Wetzstein L, Goodell A. Designing material tools to mediate disciplinary engagement in environmental science[J]. Cognition and Instruction, 2020, 38(2): 179-223.